教育部"一村一名大学生计划"教材

小城镇建设

（第2版）

孟 媛 陈 琳 编

国家开放大学出版社·北京

图书在版编目（CIP）数据

小城镇建设／孟媛，陈琳编．— 2 版．— 北京：
国家开放大学出版社，2023.1（2024.6重印）
教育部"一村一名大学生计划"教材
ISBN 978-7-304-11727-6

Ⅰ.①小… Ⅱ.①孟… ②陈… Ⅲ.①小城镇—城市建设—中国—开放教育—教材 Ⅳ.①F299.21

中国版本图书馆 CIP 数据核字（2022）第 254870 号
版权所有，翻印必究。

教育部"一村一名大学生计划"教材

小城镇建设（第 2 版）
XIAOCHENGZHEN JIANSHE
孟 媛 陈 琳 编

出版·发行　国家开放大学出版社
电话　营销中心 010-68180820　　总编室 010-68182524
网址　http://www.crtvup.com.cn
地址　北京市海淀区西四环中路 45 号　邮编：100039
经销　新华书店北京发行所

策划编辑：陈艳宁　　　版式设计：何智杰
责任编辑：关继超　　　责任校对：秦　潇
责任印制：武　鹏　马　严

印刷：中煤（北京）印务有限公司
版本：2023 年 1 月第 2 版　　2024 年 6 月第 4 次印刷
开本：787mm×1092mm　1/16　　印张：14　字数：276 千字

书号：ISBN 978-7-304-11727-6
定价：33.00 元

（如有缺页或倒装，本社负责退换）
意见及建议：OUCP_KFJY@ouchn.edu.cn

序 FOREWORD

"一村一名大学生计划"是由教育部组织、中央广播电视大学[①]实施的面向农业、面向农村、面向农民的远程高等教育试验。令人高兴的是计划已开始启动,围绕这一计划的系列教材也已编撰,其中的《种植业基础》等一批教材已付梓。这对整个计划具有标志性意义,我表示热烈的祝贺。

党的十六大报告提出全面建设小康社会的奋斗目标。其中,统筹城乡经济社会发展,建设现代农业,发展农村经济,增加农民收入,是全面建设小康社会的一项重大任务。而要完成这项重大任务,需要科学的发展观,需要坚持实施科教兴国战略和可持续发展战略。随着年初《中共中央国务院关于促进农民增加收入若干政策的意见》正式公布,昭示着我国农业经济和农村社会又处于一个新的发展阶段。在这种时机面前,如何把农村丰富的人力资源转化为雄厚的人才资源,以适应和加速农业经济和农村社会的新发展,是时代提出的要求,也是一切教育机构和各类学校责无旁贷的历史使命。

中央广播电视大学长期以来坚持面向地方、面向基层、面向农村、面向边远和民族地区,开展多层次、多规格、多功能、多形式办学,培养了大量实用人才,包括农村各类实用人才。现在又承担起教育部"一村一名大学生计划"的实施任务,探索利用现代远程开放教育手段将高等教育资源送到乡村的人才培养模式,为农民提供"学得到、用得好"的实用技术,为农村培养"用得上、留得住"的实用人才,使这些人才能成为农业科学技术应用、农村社会经济发展、农民发家致富创业的带头人。如果这一预期目标能得以逐步实现,就为把高等教育引入农业、农村和农民之中开辟了新途径,展示了新前景,作出了新贡献。

"一村一名大学生计划"系列教材,紧随着《种植业基础》等一批教材出

[①] 编辑注:2012年中央广播电视大学更名为国家开放大学。

版之后，将会有诸如政策法规、行政管理、经济管理、环境保护、土地规划、小城镇建设、动物生产等门类的三十种教材于九月一日开学前陆续出齐。由于自己学习的专业所限，对农业生产知之甚少，对手头的《种植业基础》等教材，无法在短时间内精心研读，自然不敢妄加评论。但翻阅之余，发现这几种教材文字阐述条理清晰，专业理论深入浅出。此外，这套教材以学习包的形式，配置了精心编制的课程学习指南、课程作业、复习提纲，配备了精致的音像光盘，足见老师和编辑人员的认真态度、巧妙匠心和创新精神。

在"一村一名大学生计划"的第一批教材付梓和系列教材将陆续出版之际，我十分高兴应中央广播电视大学之约，写了上述几段文字，表示对具体实施计划的学校、老师、编辑人员的衷心感谢，也寄托我对实施计划成功的期望。

教育部副部长 吴启迪

2004年6月30日

前 言 PREFACE

目前我国正处于城镇化加速发展的阶段，城镇化是推动国民经济和社会健康发展的主要动力之一。科学编制合理的城市规划、村镇规划，做好相关的规划管理工作，是关系国计民生、统筹城乡经济社会发展、贯彻乡村振兴战略的必要举措。小城镇建设，必须认真贯彻党中央战略决策和部署，准确把握国内外发展环境和条件的深刻变化，积极适应、把握、引领经济发展新常态，全面推进创新发展、协调发展、绿色发展、开放发展、共享发展。

习近平总书记在参加十三届全国人大一次会议山东代表团审议时提出，乡村振兴要从"乡村产业振兴""乡村人才振兴""乡村文化振兴""乡村生态振兴""乡村组织振兴"五个方面来进行。近几年，我国从乡村脱贫、改造棚户区住房、改造农村危房等方面切实提高了城镇化率，使人民群众有获得感、幸福感、安全感，使人民群众的生活更加充实、更有保障，使发展更可持续。在中国共产党第二十次全国代表大会上的报告中，习近平总书记在肯定成绩的同时也提出了新的要求，加快建设农业强国，扎实推动乡村产业、人才、文化、生态、组织振兴。推进以人为核心的新型城镇化，加快农业转移人口市民化。以城市群、都市圈为依托构建大中小城市协调发展格局，推进以县城为重要载体的城镇化建设。因此，建设作为城市与农村连接纽带的小城镇是新时期的一项重要工作。

改革开放以来，我国经济得到迅速发展，取得了举世瞩目的成就，但以GDP增长作为核心的发展模式造成了一系列社会经济问题，如城乡差距不断加大、区域发展不平衡、生态环境恶化等。人才匮乏是制约农村发展的重要因素，实现农业现代化，建设社会主义新农村，既需要生产技术的创新和应用，也需要复合型的高级专门管理人才。随着农村区域发展领域不断向广度和深度拓展，培养农村区域发展领域经济管理人才显得更加重要。实现农业现代化不仅需要掌握涉及农业和农村发展的各类专业的技能型专门人才，而且需要大量善于综合分析、规划、设计、实施、监控和评价农村区域发展，"懂技术、会管理、能发展"的复合型基层管理人才。

本书旨在帮助读者特别是广大乡镇基层干部了解小城镇建设的基础知识，小城镇发展过程中的特点、走过的路、给后人留下的经验教训，小城镇规划与建设的结合等，为我国的小城镇建设和发展贡献力量。

本书在编写过程中参照了有关专家对小城镇建设的研究成果，归纳和总结了全国各地小城镇建设的经验，本着科学、实用、易懂的基本原则，对小城镇的发展现状和问题、小城镇的发展历程和特点、小城镇规划的基础知识、小城镇建设管理及其相关法律法规等内容进行了阐述。

本书由北京城市学院城市建设学部孟媛教授、陈琳讲师担任主编，在编写过程中得到很多高校学者，相关科研单位、城乡规划设计及建设单位专家的指导和帮助，在此一并表示感谢。

2022年，结合法律法规变化和行业发展，本书主要从两个方面进行了修订：一方面，加入了国土空间规划的相关理论知识，补充了行业的前沿内容；另一方面，针对近几年的法律法规的变化，对相关内容进行了修改或补充。

希望本书对于读者特别是乡镇基层干部了解小城镇建设有所帮助。由于时间仓促和作者水平有限，书中的疏漏在所难免，望读者批评指正，以便今后进一步修订和完善。

编　者

2022年11月

目录 CONTENTS

第一章 我国小城镇的发展情况 1
    第一节 我国小城镇的现状 3
    第二节 我国小城镇发展中的若干问题 11

第二章 小城镇的基本概念 19
    第一节 小城镇的形成与特点 21
    第二节 小城镇的概念与分类 27
    第三节 小城镇建设的目标与原则 32

第三章 小城镇的发展机制 39
    第一节 小城镇发展的动力机制理论 41
    第二节 我国小城镇发展的动力机制——城市发展模型 44
    第三节 我国小城镇发展的动力与阻力 48

第四章 小城镇规划的工作内容和编制程序 60
    第一节 小城镇规划的任务 62
    第二节 小城镇规划的工作内容和成果 63
    第三节 小城镇规划的依据和规划期限及工作方法和步骤 70

第五章 小城镇土地利用规划 75
    第一节 小城镇的用地分类和用地标准 77
    第二节 小城镇居住用地的规划布置 83
    第三节 小城镇公共设施用地的规划布置 88

第四节　小城镇生产设施及仓储用地的规划布置..................97
　　　第五节　小城镇其他用地的规划布置..................103
　　　第六节　国土空间规划的理论..................110

第六章　小城镇建设管理体制......120
　　　第一节　小城镇建设管理..................122
　　　第二节　县政府在小城镇建设中的职能..................130
　　　第三节　行政区划与镇的设置和行政管理机构..................136

第七章　小城镇建设相关政策与法律法规......141
　　　第一节　小城镇建设的主要法律法规..................143
　　　第二节　小城镇建设的相关法律法规..................147
　　　第三节　小城镇建设的相关规划标准..................167

第八章　小城镇规划的编制与实施......171
　　　第一节　小城镇建设规划编制的管理..................173
　　　第二节　小城镇规划实施的管理..................179
　　　第三节　"一书两证"..................188
　　　第四节　小城镇规划实施的监督检查..................191

第九章　我国小城镇建设的展望......198
　　　第一节　小城镇建设在城镇化进程中的地位与作用............200
　　　第二节　国家在推进小城镇建设过程中的政策导向............201

第一章
我国小城镇的发展情况

学习目标

掌握：我国小城镇的现状。
熟悉：目前我国小城镇建设的发展模式。
了解：目前我国小城镇发展中存在的问题。

本章导语

通过对小城镇现状的浏览，学习者可以了解目前我国小城镇的发展状态，掌握几种小城镇的发展模式，自主思考小城镇建设相关问题，对目前小城镇建设和规划当中较大和较难解决的问题有自己的一些想法，为后续章节的学习奠定基础。"苏南模式"和"温州模式"是比较成熟的小城镇发展模式，其遵循了尊重规律、循序渐进，因地制宜、科学规划，突出重点、深化改革、创新机制，统筹兼顾、协调发展的原则。本章内容有助于激发我国乡镇干部对小城镇范围内社会、环境、人文的强烈使命感，形成高度的专业责任感与服务国家、服务社会的工匠精神。

◢ **本章知识导图**

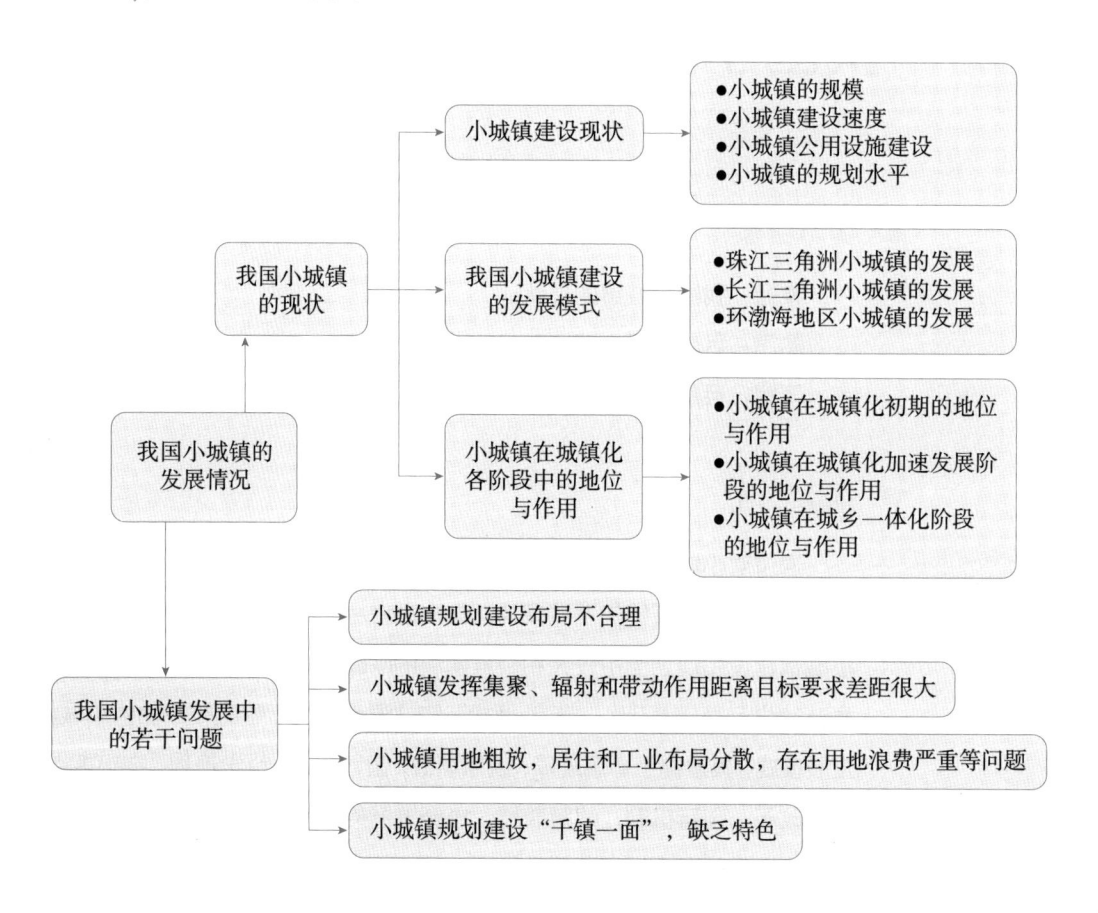

```
                                            ┌─ 小城镇的规模
                      ┌─ 小城镇建设现状 ────┤ 小城镇建设速度
                      │                     │ 小城镇公用设施建设
                      │                     └─ 小城镇的规划水平
                      │
    我国小城镇         │  我国小城镇建设     ┌─ 珠江三角洲小城镇的发展
    的现状 ───────────┼─ 的发展模式 ───────┤ 长江三角洲小城镇的发展
       ▲              │                     └─ 环渤海地区小城镇的发展
       │              │
       │              │                     ┌─ 小城镇在城镇化初期的地位
       │              │  小城镇在城镇化     │  与作用
       │              └─ 各阶段中的地位 ───┤ 小城镇在城镇化加速发展阶
       │                 与作用             │  段的地位与作用
    我国小城镇的                             └─ 小城镇在城乡一体化阶段
    发展情况                                    的地位与作用
       │
       │              ┌─ 小城镇规划建设布局不合理
       │              │
       │              ├─ 小城镇发挥集聚、辐射和带动作用距离目标要求差距很大
       └─ 我国小城镇发展中 ┤
          的若干问题   ├─ 小城镇用地粗放，居住和工业布局分散，存在用地浪费严重等问题
                      │
                      └─ 小城镇规划建设"千镇一面"，缺乏特色
```

第一节 我国小城镇的现状

一、小城镇建设现状

中华人民共和国成立以后，随着国家大规模推进工业化建设，我国一度加速发展城市建设，但由于种种原因，城市化进程依旧十分缓慢，城市化水平明显落后于工业化水平。改革开放以来，我国城镇得到较快发展，特别是小城镇发展很快，大大加速了城市化进程。

1983 年到 1999 年，我国城市化水平从 23.54% 提高到 30.89%，提高了 7.35 个百分点，年平均增长 0.46 个百分点。1990 年到 1999 年我国城镇人口增长 8 710 万人，而按 1990 年到 1999 年我国城市人口年平均自然增长 9.07‰ 计算，9 年自然增长仅 2 556 万人，其余 6 145 万人均为集聚到城镇的农村人口。2000 年到 2010 年，我国城镇人口从 45 906 万人增长到 66 978 万人，城市化进程进一步加快，到 2010 年城市化率已经基本达到 50%。根据第七次全国人口普查，截至 2020 年年底，居住在城镇的人口为 90 199 万人，占 63.89%；居住在乡村的人口为 50 979 万人，占 36.11%。与 2010 年相比，城镇人口增加 23 642 万人，乡村人口减少 16 436 万人，城镇人口比重上升 14.21%。随着我国新型工业化、信息化和农业现代化的深入发展和农业转移人口市民化政策落实落地，我国新型城镇化进程稳步推进，城镇化建设取得了很大成就。

（一）小城镇规模逐步扩大

小城镇规模逐步扩大，2001 年年底，全国有建制镇 18 090 个（不含县城关镇），集镇 23 507 个，村庄总数 3 458 852 个，其中村民委员会所在地 666 181 个，全村镇总人口 98 854.75 万人，其中农业人口 89 299.27 万人，占村镇总人口的 90.33%。随着省域（县域）城镇体系规划的深入展开，小城镇发展和村镇合理布局。根据国家统计局《2021 年中国县域统计年鉴》数据，2020 年中国建制镇镇域户籍人口达 8.19 亿，占到全国总人口 58.1%，镇域户籍人口规模平均为 3.9 万人；其中人口在 5 万以下、5～10 万、10 万以上的建制镇数量占比分别为 74%、23% 和 3%。根据住房和城乡建设部《2020 年城乡建设统计年鉴》，全国建制镇的数量达到 1.88 万个，建成区面积 43 390 km²、户籍人口 1.66 亿，人口密度达到 3 826 人／平方千米，建制镇用地及人口规模逐步扩大。

（二）小城镇建设速度持续增长

全国小城镇建设投资包括居住建设投资、公共建筑建设投资、生产性建筑建设投资、公用设施建设投资等，投资总额多年来保持10%以上的增长速度。同期，小城镇房屋建设速度稳定增长，建设质量也有显著提高。尤其是2016年后开展的各类特色小镇建设工程拉动了建设投资的持续高速增长。据统计，平均一个特色小镇投资额约为50亿元，规模较小的约为10亿元，而规模较大的可达到百亿元，按照中华人民共和国住房和城乡建设部（简称"住建部"，2018年，我国将住建部的城乡规划管理职责整合，组建中华人民共和国自然资源部）总规划，1 000个特色小镇投资额达近5万亿元，占2015年国家总GDP的7%，可为经济增长提供强大推力。浙江省发展和改革委员会数据显示，2016年1月至9月，首批浙江省37个特色小镇共完成投资480亿元，约占规划中100个小镇5 000亿元投资额的12%。从国内已建成小镇的样本统计数据来看，总投资中基建投资占比30%～50%，全国1 000个小镇基建投资有1.5万亿～2.5万亿元。

（三）小城镇公用设施建设发展较快

小城镇的公用设施建设发展较快，居民的生产生活环境得到进一步改善。仅2001年一年，全国村镇自来水建设投资56.18亿元，全年新建自来水厂493个，新增日供水12 240万t，新铺设供水管道长度1.91万km。2001年年底，全国建有供水设施的村镇达421 408个，自来水受益村镇总数达688 513个，受益人口4.59亿人，用水普及率46.4%，其中建制镇、集镇、村庄用水普及率分别达80.29%、61.02%、40.03%；乡村道路总长度达318.55万km，道路硬化率已达88.70%；全国已有通电村镇299.61万个，所有建制镇、97.78%的集镇、85.44%的村庄通了电；全国小城镇绿化率达13.81%，已拥有公园4 027个；建制镇园林绿地面积93 484 hm^2，其中公共绿地面积43 895 hm^2，人均公共绿地面积3.38 m^2；集镇园林绿地面积42 616 hm^2，公共绿地面积13 552 hm^2，人均公共绿地面积2.56 m^2；小城镇已铺设排水管道15万km，配有环卫机械3.87万辆，公共厕所15.74万座。到2020年年底，全国建制镇人均日生活用水量为107 L，用水普及率达到89.08%，比2001年提高近9个百分点，燃气普及率为56.94%，人均道路面积为15.79 m^2，排水管道暗渠密度为7.20 km/km^2，污水处理率达到60.98%，绿化覆盖率达到16.88%，人均公园绿地面积为2.72 m^2，比2001年翻一番，绿地率为10.81%。

（四）小城镇规划水平有所提高，试点示范作用明显

改革开放以来，我国特色小镇经历了三个发展阶段：第一阶段为探索阶段，2014年浙江省首提"特色小镇"；第二阶段为成型阶段，2015年年底，习近平在《浙江特色小（城）

镇调研报告》上作出重要批示；第三阶段为全面推广阶段，这个阶段的特点为国家发布引导政策，地方随后密集出台政策，全国各地特色小镇建设如火如荼。

2014年，浙江省首次提出"特色小镇"的概念，2015年出台《浙江省人民政府关于加快特色小镇规划建设的指导意见》，指出特色小镇是相对独立于市区，且有明确产业定位、文化内涵、旅游和一定社区功能的空间平台，区别于行政区划单元和产业园区。

2016年10月14日，住建部正式公布北京市房山区长沟镇等127个第一批中国特色小镇。特色小镇的类型主要有工业发展型、历史文化型、旅游发展型、民族聚居型、农业服务型和商贸流通型。从类型上看，旅游发展型特色小镇最多，共有64个，占比达50.39%；其次是历史文化型特色小镇，共有23个，占比达18.11%。从各区域分布来看，华东区域和西南区域的特色小镇数量最多。华东区域是我国经济发展水平较高的区域，而西南区域虽然相对华东区域经济发展水平较低，但是旅游资源较为丰富。

截至2017年年底，全国共有20个省份提出特色小镇创建计划，总计划数量已超过1 500个。2017年7月27日，住建部公布了第二批276个特色小镇名单，加上2016年住建部公布的第一批127个特色小镇，全国特色小镇共有403个，结合剩余14个尚未公布计划的省份进行推算，全国至少会出现2 000多个省级特色小镇，这些都将成为国家千镇计划的后备军。大部分省份将小镇的建设时间划定为3～5年，15个省份将完成百镇计划时间限定在"十三五"期间，与国家千镇计划时间保持同步。

二、我国小城镇建设的发展模式

我国小城镇在改革开放的春风沐浴下迅速成长。在较早开放的沿海地区，有很多成功的小城镇建设案例。珠江三角洲、长江三角洲、环渤海湾地区是我国沿海三大城镇密集区，这三个区域的小城镇在发展背景、发展模式方面都存在很多相似之处，但随着市场化过程中小城镇发展自由化程度的提高，这三个区域的小城镇建设逐渐形成了各具特色的子模式。

（一）珠江三角洲小城镇的发展

1. 发展概况

在改革开放之初，珠江三角洲被确定为三个"对外经济开放区"之一。对外开放的政策和毗邻港澳的有利地理区位，为珠江三角洲发展外向型经济提供了必要的客观条件。目前，珠江三角洲已成为全国出口创汇的重要基地，2014年，珠江三角洲进出口总额为63 221亿元，占广东省进出口总额的95.6%，其中，出口额为37 707亿元，占广东省出口总额的95.4%，占全国出口总额的26.3%。在外资经济的推动下，珠江三角洲地区的小城镇经济实力快速增强，涌现一批以深圳布吉、东莞虎门、顺德北滘、中山小榄等为代表的全国经济实力强镇。

珠江三角洲小城镇发展受到了外资的大力推动，因此，外源型发展模式是珠江三角洲小城镇发展的主导模式。在这种发展模式下，珠江三角洲小镇发展还形成了东莞模式、顺德模式、南海模式和中山模式四种子模式。

2. 发展中存在的问题

(1) 经济问题。珠江三角洲地区主要以外向型经济为主带动小城镇快速发展，但随着经济和社会的发展，这一模式的隐患也逐渐显现出来，表现为经济的根植性低、对外依赖性强、受国际环境影响大、抵御经济风险能力差。这些因素导致小城镇无法得到持续、快速、健康的发展。另外，受市场需求的强烈引导，各种资本在珠江三角洲均以营利为投资取向，各地政府缺乏对工业全局的有效引导，盲目引进，使产业结构趋同现象突出，造成区内各小城镇之间过度竞争，阻碍了生产要素的合理配置，不利于珠江三角洲地区的整体发展。

(2) 土地问题。土地是最基本的生产要素，在经济发展初期，地方政府"以地生财、以地换路"，拉动经济增长，然而在发展的过程中，小城镇在土地开发利用方面出现了不少问题。首先表现在土地粗放经营，单位土地的经济效益低下；其次是普遍存在用地结构不合理现象，工业用地所占比例过大，而公共设施用地、绿化用地严重不足；再次是用地布局分散，功能混乱；最后是小城镇建设用地扩张过快，耕地面积急剧减少，后备土地储量不足。

(3) 基础设施问题。珠江三角洲地区外来人口众多，在基础设施供给方面普遍存在短缺现象，环保设施和文体娱乐设施建设较为滞后。另外，区内各小城镇为改善地方投资环境，将基础设施建设限于各辖区范围内，造成了重复建设、规模小、效益低下的现象。

(4) 科技教育问题。珠江三角洲是以发展劳动密集型产业起步的，产业的技术结构偏低。随着劳动力、土地和其他资源价格的上升，珠江三角洲的产业结构面临升级，高新技术产业相对滞后成为出现发展瓶颈的原因。同时，以初中文化程度为主的大量暂住人口往珠江三角洲小城镇集聚，延缓了提高该区域总人口受高等教育的平均水平的速度。高素质人才短缺，难以满足经济发展和产业升级对人力资源的需求。

(5) 体制问题。户籍管理制度尚不完善，流动人口管理困难，造成社会治安恶化，影响小城镇经济的发展。珠江三角洲大部分小城镇的外来人口多于本地人口，而行政管理编制只按户籍人口配置，很多地区的行政机构人手不足，社会管理人员匮乏，严重影响当地社会系统的正常运作。

（二）长江三角洲小城镇的发展

1. 发展概况

与珠江三角洲地区不同，长江三角洲的小城镇发展选择了内源型发展模式，这是由其发展背景决定的。首先，长江三角洲的改革开放比珠江三角洲晚了十几年，使长江三角洲失去了发展外向型经济的机会。其次，在农村体制改革前，长江三角洲的乡镇集体经济和个体私营经济已有萌芽，在计划经济后期，这里的集体企业已颇具规模，有关资料显示，1978年该地区乡及乡以上行政区就有4万多家非国有工业企业，占全部工业企业总数的80%以上。随着农村体制改革的深入，乡镇企业和个体私营企业成为长江三角洲经济的生力军，带动了地区内小城镇的迅速发展。

在内源型发展模式主导下，长江三角洲地区内部也存在比较明显的模式差异，形成了"苏南模式""温州模式"，以及以种（植）、养（殖）、加（工）、出（口）协调发展为特点的"海安模式"，以户办、联户办、村办、乡办四轮齐转发展乡村工业为特点的"耿车模式"，以小商品市场迅速发展为特点的"义乌模式"，其中"苏南模式"和"温州模式"的涉及面和知名度远远高于其他模式。

2. 发展中存在的问题

长江三角洲地区河网密布，客观上造成了该地区小城镇规模过小、密度过高。改革开放后，长江三角洲的小城镇建设走的是内源型发展道路，主要靠自身积累来发展经济，小城镇规模扩张不如珠江三角洲的小城镇迅速。同时，各县和乡镇为了社区利益纷纷撤县建市，撤乡建镇，造成了长江三角洲地区小城镇数量多、规模偏小的现象。以苏南地区为例，截至1995年，人口超过10万人的小城镇仅有4个，5万~10万人的有24个，2万~5万人的有32个，不足1万人的有552个（占全部小城镇的82.6%）。各小城镇自主发展，建设等级层次不突出，投资分散，一方面基础设施和公共设施重复建设，造成极度浪费；另一方面小城镇建设难上档次，即使有些小城镇实力较强，各类设施比较齐全，也会因达不到规模效益而难以维持。

长江三角洲地区乡镇工业布局"小集中、大分散"的特征明显，难以形成集聚效应。乡镇企业具有鲜明的社区属性，企业遍地开花，散布在小城镇两级。虽然随着市场经济的发展，股份制企业、三资企业[①]和私营企业越来越多，社区企业大大减少，但由于仍然存在地方财政包干制度和社区利益的独立性，乡镇企业的社区属性难以有根本性的改变。工业空间布局的高度离散不仅形成不了规模效应和集聚效应，还会造成土地粗放利用以及土地资源的极度浪费。同时工业的分散布局使生产基础设施特别是环保设施建设滞后，环境污染现象严重。

（三）环渤海地区小城镇的发展

随着改革开放深度和广度的拓展，环渤海地区的经济发展步伐加快，已成为我国北方经济发展的"引擎"，在全国经济发展中的分量日显重要，被誉为继珠江三角洲和长江三

---

① 三资企业即在中国境内设立的中外合资经营企业、中外合作经营企业、外商独资经营企业三类外商投资企业。

角洲之后的我国经济第三个"增长极"。《中国城市发展报告(2001—2002)》将环渤海地区列为主导我国经济发展、参与国际竞争的三大城市群之一。环渤海地区一般指的是以京津唐地区、辽中南地区和山东半岛为核心的区域，这三个地区的城镇密集程度都比较高，使环渤海地区成为我国沿海覆盖地域最广的城镇密集区，环渤海地区的城镇密集区包括山东、辽宁、河北、天津、北京等三省二市。环渤海地区的发展一直以来受行政影响比较大，国有企业比重较高，"豪商"环境较差，这在很大程度上造成小城镇发展相对滞后，小城镇的发展程度较珠江三角洲和长江三角洲的小城镇低。下面分别介绍京津唐地区、辽中南地区和山东半岛的小城镇发展。

1. 京津唐地区的小城镇发展

京津唐地区拥有优越的地理环境和重要的区域地理位置。该地区位于华北大平原的北端，东临渤海，拥有燕山山脉和太行山山脉交会成的天然屏障，夏季东南风从海洋带来降水，其山前冲积平原是北方农业开发较早的地带。北京是我国的政治、经济、文化中心，对整个京津唐地区的发展产生重大的影响。

京津唐地区的小城镇发展与国家的政策和大城市的发展息息相关，在不同的时期出现了不同的发展模式。①在20世纪80年代以前，国家重视大城市发展，国有大型企业和公共项目主要布置在城市，城市对小城镇的辐射极其微弱，小城镇仅作为周边农村的服务中心，以中心地形发展模式为主。②20世纪80年代以后，国家比较重视小城镇的发展，随着乡镇企业的发展，小城镇发展很快，但由于历史原因，京津唐地区农村的商品经济不如珠江三角洲和长江三角洲地区活跃。这一阶段小城镇的发展模式以内源型发展模式为主。③20世纪90年代以来，随着来华投资的大型项目逐渐增多，拥有雄厚经济基础和高素质人才的京津大都市日益受到跨国公司的青睐，京津二市抓住机遇加大开放力度。大量外资的进入促进了城市产业结构的升级，城市转移产业和外资企业纷纷在小城镇落脚，小城镇发展迅速加快，出现了外源型发展模式。

京津唐地区小城镇发展虽然没有形成像"苏南模式"和"温州模式"那么典型的发展模式，但地区内小城镇根据自身发展条件形成了多种多样的类型，包括综合性城镇、卫星城镇、矿业城镇、旅游（疗养）城镇、交通（港口）城镇等。

2. 辽中南地区的小城镇发展

辽中南地区是我国沿海城镇密集区中最北面的一个区域，拥有得天独厚的矿产资源，是我国重要的重工业生产基地。特殊的历史条件使辽中南地区的城乡二元结构十分突出，这是由于沈阳、大连等中心城市以国有大中型企业为主的企业结构和以重化工业为主的产业结构与周围乡村地区的产业不像长江三角洲地区那么容易衔接，城市工业对周围地区的带动力量比较薄弱，中心城市外围的县非农化水平相当低下。辽中南地区耕地相对富裕，人地矛盾不突出，乡村工业化的推力不足，乡镇企业发展相对缓慢。另外，辽中南地区虽然在我国东北是较早实行对外开放的地区，但与南方相比起步较晚，且整个地区相对偏离联通国际金融、国际贸易的主航道，受外资经济的影响比较微弱。

辽中南地区小城镇的发展速度很慢，总体落后于全国平均水平。辽中南地区城乡差别大、乡镇企业不发达、受外资影响弱，决定了该地区小城镇的发展模式以中心地形发展模式为主，大城市周边的小城镇则以内源型发展模式为主。小城镇的职能以行政职能和为大城市工业服务的工业卫星镇职能为主。

辽中南地区小城镇发展存在的最突出的问题是小城镇的集聚能力弱，产业工业化和人口城镇化进程相当缓慢。大城市对城镇人口和农村人口的吸引力还在加强，小城镇作为农村和城市的联系纽带的作用没有发挥出来。大多数小城镇的驻地只具备行政中心职能而不具备经济中心职能，对农村人口的吸引力微弱，部分小城镇还出现离心的趋势，小城镇与乡村发展呈现"一张皮"的低速均衡发展的现象。由于小城镇经济功能薄弱，少数乡镇企业宁可选择在本土发展，也不大愿意向镇区集中，企业分散布局降低了小城镇的集聚能力，辽中南地区小城镇的发展在缺乏外力推动的情况下举步维艰。

3. 山东半岛的小城镇发展

山东半岛矿产资源丰富，已探明有开发价值的矿产资源达到数十种，其中石油、天然气、煤、金刚石、金、铝及石墨在国内占有重要地位。在气候上，山东半岛属于暖温带湿润季风气候，年均降水量和日照时数都高于同纬度的其他地区，非常适合发展农业。这些条件为山东半岛的经济发展提供了良好的条件，也为山东半岛的小城镇提供了内源型发展的基础。改革开放为小城镇的发展注入新的活力，山东是最早发展乡镇企业的省份之一，而山东半岛在全省起步最早、发展最快，虽然人口和面积仅占全省的1/3，但工农业总产值却占全省的一半以上。乡镇企业的崛起大大推动了山东半岛小城镇的内源型发展。山东半岛与朝鲜半岛隔海相望，最近距离不到 100 n mile(1 n mile ≈ 1.852 km)，离日本也不远，距太平洋北部的国际航线也很近，海外交通十分方便，是韩国和日本在我国投资的最佳区位。1997 年，韩资企业数、协议和实际利用资金额均占全省外资总量的 80% 以上，有利的投资区位使山东半岛小城镇经济的外向度很高，拥有一批外向型乡镇企业，成为我国北方著名的乡镇企业发展地区。

总的来说，山东半岛小城镇主要是在乡镇企业和外资的共同推动下发展起来的，但在发展水平上不及长江三角洲和珠江三角洲。因此，在发展模式上，山东半岛小城镇以内源型发展模式和外源型发展模式为主。

山东半岛小城镇发展存在的主要问题是产业趋同化现象明显。由于受行政分割和地方利益的驱动，各地竞相发展短期收益明显的轻加工工业，产品集中在一般性的机电产品、耐用消费品、纺织服装、日用工业品和食品等。各小城镇无论规模大小和发展条件好坏，产业门类齐全，但缺乏特色。在产业组织结构调整中，地方政府和企业的注意力集中在本行政辖区内，跨地区发展的企业集团极少，无法跳出自身的地域圈子。这一方面造成建设布局分散，优势产业不能充分发挥集聚优势，阻滞了产业结构优化升级的步伐；另一方面造成小城镇间产业的互补性较低，不利于区内产业的分工和协作。

三、小城镇在城镇化各阶段中的地位与作用

（一）小城镇在城镇化初期的地位与作用

城镇化初期的主要特征是以农业为主，城镇化水平低。一般来说，这一时期城镇体系的首位度较大，中小城市发展不多，城镇体系主要由小城镇构成。这时的小城镇一般为镇域经济、政治、文化中心，为小型的商品集散地，对城镇化进程的推动作用并不明显。

（二）小城镇在城镇化加速发展阶段的地位与作用

在城镇化的加速发展阶段，经济得到发展，工业化与城镇化齐头并进。这时工业发展速度加快，现代化工业基础逐步建立，主体逐步从工业经济转化为技术经济和知识经济，同时农业生产率也得到提高，乡村人口加速向城镇集聚，城镇化发展加快。

小城镇在我国城镇快速发展时期占有重要的位置，这一阶段小城镇建设对城镇化的作用主要体现在与乡镇企业共同发展，加快农村工业化进程。我国城镇化的快速发展在很大程度上是由乡镇企业带动起来的，而小城镇正是乡镇企业发展的主要载体。小城镇的发展，为乡镇工业的发展提供了许多便利条件，便于乡镇工业企业采购原料、推销工业品、筹集资金、雇用劳动力，加快了工业发展的步伐。有了星罗棋布的小城镇，我国的大城市、中等城市、小城市以及农村才能真正连成一个有机的整体，全国统一市场才能有效地形成，农民才能和城市居民一样进入市场，二元经济结构的消亡才能成为可能，整个社会经济才能走上健康的良性循环轨道。

（三）小城镇在城乡一体化阶段的地位与作用

城乡一体化阶段是城镇化发展的高级阶段，其主要特征是城乡之间生产要素自由流转，在互补性的基础上实现资源共享和合理配置，城乡经济、城乡生产与生活方式、城乡居民价值观念协调发展。小城镇作为"城之尾、乡之首"的特征，在这一阶段将得到充分体现。

作为连接城市与乡村的纽带和桥梁，小城镇可加速城市与乡村之间各种要素的流动，进一步推进城镇化与城乡一体化进程。小城镇位置特殊（"城之尾、乡之首"），能真正起到联系城乡的作用，而以大城市为中心、中小城市为骨干、小城镇为基础的多层次城镇体

系的形成又能促进小城镇的不断发展与壮大。广大的小城镇可以建设成为商品的集散地、农村剩余劳动力的中心基地、市场信息的发布基地以及农业社会服务的中心基地，从而激励农民离土、离乡，进入城镇，改变人口结构，加速农村城镇化、城乡一体化进程。

拓展资源

1. 汤铭潭. 小城镇规划技术指标体系与建设方略 [M]. 北京：中国建筑工业出版社，2005.

2. 小城镇具体发展模式详见网络课程。

3. 赵晖. 说清小城镇：全国121个小城镇详细调查 [M]. 北京：中国建筑工业出版社，2017.

4. 中华人民共和国住房和城乡建设部网站：http://www.mohurd.gov.cn.

课程知识点

1. 关于小城镇的发展现状，近些年比较突出的特点有哪些？
2. 我国小城镇建设的发展模式有哪些？
3. 影响我国小城镇发展的主要因素有哪些？

第二节　我国小城镇发展中的若干问题

小城镇不同于城市，不仅在于它是"城之尾、乡之首"，是城乡接合部的社会综合体，而且在于我国地域辽阔，小城镇量大面广，不同地区、不同类型的小城镇差异很大；不仅在于它是加快我国城镇化步伐的主要动因，而且在于它是在国家经济社会发展中，解决具有极为重要和深远意义的"三农"工作问题的主要载体和根本基础。因此，小城镇的规划建设在理论、方法、标准及标准体系等诸多方面也与城市有所不同。

我国小城镇面临着前所未有的发展机遇，也存在着许多不容忽视的问题。发展小城镇，规划是龙头。小城镇规划建设问题直接影响着小城镇的健康、快速、可持续发展。目前小城镇发展中存在的主要问题如下。

一、小城镇规划建设布局不合理

造成小城镇规划建设布局不合理的主要原因有以下三点。

(1) 管理者未能从小城镇发展的战略高度，认识和重视小城镇规划，小城镇规划落后于小城镇发展。

(2) 小城镇规划水平普遍较低。一是现有小城镇规划队伍整体实力薄弱，近年来虽然一些省（市），甚至县（市）成立了村镇规划设计单位、规划设计咨询公司等，但是由于刚刚起步，其规划设计人员严重缺乏，发展条件普遍较差。二是小城镇规划收费标准普遍较低，小城镇规划一般由资质低、条件差的规划设计单位、部门完成，一般较少通过竞争招标挑选规划设计单位、保证规划设计质量。

(3) 缺少县（市）域城镇体系规划及其实施的组织与协调，由此造成城镇体系网络、层次不清，城镇职能难以正确定位。现有的城镇规划编制办法，没有突出城镇体系的重要指导地位，而小城镇各自为政的传统规划建设方法，往往使得县（市）域城镇体系规划与镇区规划变成"两张皮"；除普遍缺少县（市）域城镇体系规划指导外，一些编制了区域城镇体系规划的地方，由于缺乏规划实施的组织与协调，还是不能落实小城镇布局与职能的正确定位。例如，在2001年苏州行政区划调整前，苏州西部次区域做过区域小城镇规划，但一是缺少本区域发展战略研究，二是缺少实施的组织与协调，其区域小城镇规划建设仍然各自为政，区域规划难以实施。

二、小城镇发挥集聚、辐射和带动作用距离目标要求差距很大

小城镇作为我国农村区域性经济文化中心，特别是作为县域政治、经济、文化中心的县城镇，发挥其对农村地区其他小城镇和乡村腹地的集聚、辐射和带动作用，对我国农村经济社会发展有十分重要的意义。早在2000年，《中共中央国务院关于促进小城镇健康发展的若干意见》就提出，我国建设小城镇的目标是力争经过10年左右的努力，将一部分基础较好的小城镇建设成为规模适度、规划科学、功能健全、环境整洁、具有较强辐射能力的农村区域性经济文化中心，其中少数具备条件的小城镇要发展成为带动能力更强的小城市，使全国城镇化水平有明显提高。但是当前我国小城镇发挥的集聚、辐射和带动作用距离目标要求差距很大，原因有以下两个方面。

(1) 小城镇人口规模普遍偏小。我国设镇标准低，根据1984年10月我国调整后的设镇标准，乡政府驻地非农业人口达到2 000人左右就可以建镇，再加上历史原因，我国小城镇人口规模普遍偏小，许多小城镇的人口规模规划依据不足，限制了小城镇规模经济的发展，降低了小城镇对农村剩余劳动力以及外来人口的吸纳能力，影响其集聚、辐射和带动作用的发挥。

我国只有少数小城镇镇区的人口超过1万人，多数在500人以下。以经济发达、人口稠密的浙江省为例，全省建制镇中城镇人口规模在1万人以下的占80%，500人以下的占50%。又如，黑龙江省除7个县城镇人口规模较大外，286个小城镇中，人口超过1万人的只有52个，占农村小城镇总数的14.7%，不足3 000人的小城镇有91个，还有24个小城镇人口不足千人。

在我国一些大城市和特大城市的郊区，也分布着一定数量的规模偏小的小城镇。这些小城镇与中心城区的发展很不匹配。以广州市的小城镇建设为例，广州市中心城区的人口已超过600万人（含暂住人口），而镇区人口不足1万人的小城镇占44%（其中11个小城镇的镇区人口小于5 000人），1万~5万人的小城镇占35%，5万人以上的小城镇只有7个。又如，2001年对苏州西部次区域15个小城镇镇域人口的统计结果显示，小于2.5万人的小城镇有4个，占26.7%，3万~3.5万人的有5个，占33.3%，3.9万~5万人的有6个，占40%，平均镇域人口仅3.5万人左右，镇区人口规模与其腹地镇域农村人口规模都偏小，而其小城镇分布密度却相当高。

规模偏小的小城镇无法达到规模经济，无法形成社会服务及其设施建设的合理规模，严重影响了小城镇集聚和辐射功能的形成。

(2)小城镇布局和职能定位不合理，缺乏小城镇规划理论方法，特别是与小城镇相关的城镇体系规划理论方法，小城镇规划建设相关政策、标准和法规研究的基础薄弱，明显落后于当前小城镇的发展。

我国地域辽阔，地区经济发展不平衡，不同地区小城镇发展的基础差别很大。小城镇发展需要一定的经济实力作为基础，而且不同地区、不同类型的小城镇需要与其适配的辐射范围。小城镇的区域差异性和类型的不同，要求小城镇根据不同的区位条件和要素进行分析，确定合理的功能定位、规模和地理分布。近些年来，一些地方不顾客观条件和经济社会发展规律，片面追求小城镇发展，盲目攀比，一哄而上，重复建设，这样不但造成资源浪费，也直接影响小城镇的集聚和辐射作用，以及小城镇的健康、可持续发展；同时也从侧面暴露出当前小城镇规划理论方法以及相关政策、法规研究和管理机制方面存在的问题和薄弱环节。

三、小城镇用地粗放，居住和工业布局分散，存在用地浪费严重等问题

（一）小城镇用地指标偏高

我国小城镇与村庄人均建设用地比城市多出近1/3，同时，我国幅员辽阔，自然环境、生产条件、风俗习惯丰富多样，一些区域长期缺乏规划与管理，导致全国各省（自治区、

直辖市）小城镇现状人均建设用地水平差别很大。根据有关部门提供的统计资料，1988年各省建设用地指标中，镇区幅值为50～742平方米／人，村庄幅值为55～865平方米／人；1999年镇区幅值为64～428平方米／人，村庄幅值为60～462平方米／人。人均用地相差幅度由15倍缩小为7倍左右，但总的来说差别还是很大。近几年，根据统计资料分析，我国东部、中部平均镇区人均用地面积达150～160 m^2，有50%以上的省（自治区、直辖市）、市（地区、自治州）的建制镇人均用地面积在150 m^2 以上，其中内蒙古、黑龙江、辽宁、海南、吉林等地区的建制镇人均用地面积在200 m^2 以上，明显超过相关城镇用地标准。这说明如何合理节约用地是小城镇规划和建设亟待解决的问题。

（二）用地粗放，用地浪费严重

20世纪90年代初，广东、浙江、江苏等省的一些地方，小城镇建设不合理占用和浪费土地现象十分普遍，如对公路两侧耕地连片征用，采用多征少用、多占不用、早征迟用、占优存劣的粗放型用地模式，互相攀比、盲目扩张，甚至以招商引资为名，行圈地卖钱之实。这些做法造成农村耕地的破坏和损失，极大地浪费了土地资源。同时这种用地粗放式扩张，吞并了大量对于维护生态平衡不可缺少的城镇间水网、农业生态绿化隔离带，造成生态环境恶化。

（三）土地投入产出效益不高

土地投入产出效益不高的主要原因有三点：一是小城镇居住和工业布局分散，乡镇工业的大量分散布局，导致占地规模普遍偏大。二是旧镇普遍容积率低，交通、绿化、公共设施用地不足。三是镇区用地结构不合理，许多小城镇的工业用地和居住用地比重过大，功能分区混乱，土地利用无序，用地零碎，建筑零乱。有的镇区布局混乱，尤其是沿公路"长廊式"延伸布局，用地混杂，土地利用综合效益差。

（四）土地闲置和土地供需不平衡

20世纪90年代初，许多地区特别是沿海地区的小城镇，在开发区热、房地产热的浪潮中，盲目大片、大量征用土地，但由于其规划不切实际，选址不当，开发资金、项目得不到落实，加上宏观经济调控下经济发展速度放缓，大量土地闲置。经过近几年的重视、努力、发展和消化，闲置土地的存量已减少很多，但由于经济发展结构和模式未能实现根本性改变，不合理大量征用土地的行为依然存在，土地闲置的现象依然存在，再加上土地使用权的转让，在现有的已批复转让的土地还继续闲置的同时，新的建设用地又不断外延扩张，加剧了土地供需之间不平衡的矛盾。

（五）土地污染严重

小城镇处于城乡接合部，目前小城镇产业结构层次普遍较低，越来越多的高能耗、重污染、劳动密集型"夕阳工业"转移到小城镇，使小城镇成为土地污染严重的地区。一方面，小城镇是污染物排放的重点区域；另一方面，乡镇工业发展很快，但企业规模小，治污能力弱，缺乏防污、治污措施，工业"三废"未经处理就大量排放，同时乡镇工业布局分散，不但增加了治污难度，而且使污染的扩散程度和影响范围更大。

（六）管理机制不健全，政策法规不完善

许多地方的小城镇土地利用规划缺乏与小城镇整体规划的衔接、协调，土地利用管理的土地规划衔接政策、土地供应政策、宅基地使用政策、承包土地去留政策、土地置换政策、收益分配政策不完善，不能适应小城镇快速发展的需要。

四、小城镇规划建设"千镇一面"，缺乏特色

规划建设特色不明显是当前小城镇规划建设存在的主要问题之一，表现在以下三个方面。

(1) 规划建设各自为政，虽然小城镇"小而全"，但产业趋同、功能同构，缺乏在城镇体系规划指导下，因地制宜地创造和培育的产业特色。

(2) 小城镇大多有丰富的地形地貌和优美的自然环境，也有丰厚的乡土文化、历史文化积淀和独特的民俗民风等资源，但是规划建设"千镇一面"，无法突出景观、风貌特色。一些小城镇不注重历史文化建筑等地方传统风格、风貌的保护，盲目攀比，大拆大建，导致历史风貌逐渐消失，地方文化随之流失。一些小城镇建筑集中分布在主要公路两侧，加上风格趋同，采用千篇一律的"火柴盒"式建筑，使得小镇更无特色可言。

(3) 小城镇城市设计不足，一些条件较优越的小城镇的形象特色塑造力度不够。近几年我国城市设计日趋热门，但小城镇城市设计开展很少，尚属起步阶段，小城镇城市设计主要在沿海经济发达地区大中城市郊区的小城镇和条件优越的县城镇、中心镇，就总体数量来说，还是很少的。上海为实现成为世界经济、金融、贸易、航运四大中心的国际一流大都市的发展目标，近年来十分注重小城镇规划，也十分重视小城镇城市设计。在国内外多个著名的规划设计方案中，小城镇城市设计精品方案也有体现，优秀的小城镇城市设计对塑造国际一流大都市小城镇形象特色，提升其小城镇品位与档次起到重要推动作用。

课程知识点

1. 近些年我国小城镇在发展过程中，比较突出的问题有哪些？
2. 我国小城镇规划建设缺乏特色表现在哪些方面？

本章小结

中华人民共和国成立以后，特别是改革开放以来，小城镇建设取得了丰硕的成果。虽然目前我国已经进入城镇化的快速发展阶段，但是小城镇建设也面临一些问题，如规划建设布局不合理，小城镇发挥集聚、辐射和带动作用距离目标要求差距大，用地浪费严重，小城镇规划千篇一律等。

本章参考文献

［1］吴志强，李德华.城市规划原理［M］.4版.北京：中国建筑工业出版社，2010.

［2］李光录.村镇规划与管理［M］.北京：中国林业出版社，2014.

［3］《城市规划资料集》编委会.城市规划资料集：第3分册 小城镇规划［M］.北京：中国建筑工业出版社，2004.

［4］汤铭潭，刘亚臣，张沈生.小城镇规划管理与政策法规［M］.2版.北京：中国建筑工业出版社，2012.

［5］赵晖.说清小城镇：全国121个小城镇详细调查［M］.北京：中国建筑工业出版社，2017.

［6］汤铭潭.小城镇规划技术指标体系与建设方略［M］.北京：中国建筑工业出版社，2005.

本章练习题

单选题

1. 以下对于小城镇建设现状的描述不正确的是（　　）。

A. 小城镇房屋建设速度稳定增长，建设质量有所提高

B. 小城镇建设投资持续增长

C. 小城镇的公用设施建设发展较快，居民的生产生活环境得到进一步改善

D. 小城镇的建设管理网络逐步完善和健全,已经得到根本改变

2. 外源型发展模式是珠江三角洲小城镇发展的主导模式,形成了（　　）等四种子模式。

A. 东莞模式、顺德模式、南海模式和中山模式

B. 深圳模式、顺德模式、南海模式和中山模式

C. 深圳模式、顺德模式、广州模式和中山模式

D. 深圳模式、南海模式、广州模式和中山模式

3. 长江三角洲的小城镇发展是（　　）发展模式。

A. 外向型　　　　　　　　　　　　B. 内源型

C. 聚拢型　　　　　　　　　　　　D. 辐射型

4. 京津唐地区小城镇根据自身发展条件形成了多种多样的发展类型,包括（　　）。

A. 综合性城镇、卫星城镇、矿业城镇、旅游(疗养)城镇、交通(港口)城镇

B. 综合性城镇、辐射型城镇、矿业城镇、旅游(疗养)城镇、交通(港口)城镇

C. 综合性城镇、辐射型城镇、工业城镇、旅游(疗养)城镇、交通(港口)城镇

D. 综合性城镇、辐射型城镇、矿业城镇、自然型城镇、交通(港口)城镇

5. 山东半岛小城镇以（　　）为主。

A. 内源型发展模式和外源型发展模式

B. 辐射型发展模式和外源型发展模式

C. 聚拢型发展模式和外源型发展模式

D. 内源型发展模式和辐射型发展模式

6. 城乡一体化阶段的主要特征是（　　）。

A. 城乡之间生产要素自由流转,在互补性的基础上实现资源完全融合,城乡经济、城乡生产与生活方式、城乡居民价值观念协调发展

B. 城乡之间生产要素受宏观调节,在互补性的基础上实现资源共享和合理配置,城乡经济、城乡生产与生活方式、城乡居民价值观念协调发展

C. 城乡之间生产要素自由流转,在互补性的基础上实现资源共享和合理配置,城乡经济、城乡生产与生活方式、城乡居民价值观念协调发展

D. 城乡之间生产要素自由流转,在互补性的基础上实现资源共享和合理配置,城乡经济、城乡生产方式、城乡居民价值观念协调发展

7. 关于我国小城镇发展中出现的问题,以下表述不正确的是（　　）。

A. 现有小城镇规划队伍整体实力相当薄弱

B. 当前我国小城镇发挥集聚、辐射和带动作用距离目标要求差距很大

C. 目前小城镇用地粗放，存在用地浪费严重等问题

D. 小城镇城市设计丰富了小城镇规划的形象特色

第一章练习题参考答案

第二章
小城镇的基本概念

📖 学习目标

掌握：居民点的概念；小城镇的概念；小城镇的分类。

熟悉：小城镇形成的几个发展阶段；小城镇建设的目标。

了解：小城镇建设的原则。

本章导语

小城镇就是规模最小的城市居民点，其在农村地区的工商业相对比较发达的区域，具有一定的政治、经济、文化以及生产生活、服务设施的中心地位。在中国，小城镇是乡村性的生产生活的服务中心向现代化城市转变的一个过渡性的居民点形式。小城镇的概念，目前没有统一的定义，在不同的国家、不同的区域、不同的历史时期、不同的学科、不同的工作角度下，人们对小城镇都有不同的理解。发展小城镇，要从中国的国情出发。党和国家历来十分重视小城镇的发展，并参考国外城镇化发展趋势做出了战略选择。发展小城镇，对于带动乡村经济发展，推动社会进步，促进城乡与大中小城镇协调发展具有现实意义和深远的历史意义。

◀ 本章知识导图

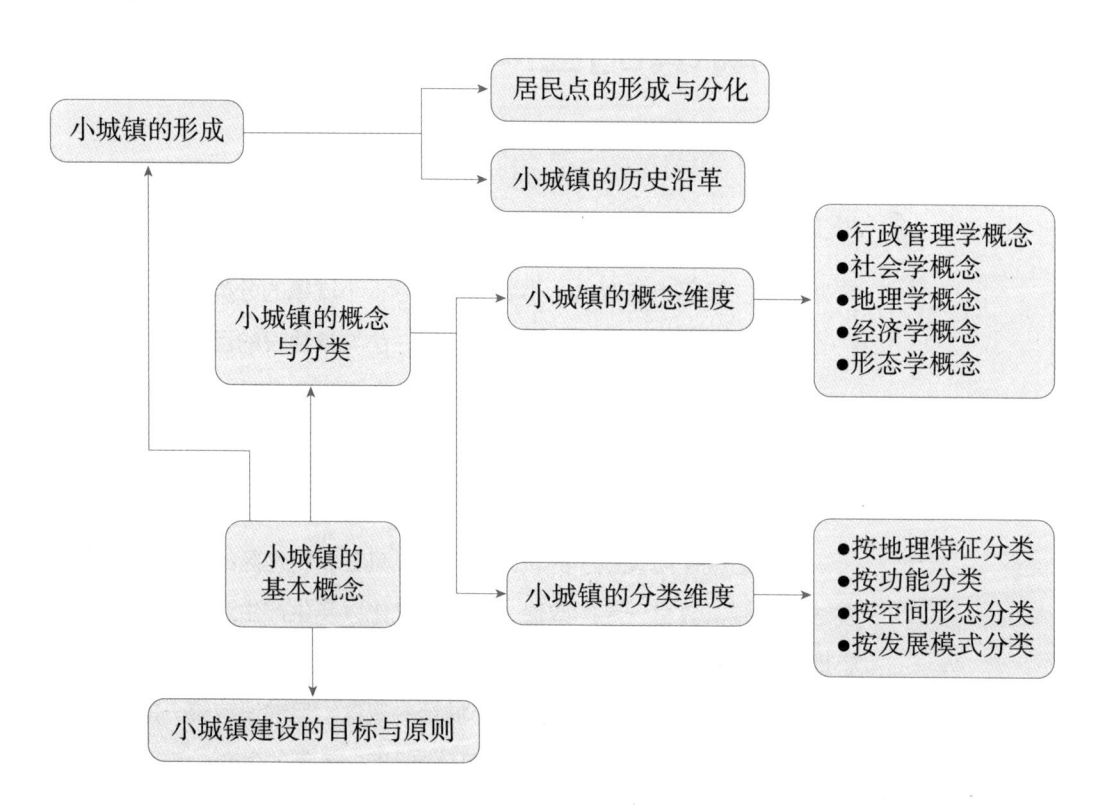

```
小城镇的形成 ──┬── 居民点的形成与分化
              └── 小城镇的历史沿革

小城镇的概念与分类 ──┬── 小城镇的概念维度 ── • 行政管理学概念
                    │                        • 社会学概念
                    │                        • 地理学概念
                    │                        • 经济学概念
                    │                        • 形态学概念
                    │
                    └── 小城镇的分类维度 ── • 按地理特征分类
                                            • 按功能分类
                                            • 按空间形态分类
                                            • 按发展模式分类

小城镇的基本概念

小城镇建设的目标与原则
```

第一节 小城镇的形成与特点

一、小城镇的形成

城镇并不是人类社会一开始就有的,城镇是社会发展到一定历史阶段的产物。

(一)居民点的形成与分化

1. 居民点的形成

居民点是人们定居的场所,是配置有各类建筑群、道路网、绿化系统、对外交通设施以及其他各种公用设施的综合基地。居民点是社会生产力发展到一定历史阶段的产物,它是人们按照生活与生产的需要聚居的地方。在原始社会,人类过着完全依附于自然的采集和狩猎生活,固定的住所还没有形成。在长期与自然的斗争中,人类开创并发展了种植业,于是人类社会第一次劳动大分工出现了,即渔业、牧业同农业开始分工,耕地附近出现了以农业生产为主的固定居民点,如西安半坡村落等。

2. 居民点的分化与城镇的产生

随着人类对生产方式的改进,生产力不断提高,劳动产品有了剩余,产品交换的条件具备,人们将剩余的劳动产品用来交换,商品通商贸易进而出现,原始手工业与农业劳动开始分离,人类社会第二次劳动大分工出现了。这次劳动大分工使居民点开始分化,形成了以农业生产为主的居民点——乡村,以商业、手工业生产为主的居民点——城镇。

(二)小城镇的历史沿革

从世界范围来看,早在5 000多年以前,随着私有制的产生,商业、手工业从农业中分离出来,在埃及的尼罗河流域和美索不达米亚平原上出现了人类历史上第一批小城镇。

我国的小城镇是在村落的基础上随着商品交换的出现而逐步形成和发展的。早在原始社会,随着农业与渔牧业的分离,人类对土地产生依赖,最早的村落形成。在2 000多年前的奴隶制社会初期,生产工具不断改进,生产力不断发展,因此,劳动产品有了剩余,产品交换出现。战国时期,我国由奴隶社会开始进入封建社会,私有制进一步发展,人们的商品交换行为更为频繁,集市贸易应运而生。南北朝时期,北方先进的生产工具和技术与南方优越的农业自然条件相结合,极大地促进了农业生产力的提高,加上河网密布的水运条件,集市贸易扩大并日趋活跃,规模稍大的农副产品和手工业产品的定期交换场地——草市,开始出现。唐中叶后,草市普遍发展，促进了集市贸易活动的普及和推广。商人、手工业者逐渐在集市周边聚集，工商业者增多，商品种类和数量增加，经营范围扩大，此时的小城镇形成了全国性的网络。虽然这时的集市还没有形成常住人口的聚集，但它作为基层经济中心的作用日趋明确，集期也根据各地经济发展状况而定。到北宋时，随着分工、分业的发展，集市贸易的兴旺，定期集更改为常日集，小城镇有了更大的发展。由于集市贸易的规模不断扩大，人口不断聚集，统治阶级出于税收和防守的需要，在一些集市修筑围墙，派官吏监守市门，于是集市升级为镇。此时的镇不是先前"朝满夕虚"的交易场所，而是一个颇具规模的地理实体和经济实体。

小城镇发展时间轴（截至1840年）如图2-1所示。

原始社会	奴隶制社会	南北朝时期	北宋时期	明清时期	1840年
农业与渔牧业分离，人类对土地产生依赖，最早的村落形成了。	劳动产品有了剩余，产品交换出现了。周代自发出现了较小范围的村寨居民物流集散的场所，称"有市之邑"。小城镇开始兴起。	集市贸易扩大并日趋活跃，规模稍大的农副产品和手工业产品的定期交换场地——草市开始出现。	随着集市贸易的兴旺，定期集更改为常日集。由于统治阶级的需要，集市升级为镇。	各地新兴小城镇陆续出现，各镇发展较快，密度、规模都有所增加，小城镇的发展进入兴盛时期。	由于鸦片战争和帝国主义的入侵，小城镇尤其是城市经济处于半殖民地化，小城镇经济转入衰败时期。

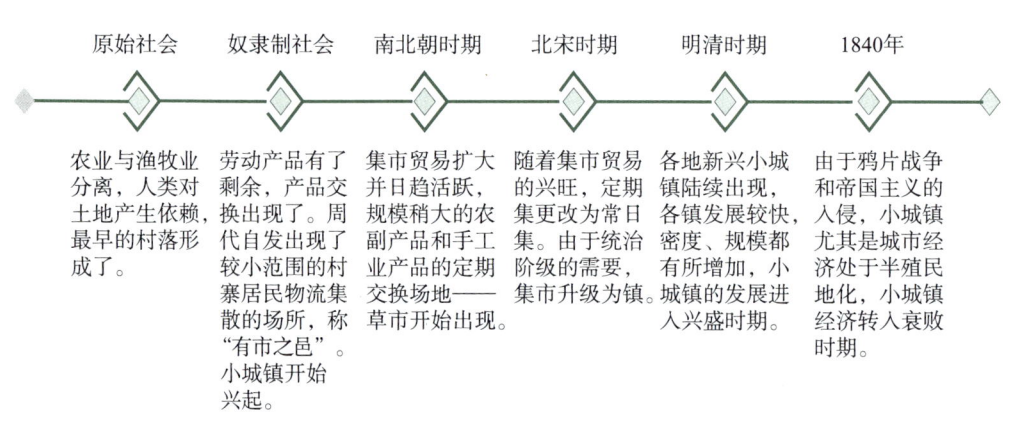

图2-1 小城镇发展时间轴（截至1840年）

由图2-1不难看出，我国小城镇是在低级的草市的基础上发展起来的，这与我国手工业和产品交换的发展是相适应的。小城镇的初期形式是草市，随着集市贸易的扩大，统治阶级在集市设置官吏，征收市税，镇一级的建制出现了。镇是比集市更高一级的经济中心和经济区划，居民明显多于集市，一般在千户以上，甚至可达万户。镇介于城市和乡村之间，自古以来就是乡村手工业、农副产品生产加工的集中地，以及商品交换的集散地，小城镇是沟通城市与乡村的桥梁。

受政治、宗教等的影响，我国的小城镇并不全是沿着"草市—集镇—小城镇"的轨迹形成和发展的，有一些小城镇具有特殊的形成过程，主要有以下起源。

1. 起源于政治军事中心

这类小城镇早的建于汉代，晚的则建于清代，一般位于落后地区或人口稀少的边境地区，历史上多属于少数民族与中原政权相互争夺的地区，建立的目的在于维护社会安宁，组织、控制和征收乡村赋税，其本身就是一道军事防线。

2. 起源于宗教寺庙

这类小城镇的兴起源于寺院经济的需要。信徒在完成宗教义务后在寺院周围安营扎寨，逐渐形成了一个人口相对密集、经济活动相对集中的较大聚落。

3. 起源于现代工业开发

工业小城镇的出现是城市化的结果，我国内地的大多数小城镇属于这种情况。这些小城镇形成速度快，相对独立，多数与周边地区缺乏联系。镇区行政机构的设立完全是为了适应工业开发的需要，比如青海的大柴旦镇就是为了开发柴达木而设立的。

4. 起源于行政（管理）建制

这类小城镇多数是中华人民共和国成立后根据行政建制建立的新兴城镇，之前多数只聚集了一定数量的人口，因此，此类小城镇以履行行政职能为主。

5. 其他起源

我国还存在着众多其他起源的小城镇，它们的兴起与发展基于其他特殊条件，如作为自古以来的交通要塞而形成的小城镇等，在此不一一描述。

（三）中华人民共和国成立以后我国小城镇的建制演变

尽管城镇的发展具有上千年的历史，但是现代行政区划建制意义上的镇，则是在20世纪初才出现的。1908年，清政府第一次提出城乡分治，指出划分城镇乡的标准是：府厅州县所在地的城乡为城，城乡以外的集市地，人口满5万人的为镇，不足5万人的为乡。真正意义上的镇的建制设置是从中华人民共和国成立后开始的，经历了三个阶段。

(1) 1949—1954年：中华人民共和国成立后，全国各地（除个别少数民族区域以外）逐步开展了土地改革和基层政权建设运动，建立了农会和民兵组织，在部分地区实行县、区、乡三级人民代表会议；在这一阶段中，不仅小城镇作为城乡商品集散中心和连接城市与乡村纽带的经济功能得到正常发挥，而且城镇人民的生活有所改善，社会比较安定，小城镇呈现欣欣向荣的景象。

(2) 1954—1978年：1954年我国颁布了《中华人民共和国宪法》（现行宪法为1982年通过的宪法），规定镇和乡一样同为县辖基层行政区划建制。当时镇的平均人口为6 000多人。至1978年年底，全国仅有2 173个镇。

(3) 1978年至今：改革开放以来，小城镇的发展进入了一个新的阶段。近年来，根据行政区划的调整，地级行政单位中的地区被地级市取代，县级行政单位中的县和镇被县级市取代，乡级行政单位中的乡也正在被镇一点一点取代。2000年开始，各地加快了乡镇行政区划调整的步伐，陆续实施乡镇撤并工作。

小城镇经历的三个发展阶段主要由三个方面的原因促成。首先，家庭联产承包责任制的推行，使广大农民家庭重新获得土地经营权，农民可以在集市上自由出售部分剩余产品，经营个体手工业、服务业及商业也均为政策所允许，城镇集市贸易由此得以恢复和发展。

其次，乡镇企业的迅速发展对小城镇的发展起了极其重要的作用。乡镇企业具有共同使用能源、交通、信息、市场及其他公共设施的客观需求，同时它在专业化协作方面也有相对集中的需要，乡镇企业因发展不断向集镇集中，促进了乡镇基础设施建设和社会服务事业的发展，使其向小城镇快速转化。最后，在乡村集镇贸易和乡镇企业发展的基础上，1980年我国明确提出了"控制大城市规模，合理发展中等城市，大力发展小城镇"的城市发展方针，尽管这一城市发展方针随后经过多次修改，但其在当时使我国小城镇进入了一个快速发展的新时期，全国各地普遍开始制定小城镇的规划，设置乡镇级财政，并普遍征收城镇维护费，以促进小城镇社区的发展。

二、小城镇的特点

（一）"城之尾、乡之首"

小城镇被称为"城之尾、乡之首"，是城乡接合部的社会综合体，是镇域经济、政治、文化中心，因而它应该具有上接城市、下引乡村、促进区域经济和社会全面进步的综合功能。

从城镇体系看，小城镇是城镇体系和城市居民点中的最下层次。从乡村地域体系看，小城镇又是乡村地域体系的最上层次。目前大多数小城镇为镇行政机构驻地，也是乡镇企业的基地及城乡物资交流的集散点，一般都安排了商业服务网点，配有文教卫生及其他公用设施等。

在小城镇经济结构中，三种经济所有制（国家、集体、个体）并存，其中集体和个体经济占有一定的比重。20世纪80年代初期，费孝通先生考察苏南小城镇时，探讨了小城镇的等级体系、行政管理、不同区域经济发展之间的关系以及小城镇规划建设等问题，这些社会实体是以一批并不从事农业生产劳动的人口为主体组成的社区，从地域、人口、经济、环境等因素看，他们既与周围乡村社区相异，又与周围乡村社区保持着不能缺少的联系。因此，小城镇既不同于乡村又不同于城市。在经济发展、信息传递等方面，小城镇起着连接城市与乡村的纽带作用。

从"中间发展带"理论看，我国的小城镇介于大中城市和广大农村之间，是我国的中间发展带，其接触面最大，易引进大中城市的技术、资金和人才等；另外，小城镇受计划经济体制的影响相对较小，易于改革。同时，作为广大农村地区的增长极，小城镇是促进农村工业化和农村经济结构转型的地域载体，是城乡生产要素流动和组合的传承中介，也是加速推进农业和农村现代化的重要突破口。

（二）数量大、分布广、增长快

我国小城镇数量大、分布广、增长快。2002年年底，全国共有建制镇1.84万个，与

1978年的2 176个建制镇相比，增长了8倍。近些年建制镇数变化不大，2020年建制镇的数量为1.88万个。截至2016年年底，河北、山东、河南、湖南、广东和四川六省的建制镇个数分别为1 107个、1 106个、1 120个、1 138个、1 128个和2 105个，都已超过1 000个。2020年，山东、河南、湖南、广东和四川五省的建制镇个数分别为1 071个、1 068个、1 041个、1 002个和1 766个，都已超过1 000个。

促进我国小城镇快速发展的原因主要有四个。一是我国农业生产力水平提高，工业化进程加快，服务业增长迅速，城镇经济实力增强，基础设施初具规模，城镇化建设基本具备物质基础。二是我国的城镇人口不断增多，目前城镇人口占全国总人口的50%以上。有一部分农民以打工的方式进入小城镇，使小城镇人口增多，规模扩大。三是乡镇合并，镇的数量相对增多。我国在进行乡镇合并的过程中，遵循实现区位优势和资源优势互补原则，一般是乡并入经济实力比较强的镇。四是"村村冒烟、户户办厂"的乡镇企业从布局分散逐渐走向集中，促进了城镇的发展。

（三）区域差异性明显

长期以来，由于经济发展水平东高西低，经济实力东强西弱，乡村产业化进程和乡村市场经济发展东快西慢，乡镇企业发展东多西少，我国小城镇的发展存在明显的区域差异，即从东到西小城镇建设水平和经济实力逐步递减。根据有关普查资料，东、中、西部小城镇平均拥有企业数和平均财政收入差别很大，一般东部在中、西部的2倍以上。东、中、西部地区小城镇平均拥有企业数、财政收入数的巨大差异，使得东、中、西部地区小城镇发展的数量和质量存在较大差距，这又造成了地区小城镇发展新的不平衡和新的差距，形成了西方发展经济学所描述的经济发展的"流动陷阱"。

1. 小城镇数量增长和人口增长差异

从总体看，我国小城镇的数量分布及发展层次都呈东高西低的状态，即东部沿海地区数量多、层次高、效益大。同时，小城镇非农人口占全国的比率也呈现从东到西递减的态势。由于经济社会发展相对滞后，加上自然条件以及历史、人文等因素影响，在中西部地区尤其是西部边远落后地区和少数民族地区，小城镇建设缓慢，小城镇的规模往往也比东部发达地区的小城镇小，对当地经济发展的带动、影响作用也比较小。

即使在一个省的范围内，受自然条件、经济发展水平等因素影响，小城镇的发展也很不平衡。在广东省的小城镇中，珠江三角洲占有比例约50%，东翼占有约23%，西翼占有约27%，其余分布在广大的粤北山区。珠江三角洲地区不仅小城镇密度大，而且其小城镇普遍经济实力强，建设步伐快，形成了密集的城镇网络，而粤北山区的小城镇各方面则明显落后。

2. 小城镇密度差异

与小城镇的数量相对应，我国小城镇的密度从总体看也呈东高西低的状态，各省内部的小城镇密度差距较大。

3. 经济实力差异

在全国小城镇经济实力整体增强的同时，各地区小城镇经济实力的差异也在逐渐拉大。2020年，全国一般公共预算收入超10亿的建制镇达到176个，主要集中在东部各省。其中最高的高达95.08亿元，是西部边远地区小城镇的数百倍。

（四）人口结构复杂

在以矿业为主的小城镇中，非农业人口占小城镇人口的大多数，但在大多数建制镇中，亦工亦农人口与农业人口占有较大的比重。小城镇流动人口多，瞬时高峰集散人口多，是其重要特点。小城镇的用地特征是小城镇建设用地与农业用地相互穿插，在居住区中，以农业生产为主的农民住户与从事非农产业的人混住在一起，他们对生活及生产的要求不同，给小城镇建设和用地管理增加了难度。

（五）基础设施不足、建筑质量较差

小城镇的交通特点是外部联系频繁而内部交通组织较为简单，道路系统分工不明确，路面质量较差。还有不少小城镇沿公路两侧建设，影响交通。小城镇一般供水、排水设施差，供电、通信设施基础薄弱，公用工程设施标准较低，镇区内公共绿地少，环境保护问题尚未引起广泛的重视。小城镇原有建筑层数较低，以平房和低层建筑为主，有些旧区的居住建筑很有地方特色，但年久失修，缺乏维护和管理，建筑质量差。

小城镇的五大特点如图2-2所示。

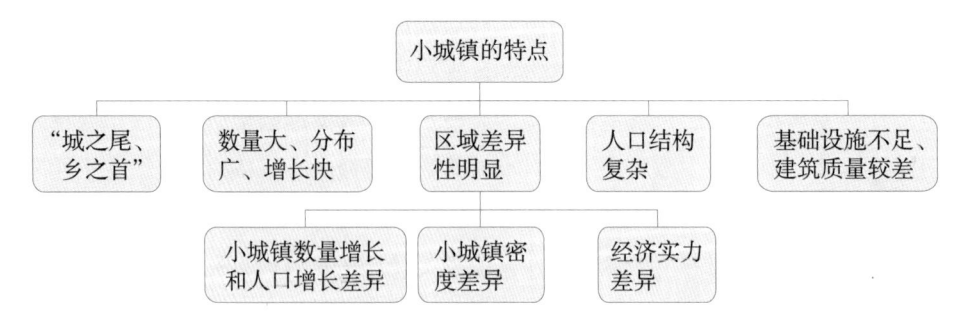

图2-2 小城镇的五大特点

> **课程知识点**
> 1. 小城镇的几个起源是什么？
> 2. 在城乡规划体系当中，小城镇所处的位置是什么？

第二节 小城镇的概念与分类

一、小城镇的概念

小城镇即规模最小的城市聚落。它是指农村地区一定区域内工商业比较发达，具有一定市政设施和服务设施的政治、经济、科技和生活服务中心。目前，在我国小城镇已经是一个约定俗成的通用名词，即一种正在从乡村性的社区变成多种产业并存的、向着现代化城市转变的过渡性社区。对于小城镇的概念，目前尚无统一的定义，在不同的国家、不同的区域、不同的历史时期、不同的学科和不同的工作角度，人们对其的理解不同。

（一）不同国家、地区对小城镇的界定

美国的"小城镇"有两种：一种是小城市，即"small city"；还有一种是小城镇，即"little town"。美国的小城镇往往是由居民住宅区演变而来的，一般200人的社区就可申请设"镇"，如有足够的税源，几千人的社区就可以申请设"市"。因此，美国的小城镇大多规模不大。

日本的地方行政管理分为都、道、府、县和市、町、村两级，市、町、村的规模控制在10万人以下，相当于我国的小城镇。市、町、村在行政上是一个级别，互不隶属，所有的市、町、村又可以分为4个规模等级：3万～10万人、1万～3万人、0.5万～1万人和0.5万人以下。

朝鲜的城市分为6级，其中小城市的人口规模为5万人以下。

由此可见，国外小城镇的规模一般不大，多数由居民点演化而来。到目前为止，世界各国也尚未有统一的划分标准，约有2/5的国家和地区没有明确规定设市标准，1/5的国家和地区以行政中心作为划分城市的条件，2/5的国家和地区以居民人口数量作为划分城市的依据。

(二)不同学科对小城镇的释义

(1) 行政管理学：从行政管理学角度看，在经济统计、财政税收、户籍管理等诸多方面，建制镇与非建制镇都有明显区别，因此小城镇通常只包括建制镇这一地域行政范畴。

(2) 社会学：从社会学角度看，小城镇是一种社会实体，是主要由非农人口组成的社区。1984 年，费孝通在《小城镇 大问题》一文中，把小城镇定义为一种比乡村社区更高一层次的社会实体，这种社会实体是以一批并不从事农业生产劳动的人口为主体组成的社区。他们既具有与乡村社区相异的特点，又与周围的乡村社区保持着不可缺少的联系。我们把这样的社会实体用一个普通的名字加以概括，称之为"小城镇"。文中对小城镇做了严密的科学表述："小城镇"是新型的正在从乡村性的社区变成多种产业并存的向着现代化城市转变的过渡性社区。它基本脱离了乡村社区的性质，但仍未完成城市化的进程。

(3) 地理学：将小城镇作为一个区域城镇体系的基础层次，或将小城镇作为乡村聚落中最高级别的聚落类型，认为小城镇包括建制镇和自然集镇。

(4) 经济学：将小城镇作为乡村经济与城市经济相互渗透的交汇点，认为其具有独特的经济特征，是与生产力水平相适应的一个特殊的经济集合体。

(5) 形态学：从形态学的角度看，小城镇一般泛指小的城市、建制镇和集镇。就与城乡居民点的区别而言，小城镇介于城市和乡村之间，是城乡居民点的过渡与连接，兼具城乡居民点的某些特征。

小城镇释义如图 2-3 所示。

图 2-3　小城镇释义

二、小城镇的分类

由于自然、经济等条件的不同，各个小城镇表现为不同的类型。从经济角度看，东部沿海地区，沿江、沿河、沿路城镇密集地区和大中城市周围地区的小城镇，经济较为发达；东部沿海地带内的经济低谷地区，沿江、沿河、沿路经济隆起带的边缘地区，城市远郊区和中西部地区的平原地带的小城镇，经济中等发达；西部地区以及中部地区的部分经济落后区域的小城镇，经济欠发达。

以下依据地理特征、功能、空间形态和发展模式，多层面、多视角地对小城镇进行类型划分，详见图2-4。

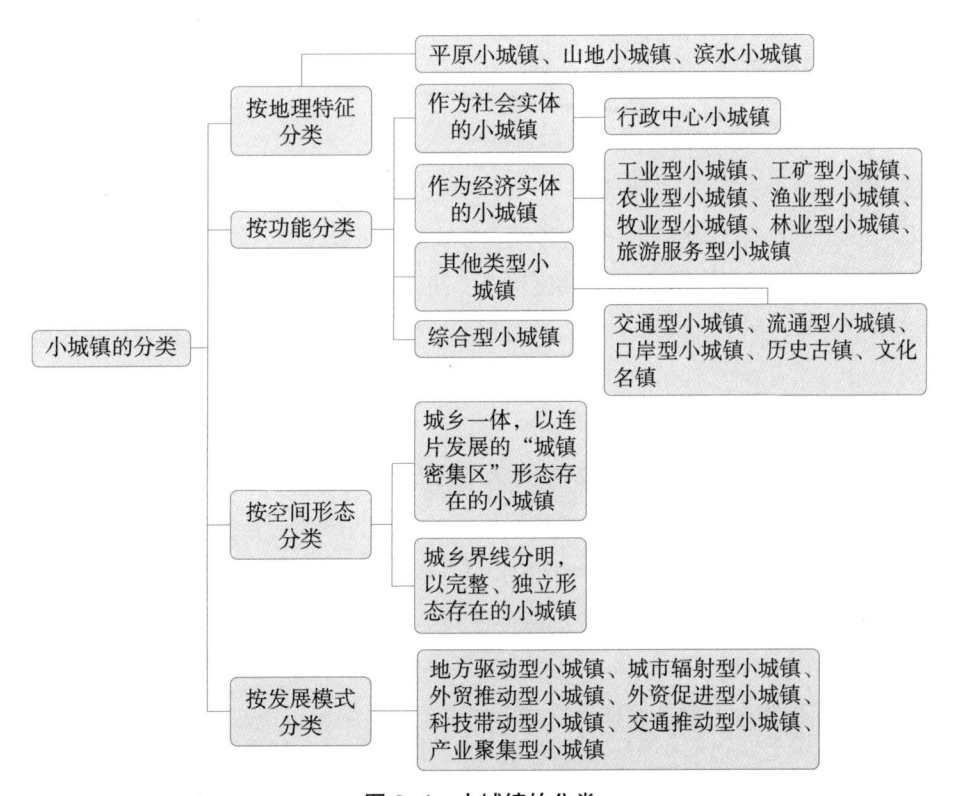

图2-4 小城镇的分类

图2-4体现的是小城镇的单一主导功能，实际上，大部分小城镇往往兼具多种功能，逐步向综合型方向发展。实践证明，小城镇的功能不是一成不变的，从单一功能型向综合功能型转化是小城镇功能演变的趋势。

（一）按地理特征分类

地形一般可分为高原、盆地、山地、丘陵和平原五类，在小地区范围内地形还可进一步划分为山谷、山坡、滨水等多种形态。因此,按地理特征划分,小城镇可以分为以下几类。

(1) 平原小城镇。平原大都是沉积或冲积地层,具有广阔平坦的地貌,便于城市建设与运营,因此平原小城镇数量众多。

(2) 山地小城镇。这类小城镇多数分布在低山、丘陵地区,由于地形起伏较大,通常呈现独特的布局效果。

(3) 滨水小城镇。历史上较早的一批小城镇多数出现在河谷地带,此外滨水小城镇还包括滨海小城镇,这类小城镇在城市布局、景观、产业发展等方面都体现着滨水的独特性。

(二)按功能分类

按照小城镇的主要功能,可将小城镇划分为作为社会实体的小城镇、作为经济实体的小城镇、其他类型小城镇和综合型小城镇,这几类又可进一步详细划分,如图2-4所示。

(三)按空间形态分类

从空间形态划分,我国小城镇整体上可分为两大类:一类为城乡一体,以连片发展的"城镇密集区"形态存在的小城镇;另一类为城乡界线分明,以完整、独立形态存在的小城镇。

1. 城乡一体,以连片发展的"城镇密集区"形态存在的小城镇

以这种形态存在的小城镇,城与乡、镇域与镇区已经没有明确界线,城镇村庄首尾相接、密集连片;城镇多具有明显的交通与区位优势,以公路为轴沿路发展。这类型小城镇目前主要存在于我国沿海经济发达省份的局部地区。例如,珠江三角洲地区已经形成了全国连绵程度最高的城镇密集地区,城镇密度达到1个/100 km^2,城镇间平均距离不到10 km,许多城镇的建成区已连成一片,初步形成了大都市连绵区的雏形。珠江三角洲圈层约15 000 km^2 的地域范围内,各类建设用地面积高达4 000 km^2,是全国城镇建设用地密度最高的地区。

2. 城乡界线分明,以完整、独立形态存在的小城镇

这类小城镇广泛存在,其按所处空间位置又可大致分为以下三种类型。

(1) "城市周边地区"的小城镇。这类小城镇包括大中城市周边的小城镇和小城市及县城周边的小城镇,其发展与中心城区紧密相关,互为影响。其中,大中城市周边的小城镇又可细分为以下三类。

① 位于大中城市规划建设用地范围内的小城镇:这类小城镇可就近接受大中城市的经济辐射,在资金、技术、信息等方面有独特的优势。虽然有的目前是独立发展的小城镇,但将来极有可能发展成为大城市的一个组团。

② 可作为大中城市卫星城的小城镇:这类小城镇与前一类小城镇类似,只是距离大中城市比前者略远。一般位于大中城市合理的卫星城距离(30~50 km),与大中城市有较为便捷的交通联系,直接接受大中城市的辐射,且肩负着卫星城接受大中城市产业扩散和人

口分流的任务。

③介于上述两者之间的小城镇：这类小城镇位于前两类小城镇之间，接受中心城市和卫星城的双重辐射，其本身对镇域范围的辐射较弱。这类小城镇的人口大量向卫星城和中心城市迁移，本身的人口规模较小，农业劳动力的非农化也将大量出现在这些地区。镇域发展的主要产业是为中心城市和卫星城服务的第一产业（如种植业、养殖业等）和与城市工业配套的第二产业。这类小城镇除重点为农业生产服务外，可发展一些小型的加工工业，其他较大型的产业应集中到卫星城去发展。

(2)"经济发达、具有带状发展趋势地区"的小城镇。这类小城镇主要沿交通轴线分布，具有明显的交通与区位优势，具有较大的经济发展潜能，极有可能发展形成城镇带。

(3)远离城市独立发展的小城镇。这类小城镇远离城市，目前和将来都相对比较独立。这类小城镇除少部分实力相对较强、有一定发展潜力外，大部分的经济实力较弱，以为本地农村服务为主。

（四）按发展模式分类

根据发展模式的不同，小城镇可分为以下几类。

(1)地方驱动型小城镇。地方驱动指在没有外来动力的推动下，地方政府组织和依靠农民自己出钱出力，共同建设小城镇各项基础设施，同时共同经营和管理小城镇。这一模式又可分为股份型和集资型两种形式。

(2)城市辐射型小城镇。城市辐射指城市的密集性、经济性和社会性向城市郊外或更远的农村地区扩散，城市的经济活动或城市的职能向外延伸，逐渐形成以中心城市为核心的中小城镇、卫星城镇群。此类小城镇体现的是一种"自上而下"发展的模式，政府充当城镇化进程的主要推动者，城市具有明显的地域中心特征，综合服务功能较为完善，并有较强的产业辐射和服务吸引作用。此类小城镇发展模式的空间拓展特征体现为中心城区的聚集效应十分明显，中心城区的建成区面积不断扩大，周边城镇与城区迅速融为一体。

(3)外贸推动型小城镇。这是沿海对外开放程度较高地区较为普遍的发展模式，这类小城镇抓住国家鼓励扩大外贸的机遇，发展特色产业，从而发展经济。

(4)外资促进型小城镇。外资促进型小城镇指通过利用良好的区位优势，创造有利条件吸引外商投资和兴办企业而发展起来的小城镇。

(5)科技带动型小城镇。这类小城镇的发展依靠科技创新带动，科技创新与产业发展结合紧密，对经济发展的推动力非常强大，小城镇发展速度也较快。

(6)交通推动型小城镇。这类小城镇依托铁路、公路、航道、航空中枢，依靠交通运输业来发展城镇建设。

(7) 产业聚集型小城镇。这类小城镇的空间反映出"自下而上"、以聚集为主体的城镇化发展模式。这一发展模式得益于上级政府的简政放权，上级政府简政放权使得乡镇级乃至村级行政单位有充分的自主权进行招商引资，发展乡镇企业和三资企业，形成以工业厂房、厂区、工人集体宿舍为主的空间特征和以工业就业为主体的人口结构，但其社会服务设施配套不全，社会结构不稳定。相对城市辐射型的发展模式而言，这种发展模式较为粗放，可持续性差；同时，二元社会管理模式对城市和乡镇采用不同的管理体制，导致这类地区出现规划建设和环境保护管理力量薄弱、资金投入不够、基础设施建设滞后等问题。

> **课程知识点**
> 1. 根据多种层面的小城镇概念以及自己的理解，总结小城镇的概念。
> 2. 本节介绍了四种小城镇的分类方式，请思考分类时主要考虑的因素是什么。

第三节 小城镇建设的目标与原则

一、小城镇建设的目标

（一）小城镇建设的总体目标

小城镇建设的总体目标包括以下几个方面。

1. 合理整合城乡土地

合理整合城乡土地应完善小城镇建设布局，在保证农业和生态用地的前提下，清晰界定小城镇规模和建设区范围。加强规划，合理引导，逐步将小城镇地区（小城镇建设区）内现有农村居民点和非农建设项目统一纳入小城镇建设区范畴，同时通过迁村并点，减少小城镇建设区外分散的自然村落数量，促进小城镇工业区、商业区和住宅区的相对集中、连片发展；严格限制工业零星布点，引导"工业进（工业）园"；大力提倡发展公寓式住宅，鼓励分散的居民点迁移合并，引导"村宅进（社）区"；鼓励商贸活动到镇区内成行成市经营，引导"商业进（市）场"。

2. 提高设施建设水平

小城镇发展和城镇化推进，离不开区域性基础设施网络的支撑，要打破地域界限，开展"无地界合作"，统一布局和建设大型基础设施、公共设施，实现和完善其跨地区服务的功能。重点围绕区域性交通基础设施，调整区域内小城镇布局和空间结构，特别是通过公共交通布局引导小城镇用地模式转变。建立小城镇基础设施、公共设施与社会经济发展水平相适应的建设机制，既要引导市场经济自行完成服务设施的合理配置，也要通过多种投资渠道，由政府制定规则、框架，按照"谁投资、谁收益"和公平竞争的原则进行文化、教育、科技、卫生、媒体网络、体育场馆、医院等公共设施的建设，大力增强小城镇的服务功能，提高小城镇的吸引力和凝聚力。

3. 加大环境保护力度

加大环境保护力度要坚持资源开发、环境保护与经济社会发展同步规划、同步建设的方针，优化小城镇资源配置，加强生态环境保护。把小城镇污染综合防治作为当前小城镇建设的主要任务，增强环保意识，加强环保设施建设，提高治理标准，从根本上改善小城镇环境质量。同时要树立"环境有价"观念，从社会公平的角度出发，逐步形成区域经济发达地区和次发达地区之间、流域上游地区和下游地区之间、非农建设地区和生态保护地区之间在自然资源、劳动力资源、土地资源和资金等方面的调节和互补机制，并在经济发展和社会分配过程中充分体现对生态环境保护地区的合理补偿。

4. 改善居民生活质量

小城镇的人居环境建设既要重视小城镇外部的生态环境和绿色开敞空间的建设，如增加绿色廊道、绿色生态斑块、区域绿地和环城绿带，保护和增加自然农林绿地等，也要重视小城镇内部的环境质量和绿地建设，如增加镇区公共绿地，建设以公园为主的城镇绿心，增建以块状绿地、带状绿地为主的小游园和小绿地，强化道路绿化和滨水绿地的建设等，将小城镇自然生态系统和人工生态系统结合，使其共同构筑一个完整有机的大系统，为小城镇的建设发展真正提供一个可以实现持续发展的基础平台。

小城镇建设的总体目标如图 2-5 所示。

（二）小城镇生态环境、人居环境建设

1. 生态环境建设

小城镇建设首先应强调小城镇与区域生态大系统的完整性及生态系统支撑能力的可持续性，必须重建已被破坏的生态基础，由征服、掠夺自然转为保护、尊重自然，谋求人与自然和谐统一的共生关系；其次应加强小城镇自身的生态环境建设，实现人类与自然环境的和谐共处，促进自然资源的合理、科学利用，实现自然生态系统和人工生态系统的有机结合；最后要维护生态环境安全，实现生态文明，提升小城镇的整体环境质量，确保国民经济和社会的可持续发展。

合理整合城乡土地

完善小城镇建设布局，加强规划，合理引导，整合分散的自然村落，促进小城镇工业区、商业区和住宅区的相对集中、连片发展；严格限制工业零星布点；鼓励分散的居民点迁移合并；鼓励商贸活动到镇区内成行成市经营

提高设施建设水平

打破地域界限，开展"无地界合作"，统一布局和建设大型基础设施、公共设施，实现和完善其跨地区服务的功能

加大环境保护力度

把小城镇污染综合防治作为当前小城镇建设的主要任务，从根本上改善小城镇环境质量，树立"环境有价"观念

改善居民生活质量

小城镇的人居环境建设既要重视小城镇外部的生态环境和绿色开敞空间的建设，也要重视小城镇内部的环境质量和绿地建设

图 2-5　小城镇建设的总体目标

2. 人居环境建设

人居环境建设是为了实现人和环境的共生，使人和环境和谐共处。这决定了人居环境建设的根本目的是提高人们的生活水平。小城镇人居环境建设既要关注居民经济收入的改善和社会保障体系的建立；也要关注居民居住条件的改善，如住宅的舒适度、给水排水状况、日照通风条件、生活垃圾收集等；还要关注社区环境的状况，如社区组织的建立、社区场所的建设、儿童教育的环境、购物的方便度、文化环境、治安状况、街道美化、公交便利的程度等。

人居环境建设与各地区小城镇的城镇化进程、工业化方向、经济发展实力、发展阶段、空间布局形态、基础设施水平等紧密相关，未来小城镇的人居环境必然走向模式的多样化和发展方向的多元化。各小城镇应根据自身的实际情况和既有优势，选择切合自己实际的建设方向，采取行之有效的建设模式。

二、小城镇建设的原则

（一）生态优先原则

人类所进行的建设活动都是对自然环境的改变，小城镇建设更是对大自然的大面积改变，其中包括对资源的开发利用和对废弃物的处置等。如果资源开发超过了一定的限度或

废弃物处置不当，就必然会污染环境、破坏生态平衡。我国小城镇在经过几十年的建设后，过去传统的资源消耗型、以先污染后治理为主的做法已经使小城镇生态环境遍体鳞伤。因此，当前，在小城镇建设中，坚持维护生态平衡的原则尤为重要。

（二）以人为本原则

在小城镇建设中，人是一个重要的生态因子。小城镇建设追求的是生态空间系统与人类生理、心理需求的动态平衡。小城镇建设的一切活动，归根结底都是为了满足人们的需要。因此，在小城镇建设过程中，应该切实贯彻以人为本的原则，创造一个既优于乡村又不亚于城市，甚至超过城市的方便、舒适、优美的人居环境。这是人类发展和社会进步的一个重要标志，也是推动乡村城镇化的有效途径。小城镇的建设应尽可能扩大小城镇绿化用地面积，优化人行道的布置。街道和广场是小城镇公共活动空间中的两种基本形式，因此在布置小城镇的街道时，应因地制宜，不必追求笔直与宽阔。另外，在不隔断街道空间连续性的前提下，应重视广场、社交场地以及建筑景观的设计。

（三）生活与生产并重原则

生活和生产的关系是辩证统一的，人类的生存与发展，既不能没有生产，也不能没有生活。人们为了生活才去进行生产，而生产的不断发展才能保证生活的不断改善。所以，生产是生活的基础，发展生产的目的是满足人们日益增长的物质文化生活的需要。

在小城镇建设中，坚持生活与生产并重的原则就要贯彻"一要建设，二要吃饭"的方针，注重人们生活质量的提高，逐步为小城镇居民创造洁净、安全、优美、舒适的工作环境和生活环境，包括提供适宜的住宅、较为齐全的公共生活服务设施和文化教育设施等。特别是要正确处理小城镇建设和经济建设之间的关系：一方面要看到经济建设是小城镇建设的物质基础，进行小城镇建设需要资金、材料、技术，这些都离不开小城镇经济的发展，小城镇经济的发展水平和状况在很大程度上决定了小城镇建设的规模和速度；另一方面要看到小城镇建设是影响小城镇经济发展的一个基本条件，小城镇建设搞好了，会对小城镇经济的发展产生巨大的推动作用，尤其是小城镇基础设施的建设更是提高经济效益所不可缺少的。

然而，在过去相当长的一段时期里，我们对小城镇建设中生活与生产的辩证关系缺乏正确的认识，在小城镇建设中只注意扩大生产和增加积累，不重视改善人民的生活条件；只注意生产性建设，不重视非生产性建设。

（四）两个文明建设同步原则

社会主义的小城镇建设要在注重物质文明建设的同时，坚持精神文明建设，使两个文明的建设在小城镇的发展中得到有机结合。

第一,在小城镇建设中,要协调两个文明的建设项目,既要重视物质资料生产的建设项目,又要重视为居民精神生活服务的各种建设项目,并根据情况使两者保持一个合适的比例。

第二,在小城镇建设中,要注意防范两种片面的倾向:一是只抓物质文明建设不抓精神文明建设,即"一手硬,一手软"的倾向;二是只抓精神文明建设,不抓物质文明建设的倾向,看不到精神文明建设要以物质文明建设为基础,而一味地攀比,结果物质文明没有搞好,精神文明也没有搞好。

小城镇建设的原则如图 2-6 所示。

1 生态优先原则

小城镇建设是对大自然的大面积改变,如果资源开发超过了一定的限度或废弃物处置不当,就必然会污染环境、破坏生态平衡。

2 以人为本原则

小城镇建设的一切活动,归根到底都是为了满足人们的需要。因此,在小城镇建设过程中,应该切实贯彻以人为本的原则。

3 生活与生产并重原则

生产和生活的关系是辩证统一的,人类的生存与发展,既不能没有生产,也不能没有生活。生产是生活的基础,发展生产的目的是满足人们日益增长的物质文化生活的需要。

4 两个文明建设同步原则

社会主义的小城镇建设要在注重物质文明建设的同时,坚持精神文明建设,使两个文明的建设在小城镇的发展中得到有机结合。

图 2-6 小城镇建设的原则

课程知识点

1. 在小城镇建设的目标当中,哪一项是界定小城镇规模的?
2. 小城镇建设的原则是什么?

本章小结

正是由于小城镇客观上处于城乡过渡的中间状态,我国至今尚未对小城镇的概念和范围做出明确的界定,但总体来看小城镇的主要含义应包括人口、经济、地域行政和环境四个方面。小城镇是拥有一定数量和质量的生产生活服务设施的社区，是农村小区域内行政、经济和文化的中心，具有城乡接合的特点，是联系农村与城市的纽带。

本章参考文献

［1］吴志强，李德华.城市规划原理［M］.4版.北京：中国建筑工业出版社，2010.

［2］李光录.村镇规划与管理［M］.北京：中国林业出版社，2014.

［3］《城市规划资料集》编委会.城市规划资料集：第3分册 小城镇规划［M］.北京：中国建筑工业出版社，2004.

［4］汤铭潭.小城镇规划技术指标体系与建设方略［M］.北京：中国建筑工业出版社，2005.

本章练习题

单选题

1. 居民点是（　　）。
A. 人们定居的场所　　　　　　B. 人们睡觉的场所
C. 人和动物居住的场所　　　　D. 奴隶主居住的场所

2. 人类社会第二次劳动大分工是伴随（　　）。
A. 劳动产品被用来交换，商品贸易出现，商业、手工业与农业、牧业劳动开始分离而产生
B. 剩余的劳动产品被用来交换，商品贸易出现，商业、手工业与农业、牧业劳动开始分离而产生
C. 剩余的劳动产品被用来交换，贸易物流出现，农业、牧业劳动开始分离而产生
D. 剩余的劳动产品被用来交换，商业与牧业劳动开始分离而产生

3. 我国大部分的小城镇是沿着（　　）的轨迹形成和发展的。
A."草市—集镇—小城镇"　　　B."墟—集镇—小城镇"
C."墟—市场—小城镇"　　　　D."草市—市场—小城镇"

4. 从"中间发展带"理论看，我国的小城镇（　　）。
A. 介于大城市和小城市之间，是我国的中间发展带
B. 介于大中城市和广大农村之间，是我国的中间发展带
C. 介于大中城市和广大农村之间，是我国的核心发展带
D. 介于大中城市和小城市之间，是我国的核心发展带

5. 以下关于不同学科的小城镇释义，表述不正确的是（　　）。

A. 行政管理学：小城镇通常只包括建制镇这一地域行政范畴

B. 地理学：将小城镇作为一个区域城镇体系的基础层次，认为小城镇包括建制镇和自然集镇

C. 经济学：将小城镇作为乡村经济与城市经济相互渗透的交汇点，具有独特的经济特征，是与生产力水平相适应的一个特殊的经济集合体

D. 形态学：小城镇介于大城市和小城市之间，是城乡居民点的过渡与连接，兼具城乡居民点的某些特征

6. 按空间形态对我国小城镇进行划分，以下不属于此分类的是（　　）。

A. 城乡一体，以连片发展的"城镇密集区"形态存在的小城镇

B. 城乡一体，以组团的"城镇密集区"形态存在的小城镇

C. 城乡界线分明，以完整、独立形态存在的小城镇

D. 经济发达、具有带状发展趋势地区的小城镇

7. 作为经济实体的小城镇，分为（　　）等。

A. 工业型小城镇、工矿型小城镇、农业型小城镇

B. 工业型小城镇、煤矿型小城镇、农业型小城镇

C. 工业型小城镇、服务型小城镇、农业型小城镇

D. 高科技发展型小城镇、煤矿型小城镇、农业型小城镇

8. 关于小城镇建设的原则，以下表述不正确的是（　　）。

A. 生态优先原则：维护生态平衡的原则是唯一重要的

B. 以人为本原则：人作为其中一个重要的生态因子，追求的是生态空间系统与人类生理、心理需求的动态平衡

C. 生活与生产并重原则：生产和生活的关系是辩证统一的，人类的生存与发展，既不能没有生产，也不能没有生活

D. 两个文明建设同步原则：要在注重物质文明建设的同时，坚持精神文明建设，使两个文明的建设在小城镇的发展中得到有机的结合

第二章练习题参考答案

第三章
小城镇的发展机制

学习目标

掌握：影响小城镇发展的动力因素和阻力因素。
熟悉：我国小城镇发展的动力机制。
了解：小城镇发展的动力机制理论。

本章导语

前两章分析了小城镇的现状，介绍了小城镇的概念，本章将通过三个城市发展模型，帮助学习者了解城镇发展的动力机制。通过本章的学习，学习者能够实际结合一些有特点的小城镇，如作为风景名胜区的城镇，作为交通枢纽的城镇等，分析小城镇发展的动力与阻力。小城镇作为城镇化发展的重要载体，是经济发展的"小发动机"，认真分析小城镇目前所存在的问题和优势，并能切合实际，提出有效的策略，给小城镇定位、明确发展方向，成为我们的重要责任。

◤ **本章知识导图**

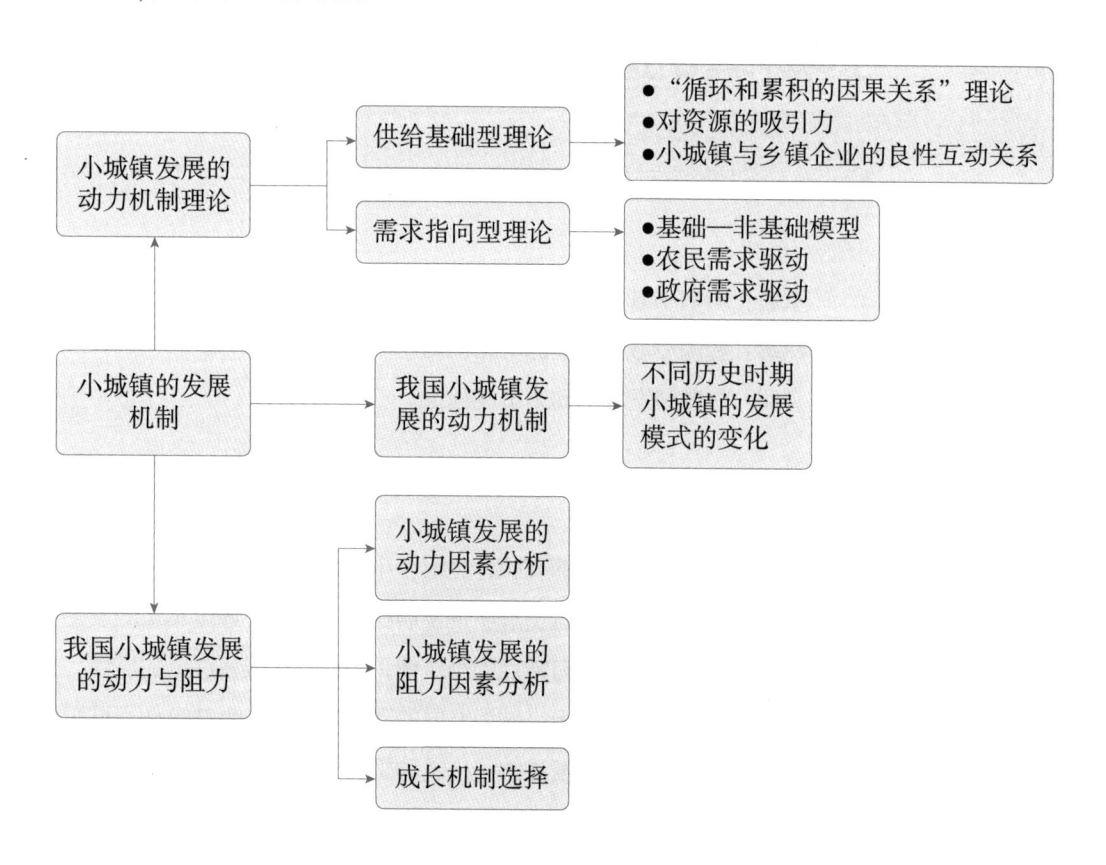

```
                          ┌─ 供给基础型理论 ─── • "循环和累积的因果关系"理论
                          │                      • 对资源的吸引力
         小城镇发展的                              • 小城镇与乡镇企业的良性互动关系
         动力机制理论 ─────┤
                          │                      • 基础—非基础模型
                          └─ 需求指向型理论 ─── • 农民需求驱动
                                                 • 政府需求驱动

小城镇的发展
  机制        ──── 我国小城镇发 ──── 不同历史时期
                   展的动力机制      小城镇的发展
                                     模式的变化

                          ┌─ 小城镇发展的
                          │  动力因素分析
                          │
         我国小城镇发展 ───┤  小城镇发展的
         的动力与阻力      │  阻力因素分析
                          │
                          └─ 成长机制选择
```

第一节 小城镇发展的动力机制理论

动力机制理论是研究小城镇发展动力机制的形成、内容、运作机理及影响因素的理论。经济学有关动力机制的研究理论可以归结为两类：一类是供给基础型理论，另一类是需求指向型理论。这些理论从市场经济运行的角度，阐述了小城镇的形成和发展机制。俞燕山在他的《中国小城镇发展问题研究》中把小城镇发展的动力机制理论归纳为以下几个方面。

一、供给基础型理论

（一）"循环和累积的因果关系"理论

供给基础型理论将小城镇的成长主要归结于与生产有关的供给因素。该理论认为，小城镇的经济增长最终取决于其所掌握的初始资源储备以及其在更广泛的国家经济范围内对各种可移动要素的吸引能力。换句话说，一个已经实现高度工业化，而且其内部资源已经接近充分利用的小城镇的经济增长潜力，有赖于该小城镇位置上的有利条件，有赖于其对人力、管理、投资和专业服务的相对吸引力。当然，这也取决于当地的人口增长率、经济和技术发展水平、已经具备的基础条件等。这一理论的典型代表为"循环和累积的因果关系"理论。

"循环和累积的因果关系"理论不仅说明了小城镇经济增长的原因，而且能对扩张中的小城镇经济对邻近地区的影响做出解释。这种影响主要表现在两个方面：一方面是扩张中的小城镇需要原材料和其他生产投入要素，同时也需要更广阔的产品销售市场，因而能刺激邻近地区生产的发展。这就是所谓的"扩散效应"。另一方面则是劳动力、资金和其他资源被吸收进大的城市中心或中心集镇，次一级的城市或集镇得不到这些生产要素的供应，大城市的产品进入这些次级市场，又会使本地工业衰退，产生一种"回波效应"。

（二）小城镇成长动力模式之一——对资源的吸引力

对一个小城镇而言，具备一定数量的居民和各行各业的从业人员始终是它成长的动力来源，小城镇只有具备一定的人口规模，才可能获得足够的动力得以持续发展。

小城镇应营造相对于农村更好的生活氛围，提供完善的生活设施和文化设施。小城镇的基础设施并非无偿提供，目前政府对发展小城镇的财政支持有限，只是提供政策，强调自筹资金发展，提倡以"谁投资，谁所有，谁受益"的方式建设基础设施，这使得小城镇提供的生活设施价格偏高，降低了小城镇对农民的吸引力。农民要考虑改善生活条件的代价，仅在小城镇购买住房就是一笔不小的开支。收入较高的且有条件到大中城市的农民已部分分流出去，如在外打工成功的人往往举家迁至工作地；收入中等的农民到小城镇居住，他们购买小城镇商品房落户的可能性较大；低收入农民可选择留在农村，但若其在小城镇有较稳定的收入，可能也会到小城镇生活。然而，偏高的落户成本从一开始就抑制了中、低收入农民迁移的愿望，使小城镇空心化，无法生长。因此，国家应采取积极的财政及货币政策，出让小城镇土地使用权的收入要专项用于小城镇基础设施建设和土地开发，同时引导商业银行向农民开展住房消费信贷，降低小城镇的落户成本，吸引农民落户以集聚人口。

（三）小城镇成长动力模式之二——小城镇与乡镇企业的良性互动关系

对于发展农副产品深加工业的乡镇企业，小城镇可谓理想的立足之地，两者间能形成良性互动的关系。乡镇企业立足于农村，在农产品系列开发、多层次加工利用上具有一定优势。在流通上，乡镇企业接近产地，减少了中间环节；由于和农户的天然联系，乡镇企业与农户交易的成本较低，容易组建与农民利益相连的产业结合体。在生产上，乡镇企业经过多年的发展，已具备一定的技术水准和资金实力，也积累了一批素质较高的工人，比较容易克服进入农产品精深加工业的各种障碍。对于乡镇企业，其地理位置一开始就是在村社内部，接近原料产地，可以节省获得原料的成本，但如果距离最终消费市场太远，其他方面的成本会上升，如获取消费市场信息的成本、长距离配送的运输成本。为使总成本最低，乡镇企业应选址于产地和市场的相对中间位置。从理论上看，小城镇是大中城市和广大农村在空间上的连接点，是最接近农村的交通、信息和服务中心，因此乡镇企业设于小城镇，一方面可以利用小城镇的初级农产品交易市场获得原料，组织农户；另一方面可利用小城镇较便捷的交通、通信手段获得城市的市场信息。一定量乡镇企业在地理上的聚集，使企业之间的专业协作成为可能，可促使农产品加工业技术水准的提高。小城镇一旦聚集相当数量的乡镇企业，会促进特定专业市场的形成，使企业不必各自到城市寻求市场，从而在和城市的交换关系中处于较平等的地位。从长远看，乡镇企业向小城镇聚集是利大于弊的合理行为，虽然在短期内乡镇企业迁入小城镇的成本可能会大于收益，但只要小城镇在持续发展，对乡镇企业的吸引力就会不断增强，这种成本和收益的比例就会发生逆转。

乡镇企业和小城镇的良性互动关系有利于创造出一定数量的非农就业机会，从而吸引劳动力向小城镇聚集。一个企业进入，除了可直接提供就业机会外，还会带动相关的配套服务业出现，间接创造第三产业的工作岗位。小城镇第三产业吸纳劳动力的能力较大，因为其资本有机构成低、对劳动力素质要求弹性大，与农村劳动力的素质现状和特点相符。当乡镇企业聚集的数量增大时，对小城镇第三产业的需求层次和需求强度也会相应提高，这一方面可为小城镇创造出新的工作岗位，另一方面可使小城镇服务水准提高，吸引尚未进入的企业。如此形成的良性循环使小城镇有能力满足农村富余劳动力对非农就业的需求。

二、需求指向型理论

（一）基础—非基础模型

需求指向型理论认为引起城市成长的力量与城市内部需求有关。一个城市地区人口的增加和收入的增长能够带来地方市场需求的增加，市场需求的增加会刺激生产的增加，消费品工业的发展会使一个地区产生对生产资料和生产性服务的更大需求。另外，生产技术的进步必然会导致经济增长的连锁反应。人均收入的增长也会导致就业机会的增加、劳动大军的扩大和产业的发展。

由需求增加而促进的城市经济的发展，可以用乘数理论加以说明。乘数理论可以用来解释城市成长的机制，其中最典型的代表是基础－非基础模型。该模型说明，假如在城市中建设一个新工厂，该工厂职工领取工资后，其中的一部分必然用来购买货物和服务，这就促进了当地消费部门的成长，这些部门的成长使城市的收入增加，从而推动了消费的再增长，这样，再支出是无止境的，但其数值逐渐减少，其总和将收敛于一个有限的数值。乘数理论认为，在城市中有基础部门和服务部门，服务部门是供应城市内部需求的部门，基础部门的增长是城市成长的动力，服务部门是在基础部门的带动下发展起来的。

（二）小城镇成长动力模式之三——农民需求驱动

社会存在着对小城镇的需求，但需求主体并不是单一的，因此需求内容也会有所差别。农民的期望是过上富裕生活，中央政府则需综合运用各种手段以解决"三农"工作中的相关问题。经过改革开放几十年以来的发展，我国广大农村地区的经济状况已有相当改善，富裕起来的农民有改善生活条件的愿望和能力。农村的生活设施一般较差，而城市中有好的房屋、道路、商业网点、教育机构和信息网络等基础设施，可以方便地获得生活和生产信息，精神生活也比较丰富，这对农民有相当的吸引力。

为了满足这些需求，农民可以选择到城市生活，但主观愿望受客观条件限制：一是户籍制度将城市和农村人为分割，农民到城市生活的经济代价很大；二是离开熟悉的生活环境，陌生的城市生活氛围也会给农民带来相当的心理压力。小城镇是农民均衡考虑其主观愿望和客观限制后的合理选择。小城镇的生活设施虽然逊于城市，但是优于农村，农民同样能在此获得生活条件上的改善，而且小城镇距原居住地近，农民落户于此一方面可以很容易地融入行政组织、经济组织与社会人口组成的关系，另一方面其经济代价也远比进入大城市低。

除了能提供较好的生活设施以外，小城镇最重要的功能之一是提供就业机会，给农村富余劳动力提供一条出路。我国农业已面临人地矛盾高度紧张的情况，进入资本替代劳动的加速时期，农业要素投入结构发生变化，资本要素加速向农业流入，农业劳动生产率的提高和农业技术的进步，使得农业对劳动力的需求呈减少趋势。

（三）小城镇成长动力模式之四——政府需求驱动

除农民外，对小城镇的另一需求主体是中央政府。中央政府应选择合理的发展战略，推进城市化过程，使社会和经济平衡发展。单从经济上考虑，小城镇建设不是推进我国城市化水平的最优解，因为小城镇的规模毕竟较小，土地利用的经济性不如大城市；小城镇的人口密度低，第三产业的规模小，相同数目的投资在大城市的收益要大于小城镇。但若综合考虑社会效益和政府的管理能力，则从小城镇入手更为现实。中央政府要履行缩小城乡差距、提高农民收入的责任，面对最大的问题还是农村富余劳动力的转移。劳动力的转移若只有农村和城市这两个极点，会造成政府在财力有限的情况下将资源分配偏向数目有限的城市，以广大农村受抑制、被牺牲为代价换取城市发展。为了打破这种对立，政府完全可以在城市和乡村中间建立缓冲地带，以小城镇这种形式带动劳动力转移，在创造非农就业机会的同时，避免大量的农村富余劳动力冲击城市劳动力市场，从而减轻城市基础设施的压力和城市管理的难度。从政策演变过程看，发展小城镇是改革开放以来离土不离乡、进厂不进城、乡村工业化的经济社会发展政策的延续，从某种意义上讲，也是城乡隔离的状态下政府的次优选择。

> **课程知识点**
> 1. 乡镇企业与小城镇的关系对于小城镇的发展主要有什么样的积极影响？
> 2. 怎样合理地调节政府与农民的需求？

第二节 我国小城镇发展的动力机制——城市发展模型

我国城市化的发展在不同的历史阶段因所处环境的差异而表现出不同的特点。由于受到不同因素合力的综合作用，在改革开放前、后不同阶段中，既有小城镇快速发展时期，也有小城镇发展受阻甚至停滞时期。本节将通过三个城市发展模型，对三个阶段的城市化发展的动力机制进行综合的分析。

一、改革开放前我国城市化发展的动力机制——城市发展模型（一）

在城市增长的经济基础模型中，城市经济部门被分为两大部门：基础部门和服务部门。一个城市的基础部门是为满足该城市以外的需求生产产品或提供服务的部门；服务部门则是供应当地需求的部门，对服务性产品的需求是从基础部门的活动中派生出来的。当一个城市把其产品或劳务销售到本城市以外的市场时，可以给本城市带来收入，这笔收入会被花费在当地的服务部门，从而刺激当地服务部门的发展，进一步为本城市带来收入和扩大就业。这个过程将连续不断地进行下去，城市经济由此得到扩张。

城市发展模型（一）主要阐述了改革开放前中国城市发展的基本策略和动力机制，即城市增长过程中基础部门的扩张给城市带来收入与就业，从而刺激服务部门发展进而产生收入与扩大就业。这个过程持续不断地进行，理论来讲其对于城市经济扩张和城市规模扩大是有积极作用的。但是在实际过程中，结果并不如人意。在图 3-1 中，第（1）、（2）和（3）项构成了城市发展模型（一）前半部分的核心。为了迅速实现工业化，实际上政府一直尽可能提高基础部门（生产资料部门）的资源分配率，并且采取重工业优先发展的战略。1949 年，中国共产党第七届中央委员会第二次全体会议提到，党的工作重心应由乡村转移到城市。但是，我国的城市化水平在 20 世纪 60 至 70 年代反而出现衰减和停滞。与 1960 年相比，1978 年

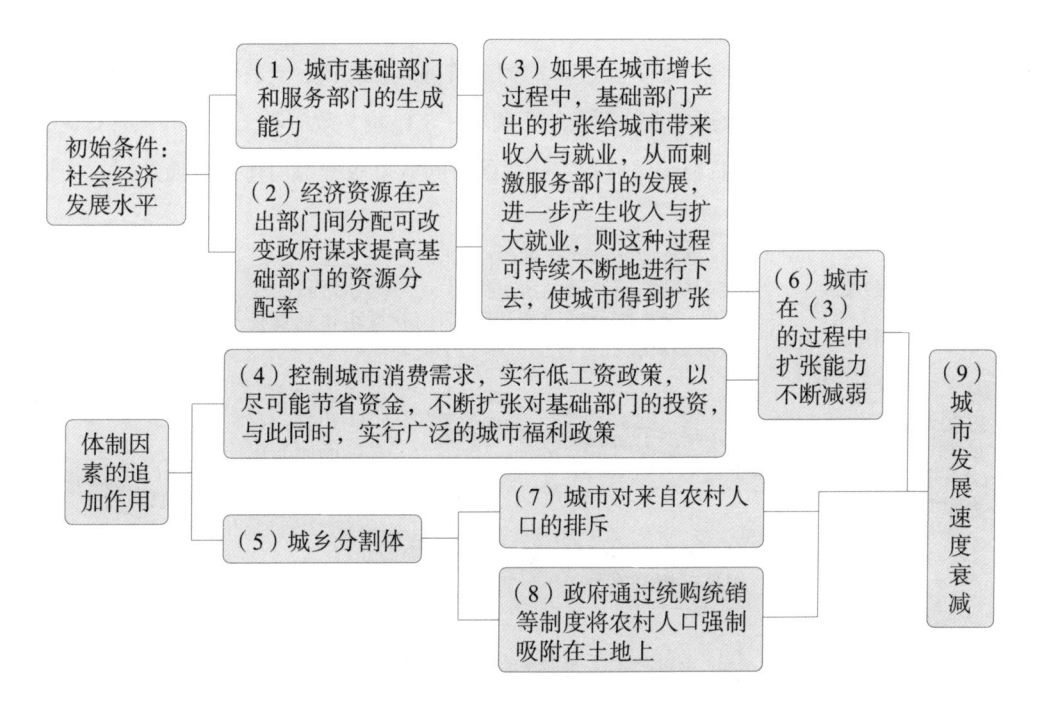

图 3-1　城市发展模型（一）

城市化水平下降了1.83%。符合增长条件并没有带来第（3）项的结果，却带来第（6）项和第（9）项的结果，其原因是多种多样的。第（4）项和第（5）项指出了其中的两个原因：第一，为了节省更多的资金将其用于基础部门的建设，政府在城市普遍实行低工资和低消费的政策，抑制了城市服务部门的发展，结果政府越是增加对基础部门的投入，城市服务部门越是得不到发展；第二，由于在20世纪50至70年代，实行了严格的城乡分割制度，政府通过统购统销农产品和实行严格的户籍管制将农村人口强制吸附在狭小的土地上。

除了第(4)项和第(5)项指出的原因外，政治因素对于城市化发展也造成了巨大的冲击。"文化大革命"给我国经济发展造成了阻力，工农业生产停滞不前，出现了以知识青年"上山下乡"和干部下放为特征的逆城市化运动。"三线建设"虽然在一定程度上促进了生产力的宏观布局，但基建投资没有形成城市对非农产业的吸收能力，不仅造成人力物力的巨大浪费，而且严重破坏了植被和生态环境，阻碍了我国城市化的进程。

城市发展模型（一）"体制因素的追加作用"部分，主要说明增长过程所表现的增长动力被两个体制因素所削弱的情况。

二、改革开放后我国城市化发展的动力机制——城市发展模型（二）

图3-2表现的是改革开放后我国城市化发展的动力机制。20世纪70年代末期，政府对经济进行了大的调整，提出实行"调整、改革、整顿、提高"的新八字调整方针，开始对偏斜发展的工业化政策进行调整：①纠正改革前的政策偏差和失误，允许知识青年和下放干部返城，仅1979年，返城人数近1 000万人。②调整经济结构，政府对工业化政策进行调整，经济资源的分配开始向消费资料部门倾斜，长期落后的城市服务部门得到快速发展。③加大

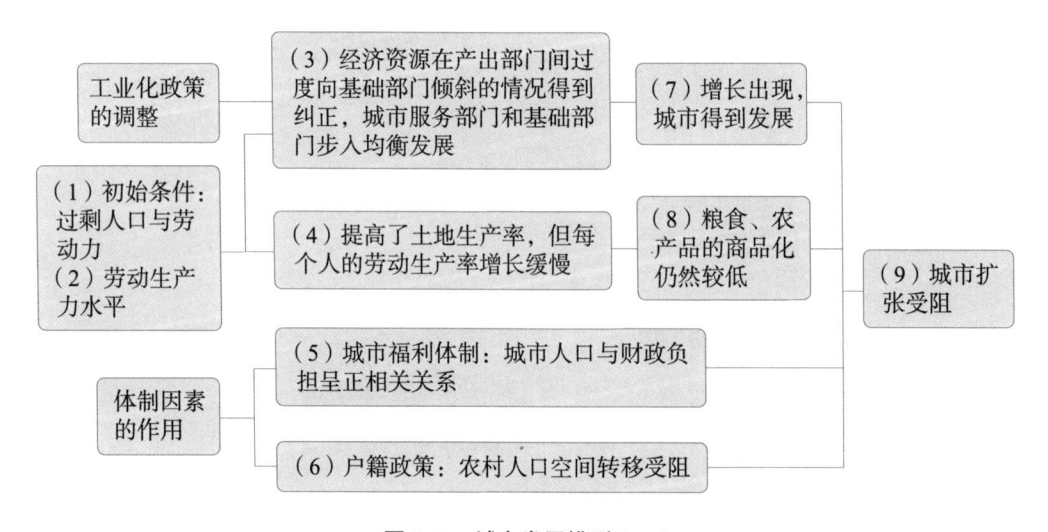

图3-2 城市发展模型（二）

对城市基础设施建设的投资，开征新的税（费）种，如城市建设维护税、城市基础设施建设附加费、城市大配套费等。④放宽城市建制标准。1986年，人口6万人以上，年国民生产总值2亿元以上，已成为当地经济中心的镇，可以设置市的建制。少数民族和边远地区的重要城镇、重要工矿科研基地、风景名胜区、交通枢纽等，如确有必要，可以放宽上述标准。

这些政策的调整，客观上促进了城市化的发展，但这种动力主要来自行政力量，因而不可能持久。虽然这段时间政府在产出部门间对经济资源进行了重新分配，但旧的城市福利体制和户籍等政策并没有改变，每增加一个城市户口，就增加一份财政补贴。由于社会保障的费用由国家或集体承担，因此国家的经济负担越来越重。由于第(4)、(5)、(6)项的作用，第(7)项中的城市增长被严重削弱，城市扩张最终受阻。

三、小城镇形成和发展的动力机制——城市发展模型（三）

城市发展模型（三）描述的是小城镇形成和发展的动力机制。在图3-3中，小城镇发展的动力主要来自两个方面：农村工业的发展和农村集市贸易的繁荣。中国共产党第十一届中央委员会第三次全体会议开启了农村改革的新进程。家庭联产承包责任制的推行，使得计划经济下的统购统销和集体化开始失灵。一方面，它使农民再一次获得了对土地的支配权，得到了与其花费劳动成比例的报酬，释放了农民长期受到压抑的积极性，使农业，特别是粮食生产得到了较快的发展，农产品也出现了较多的富余；另一方面，农民从这种对土地的支配权中也获得了对自身的自由支配，从而创造出农民脱离土地进入其他产业的条件。农业的特性表现为：①农产品的需求弹性相对于工业品要低；②土地资源的不可移动性；③受自然影响

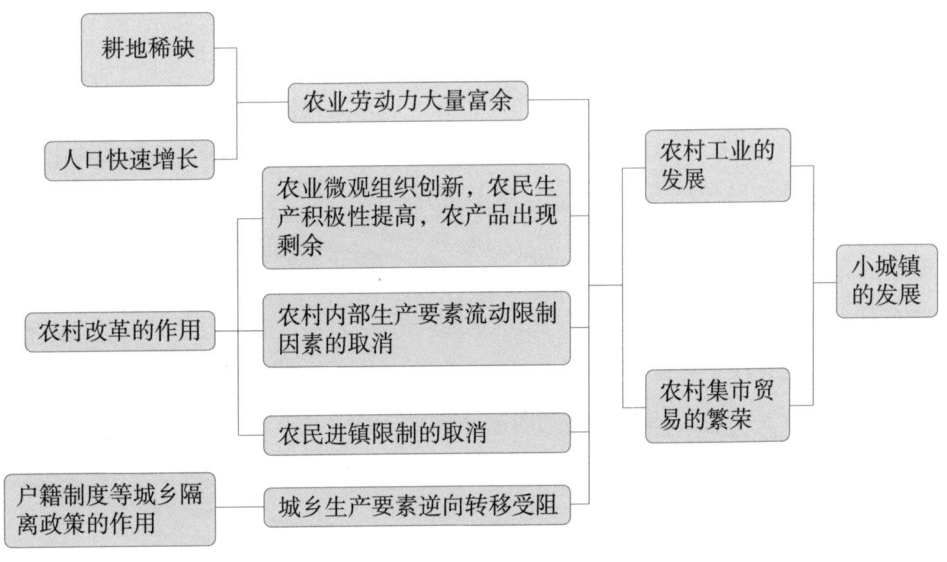

图3-3 城市发展模型（三）

使生产带有不稳定性；④农业改造投资收效慢，务农的收益远低于其他行业。经过比较，农民自然更愿意投身于收益更高的非农产业。但是，在农民的生产热情被唤起的同时，城市就业的高门槛和城乡分割的经济体制依然限制着农民在城市获得新的就业机会。农村集市贸易的恢复和政府允许农民自带口粮进镇务工经商的政策，使得传统的农村集镇迅速发展起来，加上以乡镇工业为后盾的农村工业品市场的兴起，更使小城镇发展进入一个新的阶段。

> **课程知识点**
>
> 1. 通过城市发展模型（三），分析我国小城镇的成长机制，指出影响小城镇成长的主要因素。
> 2. 在城市发展模型（一）中，城市发展的动力被削弱的因素有哪些？

第三节 我国小城镇发展的动力与阻力

小城镇的发展是多种因素合力综合作用的结果，其中既有推动小城镇发展的动力因素，也有阻碍小城镇发展的阻力因素，小城镇就是在动力因素与阻力因素的博弈中成长发展的。

一、小城镇发展的动力因素分析

小城镇的发展可以有不同的实现方式，但有一点是共同的，即生产力的发展是促进农村城镇化的原动力。生产力的发展改变、推动着城乡关系的变化，不断创造着城镇化的条件。一般认为，小城镇发展的动力主要包括以下七个方面。

（一）农业的基本动力

城镇化发展离不开农业、农村和农民，农业是城镇化发展的基础。从城市发展历史来看，最早的小城镇就是在农业发展的基础上产生的。当前，农业、农村为小城镇建设提供人力资源、生产资料和生活资料，在农业发展过程中出现的富余劳动力是城镇化发展的重要推动力量。

农业对于小城镇的推动作用主要通过以下四个方面的贡献来实现。

1. 食物贡献

城镇化需要的农产品包括两大类：食物型农产品和原料型农产品。前者主要是粮食、蔬菜、水果、肉类、奶类及蛋类等，主要用于城镇居民的生活；后者主要是棉花、油料、糖类等经济作物，主要用于城镇企业生产。虽然城镇化了的人口一般不再从事农业生产活动，但他们仍然需要消费农产品，且城镇人口比农村人口有着更高的消费能力，所以，城镇化后的人口对农产品的消费量要多于城镇化前，这部分农产品是要由农业提供的。因此，农业通过食物商品供应量决定城镇化的人口规模。换言之，城镇化的规模和程度直接受制于农业所能够提供的食物商品的数量，这是农业与城镇化之间最基本且最重要的联系。

2. 原料贡献

从理论上讲，布局于小城镇的工业企业由于接近农产品产地，能够比较容易地获得农产品，因而在发展农产品加工业方面具有优势。事实上，我国小城镇的不少乡镇企业都是从事农产品加工活动的。这样，农业作为农产品加工业原材料的提供者，就与农村城镇化之间形成了联系。由于农产品加工业的发展依赖农业提供原料型农产品，因此，只有当农产品以一个适当的比率增加时，用农产品作为原料的工业部门的增长率才能提高，而工业部门的整体扩张，可以推动农村城镇化进程。因此，农业通过原料型农产品的提供影响小城镇农产品加工业的发展，进而影响农村城镇化的推进。如果原料型农产品农业发展不良，农产品加工业扩张受阻，农村城镇化的推进就会遇到障碍，这是农业对城镇化制约作用的另一个基本表现。由此可见，农村城镇化的顺利推进，不仅要求农业能够提供足够的食物型农产品，而且要求农业能够提供足够的原料型农产品。

3. 劳动贡献

小城镇发展非农产业，必须首先要有人力资源。小城镇人力资源除一部分来自小城镇自身的人口自然增长外，大部分来自农业。从本源上讲，最初进入小城镇的人口大部分是农业人口。因此，农业还在人力资源上支撑着小城镇经济的发展。目前，我国农业为乡镇企业提供了大量的劳动力，极大地促进了乡镇企业和小城镇的发展。然而，从理论上讲，农业能够以多大的规模为小城镇提供劳动力资源，则是由农业生产力水平决定的。农业的生产力水平，决定着农业能够释放的劳动力数量，进而决定着城镇化的人力资源规模。从我国目前的情况看，农业中存在大量富余劳动力，小城镇也存在一定程度的失业，因此，农业在劳动力要素上对城镇化的制约作用在现实生活中表现得不是非常突出。

4. 土地贡献

土地资源是小城镇发展必不可少的基本条件，是小城镇建设的依托。没有土地资源，小城镇则很难建设起来，而小城镇建设所占用的土地，大都源于农业。一般来讲，小城镇大都位于地势平坦、交通便利之处，这些地理位置的土地以前大都是农业用地。因此，没有农业的土地贡献，就不会有小城镇的大规模发展。而农业能够提供多少土地，则是由农业的土地生产率决定的。城镇化对农业用地的占用，不能超过土地生产率提高使农业释放土地资源的能力。农业的发展动力还在于农业的科学化，科学技术在农业上的应用是推进农村城镇化的重要条件。美国在20世纪初，每个农业劳动力提供的农产品只能养活10人，随着农业科技的发展和广泛应用，到20世纪末，一个农业劳动力提供的农产品可以养活60多人，因而美国的农业人口只占全国人口的3%左右。只有实现农业的现代化，才能为城镇化提供丰富的农产品和劳动力。

（二）工业的核心动力

工业化的根本特征在于生产的集中性、连续性和产品的商品性，工业化所要求的空间集中，使得资本、人力、技术、资源等生产要素在有限的空间上聚集，进而促进了城镇的形成与发展。工业化过程对于发展中国家不仅是产业结构的升级过程，也是农村富余劳动力和农业富余产品再配置的过程。工业生产本身所具有的特征决定了它比农业有强得多的吸引劳动力的能力。工业部门可以根据人类需求结构的变化不断创造出新的产品来满足社会需求。而农产品的需求弹性较小，生产量稍多一点，社会就会感到过剩，但人们对于工业品的需求一般是"无止境"的。

乡镇企业的迅速发展强有力地带动了小城镇的发展进程，表现为：第一，它加快了人口集聚过程，吸引了大量的农村富余劳动力进镇就业，同时使进镇务工的农民接受了城镇化生活方式、消费方式，从客观上促进了人口城镇化实现质的飞跃。第二，乡镇企业正从粗放型转向集约化经营，促进了乡镇企业向工业园区集中、人口向小城镇集中以及镇区规模的不断扩大，甚至使小城镇发展成为小城市或中心城市。第三，乡镇企业的发展及经济实力为小城镇建设提供资金。乡镇企业大多是劳动密集型企业，乡镇企业的发展为农村富余劳动力提供了更多的就业机会，在促进人口集中方面有着特殊的效果，同时乡镇企业也加速了资本、技术、信息等经济要素向乡镇企业小区域内的转移。另外，乡镇企业的发展也为小城镇的基础设施建设提供了重要的资金来源。在小城镇的建设中，不论是乡镇企业通过纳税间接提供的资金，还是乡镇企业直接参与基础设施建设，都为小城镇功能的完善和吸引力的增强做出了不可替代的贡献。

工业化可促进小城镇建设。工业化是农业转向工业的过程，这个过程表现为工业经济取代农业经济而占据经济结构的主导地位，因而也是生产力发展和社会变迁的过程，同时，工业化促进了产业结构的调整和优化，加快了城镇化的发展速度，是经济发展、人民收入提高的必经途径。工业化的发展趋势是走向城镇化，有了工业化的推动，小城镇建设就有了可能。改革开放以来，乡镇企业有了一定的基础，工业经济占据着一定的主导地位，要推进小城镇建设，经济结构就要以工业型经济为主，提高现有的工业技术水平与生产经营规模，走内涵式、集约型的工业发展道路，使工业在产业结构中占据主导地位。

（三）第三产业的动力

随着农村经济的发展，农村出现了交通运输业、商业、餐饮服务业等第三产业。第三产业的发展促进了农村城镇化水平的提高，不少人通过从事第三产业增加了收入，改善了生活，也改变了其传统观念和生活方式，生活质量大大提高。小城镇可利用本地交通、通信便利的优势，以建立有形贸易场所为中心，确立本地的乡镇工业品经销集散地功能。初始投资完成后，本地逐渐产生贸易集中经济效益，形成贸易吸引力，带动农村人口在本地的集中和金融、信息、服务、交通、通信、工业、文化、教育等的全面发展。作为城市雏形的小城镇，没有商业等第三产业的繁荣是难以发展起来的。小城镇的形成首先来自商品交换的需要，因此，商业的繁荣与发达程度在很大程度上决定着小城镇的兴衰和发展状况。

（四）聚集经济的动力

聚集经济又称聚集经济利益、聚集经济效益，通常是指因企业、居民的空间集中而产生的经济利益或成本节约。聚集经济是决定小城镇形成和发展的根本力量，是小城镇规模扩张的内在动力，因为如果没有聚集经济，那么居民、企业及其社会经济活动就不必采取空间集中的形式，小城镇的产生和发展也无从谈起。

聚集经济的产生并不只是因为企业的集中。事实上，产业的集中必然导致人口的聚集，而居民的空间集中也会产生许多经济利益，节约生产成本。比如，人口聚集导致的市场规模扩大，不仅会使企业在生产规模的扩张中受益，而且会降低企业在运输、储存、交易等方面的成本。不同背景、兴趣的居民的聚集还会引起思想文化交流的扩大，促进新生活方式的产生，由此推动人力资源素质的提高、生产技术的革新，不仅使居民受益，也使企业受益。可以说，产业聚集所推动的小城镇规模扩张，反过来又会吸引产业聚集；产业聚集和人口聚集的互动机制，促进了小城镇规模不断扩张。

聚集经济，不仅体现在生产方面，也体现在生活或消费方面。企业与居民的空间集中，也为家庭提供了多方面的便利。丰富的商品供给为消费者提供了选择的空间；企业的大量集中则为居民创造了众多的择业机会；人口的集中还将带来各地文化的融合，改变人们原有的行为规范和价值观，推动社会进步。

聚集经济对小城镇的影响是深远的。由于企业或产业聚集有利于专业化、大规模生产，提高区域竞争力，国内不少经济发达的地区，尤其是东部沿海地区，相继形成了专业化、规模化的产业聚集，在全国市场上占据了较大产业份额，进而推动了区域经济的发展。产业聚集又促进了人口聚集，人口聚集的总体格局是人口从边远、贫困的地区，向交通便利、富裕的地区流动，从闭塞的农村向发达的城镇地区流动。

（五）比较利益的动力

从农村的内部推力来看，人多地少一直是制约农业规模经营和农村经济发展的重要因素，深刻影响着我国的城镇化进程。1978年以前，由于政策的强大阻力，大量的农村富余劳动力以隐性形式存在于农村。改革开放后，富余劳动力问题由隐性转变为显性，随着耕地的不断减少，人地矛盾更加尖锐。资金、技术、劳动力三要素在土地上的有效投入促进了劳动生产率的提高，使得大量富余劳动力转入非农产业，从而推动了小城镇的发展。

从非农产业的外部拉力来看，日益扩大的城乡居民收入差距不仅严重限制了农民的生产积极性，也拉动了农村地区劳动力流向非农产业和小城镇。据国家统计局的统计资料显示，2016年我国的城乡差距比高达2∶1，而多数发达国家仅为1.5∶1。首先，由于城乡收入差距大、农村相对贫困，小城镇表现出较大的利益驱动力，在个人利益最大化目标的驱动下，农村人口向非农产业和小城镇转移。其次，城乡居民的生活方式受经济水平、自然环境和社会习俗等因素的影响，呈现巨大的差异。农民是农村社会的主体，其生活方式受农村社会经济的影响，具有封闭、落后、生活节奏缓慢等特点；而小城镇居民生活方式的层次较高，往往影响着农村中的人。城市相对于农村在就业、文化生活、社会环境等物质和精神方面的优越性，对农民有着不可抗拒的吸引力。这种吸引力通过信息传播和示范效应也刺激、推动了小城镇的成长和发展。

农业是比较利益较低的产业，遭受自然和市场风险的双重约束。在比较利益的驱动下，通过非农部门的外在拉力和农业部门的内在推力，农业内部的劳动力、资本等生产要素，必然流向非农部门。劳动力在不同产业间的转移，也必然促成劳动力在空间分布上的重新配置。产业转移主要体现为从传统产业向现代产业、从农业向非农业的转移，促进了经济的非农化和产业化；空间转移主要体现为由分散到集中，并形成人口定居方式、经济活动的聚集化和规模化，从而使小城镇能够在比较利益的驱动下成长起来。

（六）政策的动力

政策对于任何国家、任何地区的经济发展都是一个重要的影响因素。政策对于小城镇经济发展及其模式选择的作用是显而易见的。第一，政策影响小城镇经济发展目标的制定；第二，政策影响小城镇主导产业的选择；第三，政策影响小城镇经济发展战略及具体发展计划的制定；第四，政策影响外界经济活动对小城镇经济的影响；第五，政策影响小城镇具体发展路径的形成。国家在不同历史时期出台的各项有关城市化的政策会对小城镇发展起到关键的作用，能加速或延缓小城镇发展建设的进程，是小城镇最重要的外部影响力量。政策一般分为三个层次：第一，国家宏观政策，它指明了小城镇发展的方向和道路，对小城镇发展最具影响力。在我国,发展小城镇的国家宏观政策出台后,会推动小城镇迅速发展。第二,国家专项政策,如土地政策、户籍政策、产业政策等,它们在各个方面影响小城镇的建设发展。就户籍政策而言,长期以来的户籍制度是将农村和城市人口严格区分,这限制了农民自由流动,导致了城乡分离,阻碍了小城镇的发展进程。改革开放后,我国户籍制度开始放松,为农民进入小城镇务工创造了必要条件。为满足小城镇发展的需要,中国共产党第十五届中央委员会第三次全体会议提出要"制定和完善促进小城镇健康发展的政策措施"。我国逐步建立以居住地划分城镇人口和农村人口,以职业划分农业人口和非农业人口的户籍制度。宽松的户籍制度为小城镇发展创造了有利的制度条件。第三,地方性政策,各地方政府在国家宏观政策的基础上,根据地方实际情况,又出台了一些有利于小城镇发展的地方性税收政策、用地政策、产业政策等。这些地方性政策对于推动小城镇发展的作用更为具体和直接。

我国于1955年制定了建制镇设置标准,1964年国务院提高了建制镇设置标准并调整了城市郊区范围,以致大批建制镇被撤,城镇人口大减。1984年国务院颁布新的设镇标准,全国各地陆续恢复和新建了大批城镇,城镇人口大增。此外,政府还对城镇的规模、设施配备、就业安排,甚至居民的居住、消费方式统统予以管理和制约,使城镇化加速的同时,质量也得到提高。人口迁移政策也是影响农村城镇化的一个动力因素。20世纪50年代,我国城镇人口未加控制,城乡之间人口自由流动,大量农村人口流入城镇,对农村城镇化的进程影响很大。20世纪60年代以后,分割城乡的户籍制度日渐成形,城镇人口增长十分缓慢。1984年,中共中央发出《关于1984年农村工作的通知》,规定"允许务工、经商、办服务业的农民自理口粮到集镇落户"。这一政策鼓励农村富余劳动力流入小城镇,使小城镇人口猛增。乡镇企业政策通过影响农村经济的发展影响着农村城镇化。1984年,社队企业的农村工业企业改名为乡镇企业,从而将这些企业单一的集体所有制形式扩展为多种所有制形式。1985年乡镇企业在全国发展速度异常迅猛,乡镇企业数量是1984年的202.6%。进入21世纪,《中共中央、国务院关于促进小城镇健康发展的若干意见》指出,当前,加快城镇化进程的时机和条件已经成熟。抓住机遇,适时引导小城镇健康发展,应当作为当前和今后较长时期农村改革与发展的一项重要任务。这就为农村城镇化发展提供了强大的政策支持。该意见同时指出,小城镇要适应经济发展较快的要求,完善城镇功能,提高城镇建设水平,更多地吸纳农村人口。这为农村小城镇发展指明了方向,中华人民共和国迎来了成立以来农村城镇化发展的最佳时期。

(七)区位优势的推动力

区位是指一个地区经济地理位置的优劣性和通达性,也就是交通要素相对于其他地区的优越度。区位对小城镇的影响主要是通过地理位置、交通、信息等要素相互作用、密切联系而发挥作用的。经济地理位置优越的地域，往往交通发达、信息丰富且传递迅速，而远离经济中心的地域，往往交通落后、信息闭塞。地理位置、交通、信息在现代产业布局和小城镇成长过程中，起着越来越重要的作用。我国地域广阔，各地地理差异相当大。一方面，地形的复杂性使得各地的自然地理形态千姿百态；另一方面，区域经济发展的差异使得各区域市场发展环境表现出一定的梯度差异。因此，在我国宏观及中观经济发展的实际情况中，区位因素的影响作用不可忽视，尤其是在农村及小城镇的经济发展中，区位条件的优越程度甚至会起决定性的作用。

区位对小城镇经济发展及其模式选择的影响主要表现为以下四个方面。首先，区位的地理位置因素决定的便利程度决定了其与外界经济往来的可能性；其次，区位的市场环境完善程度直接影响着其外向型经济或内向型经济的形成；再次，小城镇与区域经济中心的区位关系影响着其受外来经济辐射的强弱程度，进而影响着其对开放经济的依赖度；最后，区位会影响资源和政策两个因素。一方面，日益发展并发挥重要作用的软性资源对于载体或平台（具体区域、小城镇）的选择具有一定的导向性，良好的区位会吸引优越的资源；另一方面，具体政策的出台也会结合国家发展战略及地区实际情况，优越的区位条件无疑会得到更多的政策支持。

以地理因素为例，从全国发展较快的小城镇来看，交通便利、距离市场或者资源的位置较近是这些小城镇的优势之一。但是，把地理因素视为小城镇发展的最重要的决定因素是不恰当的。地理因素是小城镇发展的重要条件，但不是充分条件，也并非在任何情况下都是必不可少的条件。地理位置具有相对性，随着社会经济的发展，过去具有优势的某些位置现在变得次要了。例如，在发达的公路网和铁路系统建成以前，便利的水路交通有很大的优势，但是在今天，我国努力发展交通运输和通信事业，因为这不仅是维护和加快已经发展起来的小城镇继续发展所必需的，而且能刺激新的小城镇的形成和发展。

二、小城镇发展的阻力因素分析

前面讲到，小城镇的发展是各种力量综合作用的结果，这些力量有促进小城镇发展的动力，也有不利于小城镇发展的阻力，了解阻力的表现和成因对小城镇健康发展是十分重要的。学者们认为小城镇发展的阻力主要来自以下四个方面。

（一）农村劳动力素质的阻力

人口的质量是影响经济发展的最重要的因素，劳动力对乡村工业化、农村城镇化的影响，不仅在于劳动力的数量，还在于劳动力的质量。首先，我国农村劳动力数量巨大，他们的文化和科学技术素质虽然已有所提高，但与城镇人口相比仍较为低下。这使得产业转移障碍重重，劳动力难以进入较高层次的产业，只能滞留在低层次，形成过度竞争。其次，劳动力素质的低下使职业转移不够彻底，农村兼业现象普遍，特别是在东部发达地区。在对江阴农村基本情况调查中发现，专门经营农业的劳动力已经非常少，所占比率不足10%，且大多是老弱病残。大多数农村劳动者身兼两职，这给农村土地经营制度改革增加了难度。最后，劳动力素质越低下，传统观念就越根深蒂固。他们守着"进有致富之路，退有善生之本"的重土安乡念头，形成了"离土不离乡，进厂不进城"的局面。这使得地域转移困难重重，"三集中"（工业、居住、耕地）无从谈起，"一配套"（进程设施）更是遥不可及。

（二）乡镇企业与小城镇互动不协调的阻力

由于小城镇的建设和发展是通过自上而下的方式推动的，因此小城镇的建设离不开民间资本。在小城镇建设之初，乡镇企业是主要的资金来源，因而小城镇的进一步发展就不可避免地要求乡镇企业的进化。乡镇企业的进化包括乡镇企业布局的进化和乡镇企业发展的进化，初期的乡镇企业布局有很大的随意性，造成了小城镇建设遍地开花、过于分散的局面。乡镇企业布局分散，从宏观上讲，造成了建制镇数量过多，小城镇分布过密、过散、规模过小，影响了小城镇的整体发展。从微观上看，一部分能够进入小城镇的项目，由于起步阶段受土地、交通、资金等条件的限制，只能办在村庄上，本应集中到小城镇的已经实现职业转移的非农业人口留在了村里，导致小城镇这一重要的城镇化空间未能融入区域的整体发展之中，小城镇难以形成聚集经济和聚集效应，阻碍了小城镇的进一步发展。部分乡镇企业发展不景气，也使小城镇发展停滞不前。在经济薄弱地区，由于缺乏强大的乡镇企业作为后盾，小城镇建设处于相对停滞状态，聚集经济和聚集效应未得到充分发挥，小城镇基础设施的配套建设和功能完善受到影响，一些乡镇企业的发展受到阻碍。乡镇企业盈利的降低，反过来又减少了小城镇发展的资金来源，形成恶性循环。

（三）传统文化的阻力

传统的农业社会结构和文化是制约小城镇发展的重要因素。传统农业社会结构以单家独户为生产单位，以分散的自然村落为基础，人们依靠传统的家族观念和习惯以封闭的方式联结在一起，生产和生活没有有机联系；而工业社会结构联系按照现代化生产要求将生产和生活联系在一起。这两种社会结构必然产生激烈的碰撞，进而阻碍农村工业化进程。同时，在传统的小农经济基础上形成的农村文化对现代文化、城市文化，特别是先进科学技术、生产方式和组织方式有所排斥，制约了农村工业化和城市化进程。

城镇化是深刻影响生产方式、生活方式和思想观念的社会变革。我国与传统农业相适应的传统文化在小城镇发展中的阻力主要表现在：①工业化、城镇化是以商品经济为前提条件的，而在农村，农民深受"重农抑商"的传统思想的影响；②工业化和城镇化要求创造一种有利于发展和发挥个人才能、鼓励创新的社会环境，以科学技术的力量控制和改造自然，而传统文化有一种内在的保守主义倾向，容易使人消极地适应自然，对于先进的科学技术的发展往往是一种壁垒，也难以孕育出民主政治制度；③工业化和城镇化需要人际关系上发生根本变化，建立适应社会化大生产要求的复杂分工、协作关系和法律明确规定的权利义务关系。但在相当长的时间内，由传统习惯形成的旧宗族关系仍将顽固地存在，对现代社会中的制度和组织可能产生种种不良影响和抗拒作用，使工业化和城镇化所要求的现代制度与组织难以建立和不易健全。

（四）体制和政策环境的外部阻力

在自给半自给的传统旧体制向市场经济体制的转换过程中，两种体制交织在一起，不可避免地产生冲突和摩擦，对农村富余劳动力转移、乡镇企业的发展和农村城镇化会产生遏制和阻碍。例如，一系列政策和管理体制，一方面割断了城乡之间的联系，妨碍了城乡劳动力的流动，束缚了生产力的发展，城乡分割的社会经济管理体制延缓了工业化进程，也阻碍了城镇化进程，其突出表现就是隐性城镇化现象，即乡村地区已经实现了产业转移的人口无法实现地域转移（离土不离乡），使他们只有为工业化提供富余劳动力的义务，却不能完全分享工业化的利益和城镇文明，使他们的社会属性未能得到改变；另一方面使城乡利益分配关系发生扭曲，社会经济利益向小城镇倾斜，城乡之间、地区之间发展极不平衡。这些体制和政策都与缩小城乡差距相悖，制约着我国农村城镇化。再如，行政管理体制的制约，这既表现在行政管理体制上缺乏整体的区域发展规划，也表现在庞大的政府机构、模糊不清的政府职能与各自的利益机制相互交织，难以形成一个统一协调和运转高效的服务管理体系，造成管理职能的空缺。农村政府机构臃肿，不仅会加重农民的负担，也会加重企业的负担，导致政府部门的权力寻租行为，进而恶化企业的发展环境，造成小城镇经济发展的恶性循环。

以上动力与阻力的相互联系、制约，构成了小城镇发展的宏观社会经济背景。每个小城镇的成长发展史，都是小城镇建设者们不断利用动力、克服阻力、创造自身竞争优势、吸引产业与人口的空间集中的过程。

三、成长机制选择

农民是小城镇成长和发展的重要动力，离开了农民的地域转移，城镇化就无从谈起。农民为满足自己生存和发展的需要，总要不断地追求新的生产方式和生活方式。随着社会进步，农民不仅追求新的物质性需求的满足，而且渴望现代城镇文明的熏陶。这种要求自身环境改变的内动力直接促进了小城镇建设。农民追求现代文明的过程，也是不断提高其掌握和运用现代科学技术的能力和水平的过程。在这个过程中，农民亲身体会到科学技术对社会发展、社会进步的重大意义，增强了学知识、学技术的紧迫感。科技成果的推广和应用，是提高劳动生产率、加速经济增长、改变产业结构、促进小城镇发展的强大动力。

低成本区的追求历来是企业的一个显著特征。农民的地域转移与企业所创造的就业岗位密切相关。企业的区位选择对单个小城镇而言具有重要的甚至是决定性的影响。企业的去留直接影响所在小城镇的兴衰。现代社会还出现了一种新的现象，就是需要高素质劳动力的企业由于追逐劳动力的转移，被间接吸引到具有良好教育条件、治安环境、自然环境的地区，对近郊型小城镇的发展来说，这是一个重要机遇。

在社会主义市场经济条件下，市场机制在资源配置中发挥主导作用，因此，不断优化投资和创业环境，改善生活和居住环境，加快采用新技术，不断提高自身的综合竞争力，就成为小城镇发展的必然选择。这主要包括以下两个方面：一是确定自身的潜在优势，并将其转化为现实优势。我国幅员辽阔，自然环境千差万别，经济社会文化条件差别极大，然而正是这种差异孕育了各个小城镇发展的潜在优势。小城镇从自身条件出发，寻找并确定自己的潜在优势，并以此作为今后的发展方向。二是创造有利于经济发展的社会环境。我国小城镇的发展可以划分为内在发展和外在发展两种基本模式。对内在发展模式而言，小城镇通过自身和周围乡村地区的力量来积蓄资本、培训人才，创造自身的生产要素，促进经济增长和社会进步；对外在发展模式而言，则是通过外部资金、技术、人才的引入，推动本区域的工业化，促进发展。

原有乡村社区的成长是小城镇快速健康发展的起点和关键。因此，充分利用动力，有效克服阻力，确定自身潜在优势，创造有利于提高自身竞争力的发展环境，最终实现各个小城镇建设主体的利益和追求，就成为小城镇发展机制的基本内容，而提高小城镇原有居民和外来人口的利益，则成为小城镇发展的根本动力和最终目的。

课程知识点

1. 农业的基本动力和工业的核心动力对于小城镇发展的主要推动作用是什么？

2. 分析你所在的小城镇发展的阻力因素，并提出解决对策。

本章小结

本章主要介绍了小城镇的发展机制。供给基础型理论将小城镇的发展主要归结于与生产有关的供给因素。小城镇的成长体现了"循环和累积的因果关系"理论。乡镇企业和小城镇的良性互动关系有利于创造出一定数量的非农就业机会，从而吸引劳动力向小城镇聚集。需求指向型理论认为引起小城镇成长的力量与小城镇内部需求有关。

小城镇的成长是多种力量综合作用的结果，其中既有推动小城镇发展的动力因素，也有阻碍小城镇发展的阻力因素。推动小城镇发展的动力因素包括：农业的基本动力、工业的核心动力、第三产业的动力、聚集经济的动力、比较利益的动力、政策的动力和区位优势的推动力。阻碍小城镇发展的阻力因素包括：农村劳动力素质不高带来的阻力、乡镇企业与小城镇互动不协调导致的阻力、传统文化的阻力以及体制和政策环境的外部阻力。

本章参考文献

[1] 朱启臻，叶齐茂. 小城镇建设 [M]. 北京：中央广播电视大学出版社，2005.

[2] 吴志强. 城市规划原理 [M]. 4版. 北京：中国建筑工业出版社，2010.

[3] 李光录. 村镇规划与管理 [M]. 北京：中国林业出版社，2014.

[4] 《城市规划资料集》编委会. 城市规划资料集：第3分册 小城镇规划 [M]. 北京：中国建筑工业出版社，2004.

本章练习题

单选题

1. 根据供给基础型理论，以下说法正确的是（　　）。

A. 小城镇增长最终取决于所掌握的现有资源储备以及在更广泛的国家经济范围内对各种固定要素的吸引能力

B. 小城镇增长最终取决于所掌握的初始资源储备以及在更广泛的国家经济范围内对各种可移动要素的吸引能力

C. 小城镇增长最终取决于所掌握的现有资源储备以及在更广泛的国家经济范围内对各种可移动要素的吸引能力

D. 小城镇增长最终取决于所掌握的初始资源储备以及在更广泛的国家经济范围内对各种固定要素的吸引能力

2. 关于小城镇与乡镇企业的良性互动关系，以下说法不正确的是（   ）。

A. 乡镇企业立足于农村，在农产品系列开发、多层次加工利用上具有一定优势

B. 乡镇企业和小城镇的良性互动关系有利于创造出一定数量的非农就业机会，从而吸引劳动力向小城镇聚集

C. 一定量乡镇企业在地理上的聚集，使企业之间的专业协作成为可能，可促使农产品加工业技术水准的提高

D. 小城镇第三产业吸纳劳动力的能力较弱，因其资本有机构成高、对劳动力素质要求弹性小，与农村劳动力的素质现状和特点不相符

3. 在城市增长的经济基础模型中，城市经济被分为（   ）两大部分。

A. 主要职能部门和次要职能部门　　　　B. 基础部门和非基础部门

C. 基础部门和服务部门　　　　　　　　D. 经济职能部门和非经济职能部门

4. 下列说法中，正确的是（   ）。

A. 传统的农业社会结构和文化是制约小城镇建设进程的重大因素

B. 传统的农业经济结构和基础设施是制约小城镇建设进程的重大因素

C. 传统的农业社会结构和文化是促进小城镇建设进程的重大因素

D. 传统的农业经济结构和文化是促进小城镇建设进程的重大因素

5. 小城镇发展的政策动力因素中，政策分为（   ）三个层次。

A. 国家宏观政策、国家专项政策、地方性政策

B. 国家宏观政策、土地专项政策、地方经济性政策

C. 国家宏观政策、产业专项政策、地方性政策

D. 国家宏观政策、国家专项政策、地方经济性政策

6. 小城镇发展机制中有两个重要的钥匙，以下表述正确的是（   ）。

A. 一是确定自身的潜在优势，并转化为经济优势；二是创造有利于经济发展的社会环境

B. 一是确定自身的潜在优势，并转化为现实优势；二是创造有利于经济发展的社会环境

C. 一是确定自身的城镇定位，并转化为现实优势；二是创造有利于经济发展的社会环境

D. 一是确定自身的城镇定位，并转化为因果优势；二是创造有利于经济发展的社会环境

第三章练习题参考答案

第四章
小城镇规划的工作内容和编制程序

学习目标

掌握：小城镇规划的工作内容和成果；小城镇规划的工作方法和步骤。
熟悉：小城镇规划的依据和规划期限。
了解：小城镇规划的具体任务。

本章导语

本章内容是小城镇规划的基础，小城镇规划包括总体规划和镇区建设规划两个部分。本章分别从这两个方面展开讲解其不同的工作内容、工作任务和工作方法。通过本章的学习，学习者可以既了解如何从宏观层面把握小城镇的总体思路和总体发展路线，又能学会如何从微观层面对城市的空间要素进行建设。小城镇规划，就是根据国家的方针政策、国民经济和社会发展计划，结合城镇实际情况来确定一定时期内的城镇发展目标、性质、规模、布局的综合部署，通过统一调配，保证小城镇在符合国家、党的指导方针的前提下有序、协调地发展。

◀ **本章知识导图**

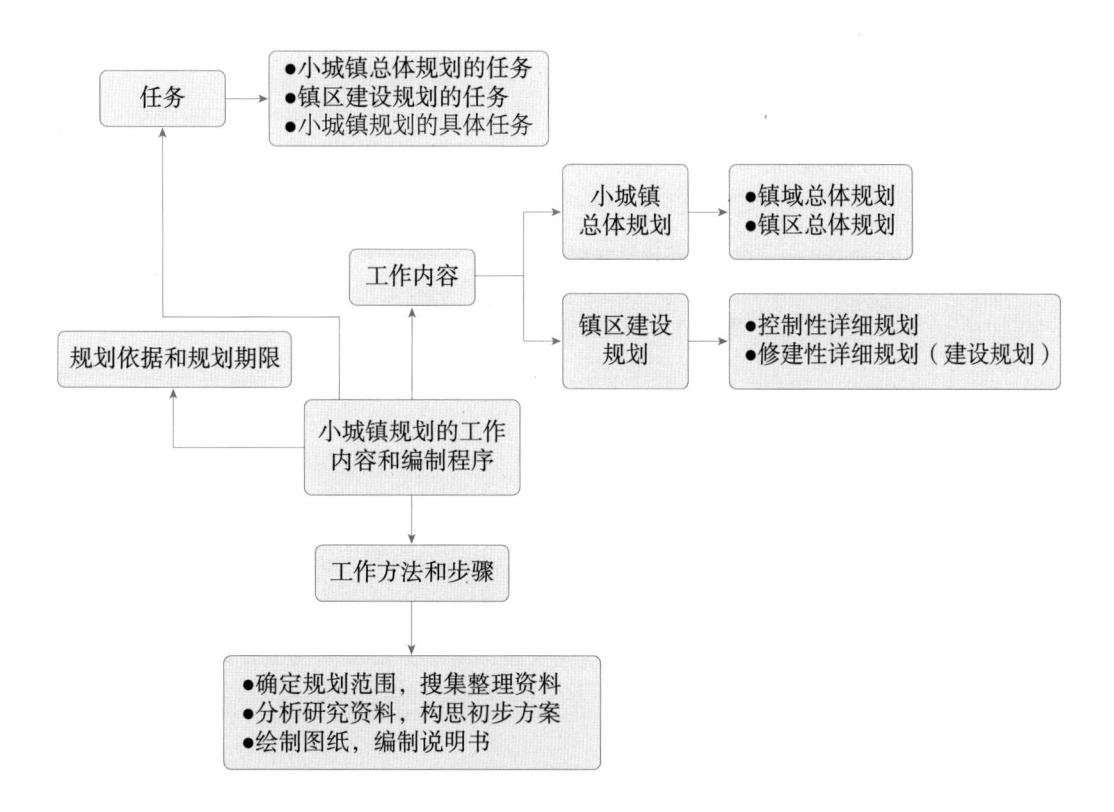

```
                    ┌─ ●小城镇总体规划的任务
         ┌─ 任务 ──┤ ●镇区建设规划的任务
         │         └─ ●小城镇规划的具体任务
         │
         │                        ┌─ 小城镇    ┌─ ●镇域总体规划
         │                        │  总体规划 └─ ●镇区总体规划
         │         ┌─ 工作内容 ──┤
         │         │              │  镇区建设  ┌─ ●控制性详细规划
         │         │              └─ 规划      └─ ●修建性详细规划（建设规划）
         │         │
    规划依据和规划期限
         ↑
    小城镇规划的工作
    内容和编制程序
         │
         └─ 工作方法和步骤
              │
              ├─ ●确定规划范围，搜集整理资料
              ├─ ●分析研究资料，构思初步方案
              └─ ●绘制图纸，编制说明书
```

第一节 小城镇规划的任务

小城镇规划的任务是对一定时期内小城镇的经济和社会发展、土地利用、空间布局以及各项建设的综合部署和具体安排。小城镇规划任务的思维图如图4-1所示。

图4-1 小城镇规划任务的思维图

一、小城镇总体规划的任务

小城镇总体规划的任务以县（镇）行政辖区为对象，依据县域规划、县农业区划、县土地利用总体规划和各专业的发展规划，在确定的发展远景年度内，确定县（镇）域范围内居民点的分布和生产企业基地的位置；根据功能分工、地理特点和资源优势，确定镇的性质、人口规模和发展方向；按照相互之间的关系，确定县城与镇之间的交通、电力、电信以及生活服务等方面的联系。小城镇总体规划体现农业、工业、交通、文化教育、科技卫生以及商业服务等各个行业系统对小城镇建设的全面要求和建设的总体部署。

二、镇区建设规划的任务

镇区建设规划的任务是以小城镇总体规划为依据，根据小城镇的现有条件和近远期经济社会发展计划，确定镇区的性质和发展方向，预测人口和用地规模、结构，根据用地布局和用地指标的配比和其他规划管理要求，合理配置各项基础设施和主要公共建筑，安排主要建设项目的时间顺序，具体落实近期建设项目。

三、小城镇规划的具体任务

（1）收集和调查基础资料，研究实现小城镇经济社会发展目标的条件和措施。

（2）研究确定小城镇发展战略，预测发展规模，拟定小城镇分期建设的技术经济指标。

(3) 确定小城镇的功能和空间布局，合理选择各项用地，并考虑小城镇用地的长远发展方向。

(4) 提出镇（乡）域村镇体系规划，确定镇（乡）域基础设施规划原则和方案。

(5) 拟定新区开发和旧城更新的原则、步骤和方法。

(6) 确定小城镇各项市政设施和工程设施的规划原则和实施的技术方案。

(7) 拟定小城镇建设用地布局的原则和要求。

(8) 安排小城镇各项重要近期建设项目，为各单项工程设计提供依据。

(9) 根据建设的需要和可能性，提出实施措施和步骤。

(10) 根据建设规划制定建设用地的各项控制指标和其他规划管理要求，并直接对建设做出具体的安排和设计。

> **课程知识点**
> 1. 小城镇总体规划任务的重点内容有哪些？
> 2. 小城镇规划的具体任务有哪些？

第二节 小城镇规划的工作内容和成果

一、小城镇规划的工作内容

（一）小城镇总体规划的工作内容

(1) 小城镇总体规划作为战略性规划，是对县（镇）行政辖区的经济、社会、环境发展所进行的全局性和提纲性的谋划。

(2) 落实新时期对小城镇总体规划的要求。小城镇的总体规划应该遵循科学理性、可持续发展、建设和谐社会、不断提高生活水平的理念，正确制定小城镇的核心发展战略，指导小城镇总体规划工作的开展。

(3) 把握好小城镇总体规划与镇区建设规划的关系。小城镇总体规划是镇区建设规划的依据，镇区建设规划必须遵从小城镇总体规划，否则镇区建设规划就难以把握基本方向、性质、规模以及结构等。事实上，我们不仅要从空间形态上一个独立的"点"出发，而且要扩展到一定地域广度上的"面"，使功能要素布局呈现全面性，促进小城镇总体规划与镇区建设规划之间的密切关系。

我们以G小城镇总体规划为例，如图4-2所示，分析小城镇总体规划的流程和工作内容。

G小城镇总体规划	
1. 区域位置 　　G小城镇位于东经124°24′…… 2. 自然条件和自然资源 　　2.1 地质地貌 　　2.2 气候 　　2.3 水文 3. 历史沿革（略） 4. 社会经济概况（略）	第一，对项目的基本情况（区域地理位置、经济概况、地质自然条件、历年经济统计、人口、上几版总体规划的各类文件、土地利用现状、近年的规划等）进行全面的了解。
5. 规划编制依据 　　5.1 主要法定性依据 　　国家和地方其他相关法律法规和技术标准规范的要求（略，详见网络课程）。 　　5.2 主要参考性依据 　　全国、省、市、县相关发展战略规划以及其他相关规划（略，详见网络课程）。 　　5.3 规划期限 　　总体规划期限：2015—2030年 　　近期规划期限：2015—2020年 　　远期规划期限：2021—2030年	第二，了解小城镇规划编制的国家规划依据和地方规划依据有哪些，这里面也包含了上位规划的内容，根据相关依据，我们来给出本次小城镇总体规划的规划期限。
6. 本次规划确定的小城镇性质（略） 7. 小城镇规模预测 　　7.1 人口规模 　　　7.1.1 镇区规模概况 　　　7.1.2 镇区人口构成 　　7.2 用地规模	第三，根据前期的基础资料分析，用科学的分析方法和计算方法，确定小城镇的城镇性质，预测人口规模和用地规模。这是规划的重要环节，也是规划的基础内容。
8. G小城镇镇区的空间界定 　　G小城镇镇区规划用地空间界定：西至……（略） 　　小城镇的空间结构是小城镇发展深层次的分析图纸，是小城镇总体规划编制的重要指导和重要依据。 　　根据当地自然地形条件、建设用地发展方向及现状用地条件，小城镇用地布局注重自然条件与现状布局特点的延续与整合，将该镇镇区总体布局确定为"一轴、两带、两心、五区"的结构。 9. 镇区用地布局规划（略） 10. 镇区综合交通规划（略） 11. 镇区公共服务设施配置规划（略） 12. 镇区绿地系统规划（略） 13. 镇区公用工程设施规划（略） 14. 镇区综合防灾规划（略）	第四，从镇域的角度确定空间布局结构，根据我国现行的行政体制，确定城镇体系关系；确定村镇之间的市政工程设施的总体安排；确定村镇之间的交通运输规划，主要是道路联系和水路运输，解决村镇之间的货流和人流的运输问题；确定小城镇主要公共设施的配置；综合协调防灾、环境和风景名胜保护等方面的要求。

图4-2　G小城镇总体规划

案例　G 小城镇总体规划

　　G 小城镇是一个初具规模的综合型城镇，早期以哈大铁路为主要发展轴线，居住区在铁路沿线两侧布局，原国道 102 线为其主要的物流运输线路，是其空间发展的主要引力。

　　随着小城镇规模的不断扩大，原国道 102 线逐步演变为小城镇内部道路，新国道 102 线在该镇镇区范围内向南部偏移，该小城镇初步形成国道 102 线北侧为该镇镇区，国道 102 线南侧为工业集中区的布局。

　　该镇发展经历了集中—分散的过程。

　　G 小城镇总体规划旨在将用地零散的小城镇整合成为功能组团明确、空间布局合理的现代新型生态工业城镇。

　　通过上面案例的学习，我们了解到小城镇总体规划分为镇域总体规划和镇区总体规划两个基本部分。小城镇镇域总体规划是根据上位规划的社会经济发展战略及城镇体系规划所提出的相应要求，来指导镇区及村庄规划的相关编制内容。镇区总体规划是根据镇域总体规划的城镇体系规划所提出的要求，通过合理利用空间资源和土地关系，来指导详细规划和镇区的建设。

　　小城镇总体规划是镇区建设规划的依据，应充分考虑目前的具体情况与发展需求及小城镇总体规划的连续性等因素。小城镇总体规划的具体内容包括以下内容。

　　(1) 分析小城镇的基本情况、发展优势和制约因素，提出小城镇的发展目标。小城镇总体规划对小城镇经济发展具有重要的影响，小城镇的发展方向和发展目标将决定小城镇建设和发展的速度。

　　(2) 确定城镇体系布局和主要乡镇企业的分布。小城镇总体规划必须对规划区域的现有重点镇和集镇进行统一考虑，结合我国现行的行政体制，确定城镇体系关系。

　　(3) 确定小城镇的性质、规模、发展方向和建设特点。在小城镇总体规划中，对规划区域范围内各个镇的地位和职能，所起的作用以及现状条件、特点和优势进行认真分析，拟定主要镇的性质、规模和发展方向。

　　(4) 小城镇道路、电力、电信、供水、排水等工程设施的总体安排。

　　(5) 镇域主要公共建筑的合理配置。小城镇主要公共建筑的配置，是指解决小城镇镇域范围内各重点镇和集镇的主要公共建筑的合理分布问题。

　　(6) 综合协调防灾、环境和风景名胜保护等方面的要求。汇总环境保护、综合防灾的规划方案，进行综合部署。对拥有风景旅游资源、历史文物、名胜古迹的地区，提出开发和保护设想，进行环境保护规划。

（二）镇区建设规划的工作内容

随着社会经济的发展、城市化进程的加快、重点镇与一般镇产业结构的调整，镇区建设规划应该根据小城镇各自的经济、社会特点和发展模式，合理地确定人均指标体系，从而保证规划的合理性及可操作性。

我们依然从一个案例来分析和学习一下镇区建设规划的流程和工作内容。

图4-3是一个虚拟的镇区建设规划，从中我们可以看出，镇区建设规划以顶层设计为指引，从工程的角度安排实施细则。

镇区建设规划的工作内容包括以下几个方面。

(1) 在分析土地资源状况、建设用地现状和经济社会发展需要的基础上，根据《镇规划标准》(GB 50188—2007)确定人均建设用地指标，通过建设条件分析及综合经济论证，找出现状存在的问题及规划应注意解决的主要问题和措施。

(2) 做出建筑、道路和绿地等的空间布局和景观设计，布置总平面图。

(3) 根据小城镇总体规划提出的原则和要求，对规划范围的供水、排水、供热、电力、电信、燃气等设施及其工程管线进行具体安排，按照各专业标准规定，确定空中线路、地下管线的走向与布置，并进行综合协调。

(4) 道路交通规划设计。确定道路红线宽度、断面形式和控制点坐标、标高，进行竖向设计，保证地面排水顺利，尽量减少土石方量。

(5) 绿地系统规划设计。

(6) 对中心地区和其他重要地段的建筑体量、体形、色彩提出原则性要求。

(7) 综合安排环保和防灾等方面的设施。

(8) 估算工程量、拆迁量和总造价，分析投资效益。

(9) 编制镇区近期建设规划。

(10) 规划实施的对策及建议。

(11) 对于历史文化名镇及其他有特殊要求的镇，适当增加相关规划内容。

从上面的案例和具体的工作内容来看，镇区建设规划的阶段是详细规划的工作阶段，涵盖了镇区的控制性详细规划、修建性详细规划（建设规划）。控制性详细规划以小城镇总体规划为依据，控制建设用地的用地性质、使用强度、空间环境。控制性详细规划是管理的依据，并指导下位规划内容。修建性详细规划（建设规划）对近期进行建设的重要地区做出具体的安排和规划设计，偏于根据工程的实际需要来安排具体的工作内容。

第四章 小城镇规划的工作内容和编制程序

某小城镇镇区建设规划
1. 项目建设概况与依据
2. 主要建设条件
3. 项目建设方案

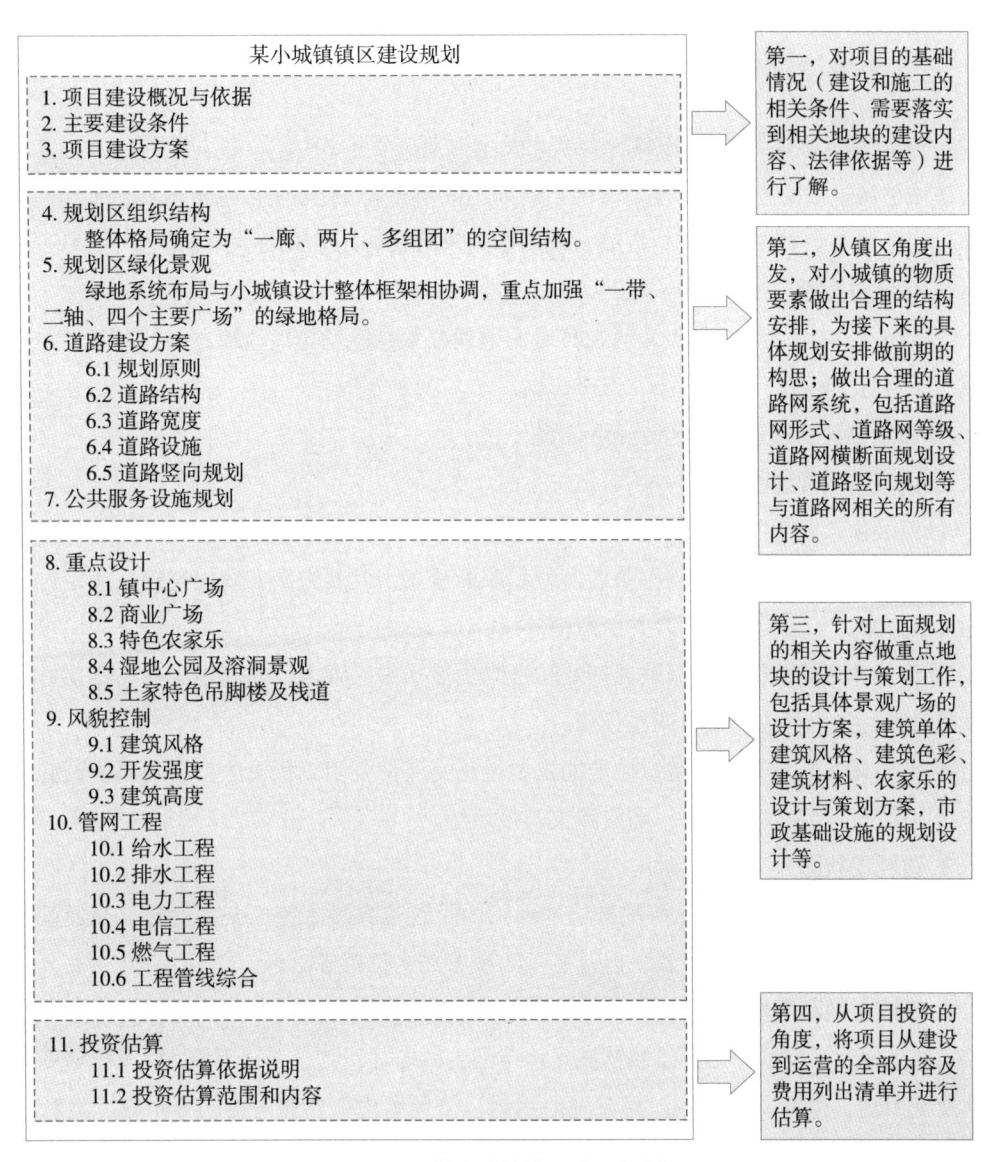

→ 第一，对项目的基础情况（建设和施工的相关条件、需要落实到相关地块的建设内容、法律依据等）进行了解。

4. 规划区组织结构
   整体格局确定为"一廊、两片、多组团"的空间结构。
5. 规划区绿化景观
   绿地系统布局与小城镇设计整体框架相协调，重点加强"一带、二轴、四个主要广场"的绿地格局。
6. 道路建设方案
   6.1 规划原则
   6.2 道路结构
   6.3 道路宽度
   6.4 道路设施
   6.5 道路竖向规划
7. 公共服务设施规划

→ 第二，从镇区角度出发，对小城镇的物质要素做出合理的结构安排，为接下来的具体规划安排做前期的构思；做出合理的道路网系统，包括道路网形式、道路网等级、道路网横断面规划设计、道路竖向规划等与道路网相关的所有内容。

8. 重点设计
   8.1 镇中心广场
   8.2 商业广场
   8.3 特色农家乐
   8.4 湿地公园及溶洞景观
   8.5 土家特色吊脚楼及栈道
9. 风貌控制
   9.1 建筑风格
   9.2 开发强度
   9.3 建筑高度
10. 管网工程
    10.1 给水工程
    10.2 排水工程
    10.3 电力工程
    10.4 电信工程
    10.5 燃气工程
    10.6 工程管线综合

→ 第三，针对上面规划的相关内容做重点地块的设计与策划工作，包括具体景观广场的设计方案，建筑单体、建筑风格、建筑色彩、建筑材料、农家乐的设计与策划方案，市政基础设施的规划设计等。

11. 投资估算
    11.1 投资估算依据说明
    11.2 投资估算范围和内容

→ 第四，从项目投资的角度，将项目从建设到运营的全部内容及费用列出清单并进行估算。

图 4-3 某小城镇镇区建设规划

🗨 拓展资源

本节两份规划的具体内容和解释详见网络课程。

推荐一些关于小城镇规划的线上与线下的案例来源：

1. 微信公众号"小城镇规划"
2. 耿虹，郭长升. 小城镇规划与策划[M]. 上海：同济大学出版社，2014.
3. 各地方的规划局网站

二、小城镇规划的成果

（一）镇域总体规划的成果

镇域总体规划的成果包括规划文件和规划图纸两部分。规划文件包括规划文本和附件，附件包括规划说明书和基础资料汇编。规划图纸包括以下几个方面的内容。

1. 镇域位置图

(1) 镇域位置图主要表明镇域所在县域的地理位置，以及与周边镇之间的关系、与对外交通的联系等。

(2) 镇域位置图还表明了区域经济位置。

2. 镇域体系规划图

(1) 镇域体系规划图主要表明规划镇域范围内村庄与镇的分布位置与规模。

(2) 镇域体系规划图要明确村镇的类型和职能分工、发展方向、发展规模，确定村镇以后的发展方案，如各自发展、合并、取消等。

(3) 镇域体系规划图要根据发展产业和提高生活水平的要求，确定中心村和基层村，结合村民意愿，提出村庄的建设调整设想。

(4) 镇域体系规划图要确定镇域内的主要道路交通、公用工程设施、公共服务设施以及生态环境保护、历史文化保护、防灾减灾防疫系统。

3. 镇域现状图

镇域现状图就是根据实际情况描绘地形图的行政边界线，包括公用设施、交通设施、主要工程建筑物及构筑物的位置，以及各项工程管线的位置等。

4. 镇域土地利用规划图

镇域土地利用规划图主要绘制镇域用地范围内的居住用地、工业用地、物流仓储用地、公共建筑用地、道路交通用地、河流湖泊用地、公共绿地、农业用地的分布等土地利用状况与程度，附有图例、风玫瑰图、用地平衡表等。

5. 道路、管线综合规划图

(1) 道路交通规划主要应包括镇区内部的道路交通、镇域内镇区和村庄之间的道路交通以及对外交通的规划。

(2) 小城镇的道路交通规划应依据县域或地区道路交通规划的统一部署进行规划。

(3) 道路交通规划应根据小城镇用地的功能、交通的流向和流量，结合自然条件和现状特点，确定镇区内部的道路系统，以及镇域内镇区和村庄之间的道路交通系统进行；应解决好与区域公路、铁路、水路等交通干线的衔接，并应有利于镇区和村庄的发展、建筑布置和管线铺设。

(4) 公用工程设施规划主要包括给水、排水、供电、通信、燃气、供热、工程管线综合和用地竖向规划。

(5) 小城镇的公用工程设施规划应依据县域或地区公用工程设施规划的统一部署进行规划。

(二) 镇区总体规划的成果

镇区总体规划的成果包括规划文件和规划图纸两部分。规划文件包括规划文本和附件，附件包括规划说明书和基础资料汇编。规划图纸具体要求如下：

(1) 镇区现状分析图：比例尺1：2 000，根据规模大小可在1：5 000～1：1 000。

(2) 镇区建设规划图：比例尺1：2 000，根据规模大小可在1：5 000～1：1 000。

(3) 镇区工程规划图：比例尺1：2 000，根据规模大小可在1：5 000～1：1 000。

(4) 镇区绿地系统及景观规划图：比例尺1：2 000，根据规模大小可在1：5 000～1：1 000。

(5) 镇区近期建设规划图：可与镇区建设规划图合并，如单独制作，比例尺为1：1 000～1：200。

(三) 控制性详细规划的成果

控制性详细规划的成果包括规划文件与规划图纸两个部分。规划文件包括规划文本和附件，规划说明书及基础资料汇编收入附件。

规划文本采用条文形式写成，文本格式和文字要规范、准确。

规划图纸是规划成果的重要组成部分，与规划文本具有同等的效力。规划图纸所表现的内容要与规划文本相一致。规划图纸具体包括以下五项。

(1) 位置图。位置图应标明控制性详细规划的范围及与相邻地区的位置关系。

(2) 用地现状图。用地现状图应按照现状实际用途分类标明各类用地范围。建制镇按照《城市用地分类与规划建设用地标准》(GB 50137—2011)分至小类，集镇按照《镇规划标准》(GB 50188—2007)分至小类，标绘建筑物现状、人口分布现状、市政公用设施现状。

(3) 土地利用规划图。土地利用规划图应标明各类规划用地的性质、规模和用地范围及路网布局。

(4) 各地块控制性详细规划图。各地块控制性详细规划图应标明各地块的面积、用地边界、用地编号、用地性质；规划保留建筑、公共设施位置；标注主要控制指标；标注道路（主、次干路和支路）走向、线型、断面、主要控制点坐标、标高、停车场和其他交通设施用地界线。

(5) 各项工程管线规划图。各项工程管线规划图包括给排水工程规划图、供电工程规划图、燃气工程规划图、环卫工程规划图、防灾工程规划图等。

（四）修建性详细规划（建设规划）的成果

修建性详细规划（建设规划）的成果包括规划设计说明书和规划设计图纸。规划设计图纸具体包括以下五项。

(1) 规划地段位置图。标明规划地段在城市中的位置以及和周边地区的关系。

(2) 规划地段现状图。标明自然地形地貌、道路、绿化、工程管线及各类用地建筑的范围、性质、层数、质量等。

(3) 规划地段规划图。绘制规划用地的空间结构、道路系统、道路横断面、绿地系统、公共服务设施以及工程管线等规划设计图。

(4) 规划总平面图。标明规划建筑、绿地、道路、广场、停车场、河湖水面的位置和范围。

(5) 道路交通规划图。标明道路的红线位置、横断面、道路交叉点坐标标高、停车场用地界线。

> **课程知识点**
>
> 1. 小城镇总体规划应明确规划范围，包括镇域与镇区两个方面的综合性规划。请思考小城镇镇域总体规划与镇区总体规划的区别是什么。
>
> 2. 镇区建设规划是小城镇具体项目的落地，请思考镇区建设规划当中最不可或缺的内容有哪些。

第三节 小城镇规划的依据和规划期限及工作方法和步骤

一、小城镇规划的依据和规划期限

（一）小城镇总体规划的依据

(1) 县级各项规划成果。县级各项规划成果，如县域规划、县级农业区划、县级土地利用总体规划等，都是比小城镇总体规划高一层次的发展规划，对小城镇总体规划都具有指导意义。

(2) 国民经济各部门的发展计划。工业交通、文化教育、科技卫生、商业服务等各行各业系统，它们在一定的地域内有各自的发展计划。

(3)当地群众及乡(镇)政府官员对本镇建设发展的设想。这些计划或设想要有客观依据。

上述规划成果及各项资料,都是小城镇总体规划的依据。在没有县域规划的地区,小城镇总体规划的编制,应以县人民政府组织有关部门,从县域范围进行宏观预测,提出本乡(镇)范围内小城镇的性质、规模、发展方向和建设特点的意见。位于城市规划区内的小城镇,应在城市规划的指导下进行编制。

(二)小城镇总体规划的期限

小城镇总体规划的期限是指完全实现总体规划方案所需要的年限。其期限的确定应与当地经济和社会发展目标所规定的期限相一致,一般为 10~20 年。

(三)镇区建设规划的依据和期限

(1)镇区建设规划的依据。镇区建设规划应结合镇域村镇体系中预测的镇区产业发展前景及人口和劳动力的流向趋势,依据小城镇总体规划中确定的镇区人口规模及划定的镇区用地规划发展的控制范围进行制定。

(2)镇区建设规划的期限。镇区建设规划的期限一般为 10~20 年,宜与小城镇总体规划一致。镇区近期建设规划的期限一般为 3~5 年。

二、小城镇规划的工作方法和步骤

小城镇规划的工作方法和步骤详见图 4-4。

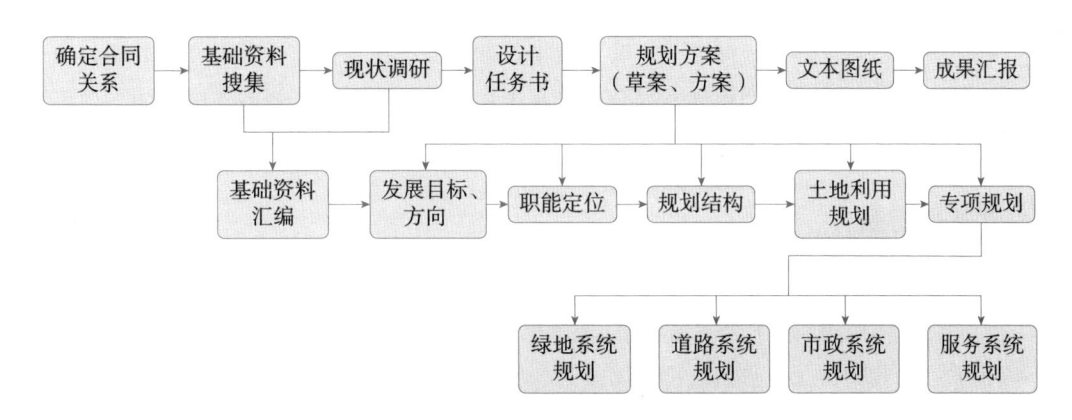

图 4-4 小城镇规划的工作方法和步骤

(一)小城镇总体规划的工作方法和步骤

1. 确定规划范围,搜集整理资料

小城镇总体规划以县域规划与县域乡镇社会经济发展规划为依据,规划范围应与其相适应。

2. 分析研究资料，构思初步方案

(1) 分析研究资料。首先，要确定资料的可靠性，资料是规划工作的基础，如果资料本身不可靠，那么会直接影响规划质量。其次，要注意各类资料相互之间的矛盾，特别是在没有区域规划的情况下，许多专业规划都是根据本专业技术经济要求制定的，相互之间难免存在矛盾。

(2) 研究解决问题的办法，构思初步方案。研究问题解决办法的过程，就是构思初步方案的过程。解决问题的办法、途径不同，产生的方案就不同。例如，乡镇分布集中程度不同，对应的规划方案就不同；重要工业的配置不同，对应的规划方案也不一样；交通网的布置方式不同，也需要规划者构思不同的方案。故初步方案，不应该是一个，而应该是若干个或者许多个。因此，我们在分析研究方案构思的过程中，若产生不同意见，不要强求一致，可以做不同方案的探讨。

(3) 进行多方案比较，确定正式方案。进行多方案比较时，必须从技术上的科学性、经济上的合理性、实施上的可行性等多个方面对每一个方案进行综合分析比较，才能确定较佳方案。然后对选定的方案进行进一步讨论、补充、修改，最终确定正式方案。最终方案必须是在广泛听取当地群众意见的基础上，由当地政府经过充分讨论后才能确立。

3. 绘制图纸，编制说明书

本步骤是小城镇总体规划成果制作阶段。小城镇总体规划的全部内容可通过图纸或说明书的形式反映出来。

（二）镇区建设规划的工作方法和步骤

以小城镇总体规划为依据进一步调查搜集基础资料，在综合分析各类资料的基础上，确定小城镇各项不同功能的用地布局及道路系统和各项工程设施，然后在确定的各项用地上进行详细布置，最后绘制镇区建设规划成果并写出说明书。

> **拓展资源**
> 1.《村镇规划编制办法》(试行)及地方性的村镇规划编制文件
> 2.《城市规划资料集》编委会.城市规划资料集：第3分册 小城镇规划［M］.北京：中国建筑工业出版社，2004.

> **课程知识点**
> 1. 在小城镇规划中，编制的规划依据是从哪几个角度出发的？
> 2. 在小城镇规划中，确定方案之前应该做哪些工作？

本章小结

本章主要介绍了小城镇规划的任务、工作内容以及工作方法和步骤等。小城镇总体规划的工作内容是对小城镇一定时期内发展工作的综合部署。镇区建设规划是小城镇建设和土地开发利用及近期建设项目实施的根本和基础，应做好小城镇总体规划的具体落实工作，包括控制性详细规划和修建性详细规划（建设规划）当中的所有工作内容。每个小城镇的性质、自然环境、现状不同，使得其发展战略、规模和建设速度都不一样。小城镇规划的工作内容随具体情况而变化，不同情况下，规划特点和规划重点各不相同。

本章参考文献

[1] 李光录. 村镇规划与管理 [M]. 北京：中国林业出版社，2014.

[2] 《城市规划资料集》编委会. 城市规划资料集：第3分册 小城镇规划 [M]. 北京：中国建筑工业出版社，2004.

[3] 中华人民共和国建设部. 镇规划标准：GB 50188-2007 [S]. 北京：中国建筑工业出版社，2007.

[4] 汤铭潭. 小城镇规划技术指标体系与建设方略 [M]. 北京：中国建筑工业出版社，2005.

本章练习题

单选题

1. 小城镇规划包括镇区建设规划和（　　）。

A. 小城镇分区规划　　　　　　B. 小城镇总体规划

C. 小城镇详细规划　　　　　　D. 小城镇规划管理

2. 下列选项中，不属于小城镇总体规划的主要内容的是（　　）。

A. 确定城镇体系布局和主要乡镇企业的分布

B. 镇域主要公共建筑的合理配置

C. 综合协调防灾、环境和风景名胜保护等方面的要求

D. 确定道路红线宽度、断面形式和控制点坐标、标高，进行竖向设计，保证地面排水顺利

3. 下列选项中，属于镇区建设规划依据的是（　　）。

A. 县级土地利用总体规划

B. 国民经济各部门的发展计划

C. 小城镇总体规划

D. 当地群众及乡(镇)政府官员对本乡(镇)、村镇建设发展的设想

4. 下列选项中,属于镇区建设规划任务的是(　　)。

A. 研究确定小城镇发展战略

B. 制定建设用地的控制指标

C. 确定城乡基础设施规划原则

D. 拟定新区开发的原则、步骤和方法

5. 镇区建设规划的规划期限为(　　)。

A. 10~20 年　　　　　　　B. 15~25 年

C. 5~10 年　　　　　　　　D. 20~30 年

6. 镇域总体规划的成果不包括(　　)。

A. 镇域体系规划图　　　　B. 镇域位置图

C. 镇域土地利用规划图　　D. 镇区土地利用规划图

第四章练习题参考答案

第五章
小城镇土地利用规划

学习目标

掌握：《镇规划标准》（GB 50188-2007）中镇区用地的分类和代号；人均建设用地的相关内容。

熟悉：小城镇的居住用地、公共设施用地、生产设施及仓储用地、道路广场用地、对外交通用地、绿地等不同的用地性质在小城镇当中的布局方法。

了解：小城镇的居住用地、公共设施用地、生产设施及仓储用地、道路广场用地、对外交通用地、绿地等不同的用地性质在小城镇当中的指标要求和布局原则等内容。

本章导语

随着社会经济的发展、城镇化进程的加快，城镇产业结构的调整，以及城镇各自的经济、社会特征和发展模式的变化，要在符合国家的方针政策，在乡村振兴、城乡一体化、土地管理的前提下，合理利用土地。本章内容是小城镇规划的重点内容，镇区建设用地布局是总体布局当中的核心部分。镇区各项建设用地的选址和布局，应遵循节省建设用地的原则，按照人口的规划数量、自然条件、工程地质条件、空间环境条件、农业用地、产业分析等来进行，以满足生产、生活的要求；应结合近期和远期的发展计划，因地制宜地来确定。建设用地之间是相互联系、相互制约的关系，应用科学的方法把每一块用地相互关联起来，使其成为一个有机的整体。

本章知识导图

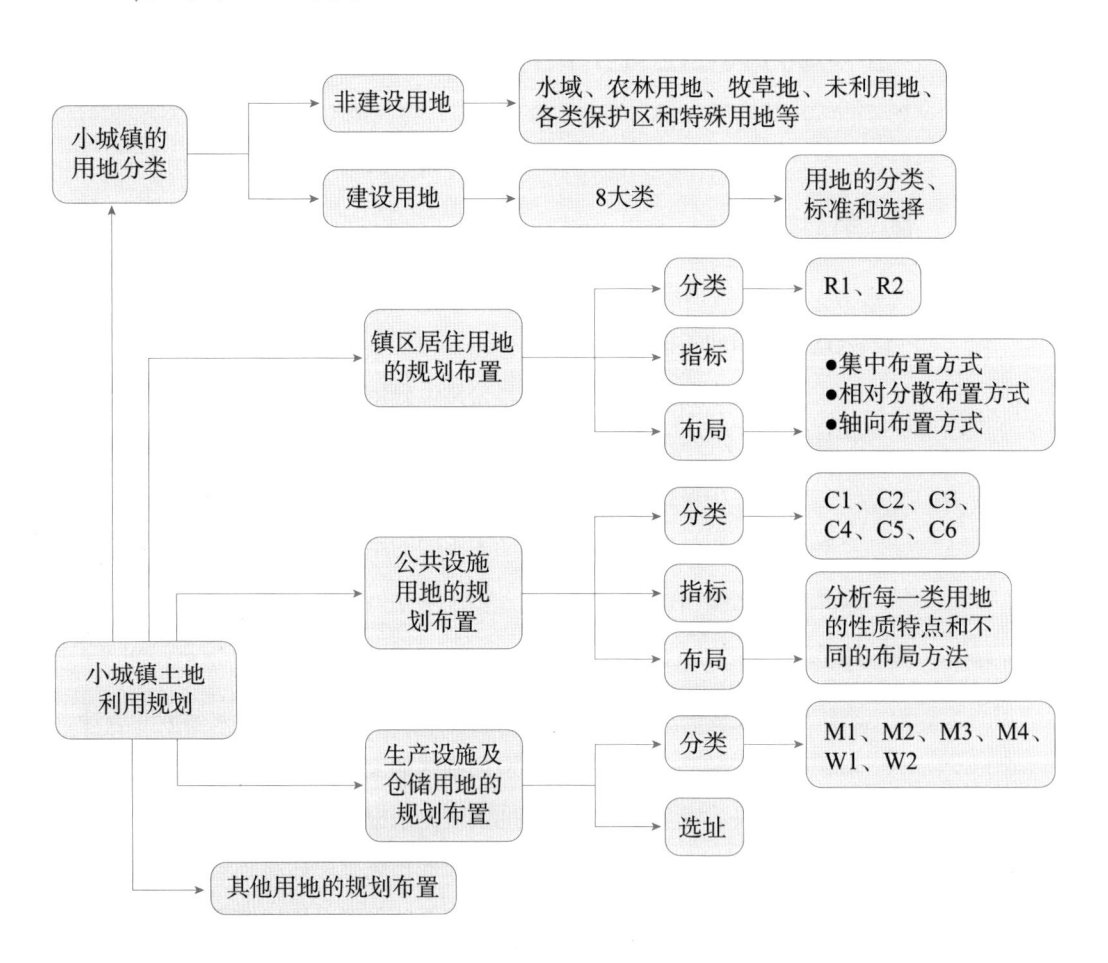

```
                        ┌─ 非建设用地 ─── 水域、农林用地、牧草地、未利用地、
                        │                 各类保护区和特殊用地等
  小城镇的用地分类 ──────┤
                        └─ 建设用地 ───── 8大类 ─── 用地的分类、标准和选择

                        ┌─ 镇区居住用地的规划布置 ┬─ 分类 ─── R1、R2
                        │                         ├─ 指标
                        │                         └─ 布局 ─── ● 集中布置方式
                        │                                     ● 相对分散布置方式
                        │                                     ● 轴向布置方式
                        │
                        ├─ 公共设施用地的规划布置 ┬─ 分类 ─── C1、C2、C3、C4、C5、C6
  小城镇土地利用规划 ────┤                         ├─ 指标
                        │                         └─ 布局 ─── 分析每一类用地的性质特点
                        │                                     和不同的布局方法
                        │
                        ├─ 生产设施及仓储用地的规划布置 ┬─ 分类 ─── M1、M2、M3、M4、W1、W2
                        │                               └─ 选址
                        │
                        └─ 其他用地的规划布置
```

第五章 小城镇土地利用规划

第一节 小城镇的用地分类和用地标准

一、镇区用地分类

按照国家标准《镇规划标准》(GB 50188—2007)(新版标准的修订于 2018 年 4 月发出征求意见稿，具体发布与实施日期待定，请自行扩展阅读)，镇区用地可分为建设用地和非建设用地，共分为 9 大类、30 小类。镇区建设用地按照土地使用的主要性质进行分类，应包括表 5-1 镇区用地分类中的居住用地、公共设施用地、生产设施用地、仓储用地、对外交通用地、道路广场用地、工程设施用地和绿地 8 大类用地之和。非建设用地是指规划范围内的水域、农林用地、牧草地、未利用地、保护区以及特殊用地等。

表 5-1 镇区用地的分类和代号

类别代号		类别名称	范围
大类	小类		
R		居住用地	各类居住建筑和附属设施及其间距和内部小路、场地、绿化等用地，不包括路面宽度等于和大于 6 m 的道路用地
	R1	一类居住用地	以一至三层为主的居住建筑和附属设施及其间距内的用地，含宅间绿地、宅间路用地，不包括宅基地以外的生产性用地
	R2	二类居住用地	以四层和四层以上为主的居住建筑和附属设施及其间距、宅间路、组群绿化用地
C		公共设施用地	各类公共建筑及其附属设施、内部道路、场地、绿化等用地
	C1	行政管理用地	政府、团体、经济、社会管理机构等用地
	C2	教育机构用地	托儿所、幼儿园、小学、中学及专科院校、成人教育及培训机构等用地
	C3	文体科研用地	文化、体育、图书、科技、展览、娱乐、度假、文物、纪念、宗教等设施用地
	C4	医疗保健用地	医疗、防疫、保健、休疗养等机构用地
	C5	商业金融用地	各类商业服务业的店铺，银行、信用、保险等机构，及其附属设施用地
	C6	集贸市场用地	集市贸易的专用建筑和场地，不包括临时占用街道、广场等设摊用地

续表

类别代号 大类	类别代号 小类	类别名称	范围
M		生产设施用地	独立设置的各种生产建筑及其设施和内部道路、场地、绿化等用地
	M1	一类工业用地	对居住和公共环境基本无干扰、无污染的工业，如缝纫、工艺品制作等工业用地
	M2	二类工业用地	二类工业用地对居住和公共环境有一定干扰和污染的工业，如纺织、食品、机械等工业用地
	M3	三类工业用地	三类工业用地对居住和公共环境有严重干扰、污染和易燃易爆的工业，如采矿、冶金、建材、造纸、制革、化工等工业用地
	M4	农业服务设施用地	各类农产品加工和服务设施用地，不包括农业生产建筑用地
W		仓储用地	物资的中转仓库、专业收购和储存建筑、堆场及其附属设施、道路、场地、绿化等用地
	W1	普通仓储用地	存放一般物品的仓储用地
	W2	危险品仓储用地	存放易燃、易爆、剧毒等危险品的仓储用地
T		对外交通用地	镇对外交通的各种设施用地
	T1	公路交通用地	规划范围内的路段、公路站场、附属设施等用地
	T2	其他交通用地	规划范围内的铁路、水路及其他对外交通路段、站场和附属设施等用地
S		道路广场用地	规划范围内的道路、广场、停车场等设施用地，不包括各类用地中的单位内部道路和停车场地
	S1	道路用地	规划范围内路面宽度等于和大于 6 m 的各种道路、交叉口等用地
	S2	广场用地	公共活动广场、公共使用的停车场用地，不包括各类用地内部的场地
U			各类公用工程和环卫设施以及防灾设施用地，包括其建筑物、构筑物及管理、维修设施等用地
	U1	工程设施用地	给水、排水、供电、邮政、通信、燃气、供热、交通管理、加油、维修、殡仪等设施用地
	U2	公用工程用地	公厕、垃圾站、环卫站、粪便和生活垃圾处理设施等用地
	U3	环卫设施用地	U3 防灾设施用地各项防灾设施的用地，包括消防、防洪、防风等
G		绿地	各类公共绿地、防护绿地，不包括各类用地内部的附属绿化用地
	G1	公共绿地	面向公众、有一定游憩设施的绿地，如公园、路旁或临水宽度等于和大于 5 m 的绿地
	G2	防护绿地	用于安全、卫生、防风等的防护绿地

续表

类别代号		类别名称	范围
大类	小类		
E		水域和其他用地	规划范围内的水域、农林用地、牧草地、未利用地、各类保护区和特殊用地等
	E1	水域	江河、湖泊、水库、沟渠、池塘、滩涂等水域，不包括公园绿地中的水面
	E2	农林用地	以生产为目的的农林用地，如农田、菜地、园地、林地、苗圃、打谷场以及农业生产建筑等
	E3	牧草和养殖用地	生长各种牧草的土地及各种养殖场用地等
	E4	保护区	水源保护区、文物保护区、风景名胜区、自然保护区等
	E5	墓地	
	E6	未利用地	未使用和尚不能使用的裸岩、陡坡地、沙荒地等
	E7	特殊用地	军事、保安等设施用地，不包括部队家属生活区等用地

二、镇区建设用地标准

我国幅员辽阔，经济条件和自然地理条件相差较大，各地在制定规划时，可根据节约用地、有利于小城镇发展的原则，从实际需要出发，合理设计。镇区规划的建设用地标准应包括人均建设用地、建设用地比例和建设用地选择三部分。

（一）人均建设用地

人均建设用地指标为规划范围内的建设用地面积除以常住人口数量的平均数值。人口统计应与用地统计的范围相一致。

人均建设用地指标依据《镇规划标准》(GB 50188—2007)分为四级，如表5-2所示。新建镇区的规划人均建设用地指标应按表5-2中的第二级确定。当地处《建筑气候区划标准》(GB 50178—93)中所述的第Ⅰ、Ⅶ建筑气候区时，可按表5-2中的第三级确定。在各建筑气候区内，均不得采用第一级、第四级人均建设用地指标。

表 5-2 人均建设用地指标分级

级别	一	二	三	四
人均建设用地指标 /(m²/人)	>60~≤80	>80~≤100	>100~≤120	>120~≤140

对现有镇区进行规划时，人均建设用地指标应在现状人均建设用地指标的基础上，按表5-3规定的幅度进行调整。第四级用地指标可用于《建筑气候区划标准》（GB 50178-93）所述的第Ⅰ、Ⅶ建筑气候区的现有镇区。地多人少的边远地区的镇区规划，可根据所在省、自治区人民政府规定的建设用地指标确定。

表5-3 规划人均建设用地指标

现状人均建设用地指标/（平方米/人）	规划调整幅度/（平方米/人）
≤ 60	增 0~15
> 60~ ≤ 80	增 0~10
> 80~ ≤ 100	增、减 0~10
> 100~ ≤ 120	减 0~10
> 120~ ≤ 140	减 0~15
> 140	减至 140 以内

注：规划调整幅度是指规划人均建设用地指标对现状人均建设用地指标的增减数值。

（二）建设用地比例

编制镇区建设规划时，应调整各项建设用地的构成比例，其中的居住用地、公共设施用地、道路广场用地以及绿地中的公共绿地这四类用地占建设用地的比例宜符合表5-4的规定。邻近旅游区及绿地较多的镇区，其公共绿地所占建设用地的比例可大于所占比例的上限。

表5-4 建设用地比例

类别代号	类别名称	占建设用地比例 中心镇镇区	占建设用地比例 一般镇镇区
R	居住用地	28%~38%	33%~43%
C	公共设施用地	12%~20%	10%~18%
S	道路广场用地	11%~19%	10%~17%
G1	公共绿地	8%~12%	6%~10%
	四类用地之和	64%~84%	65%~85%

（三）建设用地选择

镇区建设规划的合理布局建立在对用地的自然环境条件、建设条件、现状条件综合分析的基础上，应根据各类建设用地的具体要求，遵循有关用地选择的原则。

1. 镇区用地的影响因素

镇区用地的选择应根据区位和自然条件、土地的数量和质量、现有建筑和工程设施的拆迁和利用、交通运输条件、建设投资、经营费用、环境质量、社会效益以及具有发展余地等因素，经过技术经济比较择优确定。

2. 镇区用地的综合评价

镇区用地的综合评价是进行镇区建设规划的一项必要的基础工作，其主要内容是：在收集、分析、调查各项自然环境条件资料、建设条件和现状条件资料的基础上，按照规划建设的需要，根据发展备用地在工程技术上的可行性和经济性，对用地条件进行综合分析评价，确定用地的适宜程度，为镇区用地的选择和组织提供科学的依据。

评定镇区用地，主要是看用地的自然环境质量是否符合规划和建设要求，根据用地对建设要求的适宜程度划分等级，但必须同时考虑社会经济因素的影响。在镇区建设中最常遇到的是农田占用问题，农田多半是比较适宜的建设用地，如果将农田规划为镇区建设用地，会使我国人多地少的矛盾更加突出。因此，除根据自然条件对用地进行分析外，还必须对农业生产用地进行分析，尽可能利用坡地、荒地、劣地进行修建，少占或不占农田。

镇区用地按照综合分析的优劣条件通常分为以下三类。

第一类，适宜修建的用地，指地形平坦、规整、坡度适宜，地质良好，地基承载力在 0.15 MPa 以上，没有被 20～50 年一遇的洪水淹没的危险的土地。这些地段的地下水位低于一般建筑物基础的砌筑深度，地形坡度小于 10%。因自然环境条件比较优越，这类用地符合镇区各项设施的建设要求，一般不需要或只需稍加采取工程措施即可进行修建。这类用地没有沼泽、冲沟、滑坡和岩溶等现象。从农业生产角度看，这类用地主要应为非农业生产用地，如荒地、盐碱地、丘陵地，必要时可占用一些低产农田。

第二类，基本上可以修建的用地，指采取一定的工程措施，改善条件后才能修建的用地，它对镇区设施或工程项目的分布有一定的限制。属于这类用地的有：地质条件较差，布置建筑物时地基需要进行适当处理的地段；地下水位较高，需要降低地下水位的地段；容易被浅层洪水淹没（深度不超过 1.5 m）的地段；地形坡度在 10%～25% 的地段；修建时需要较大土（石）方工程数量的地段；地面有积水、沼泽、非活动性冲沟、滑坡和岩溶等现象，需采取一定的工程措施加以改善的地段。

第三类，不宜修建的用地，指农业价值很高的丰产农田；地质条件极差（如土质不好，有厚度为 2 m 以上活动性淤泥、流沙，地下水位很高，有较大的冲沟、严重的沼泽和岩溶等地质现象），必须采取特殊工程措施后才能用于建设的用地。这类用地经常受洪水淹没，且淹没深度大于 1.5 m，地形坡度在 25%～30%。

案例　空间管制区划

空间管制区划图如图 5-1 所示。

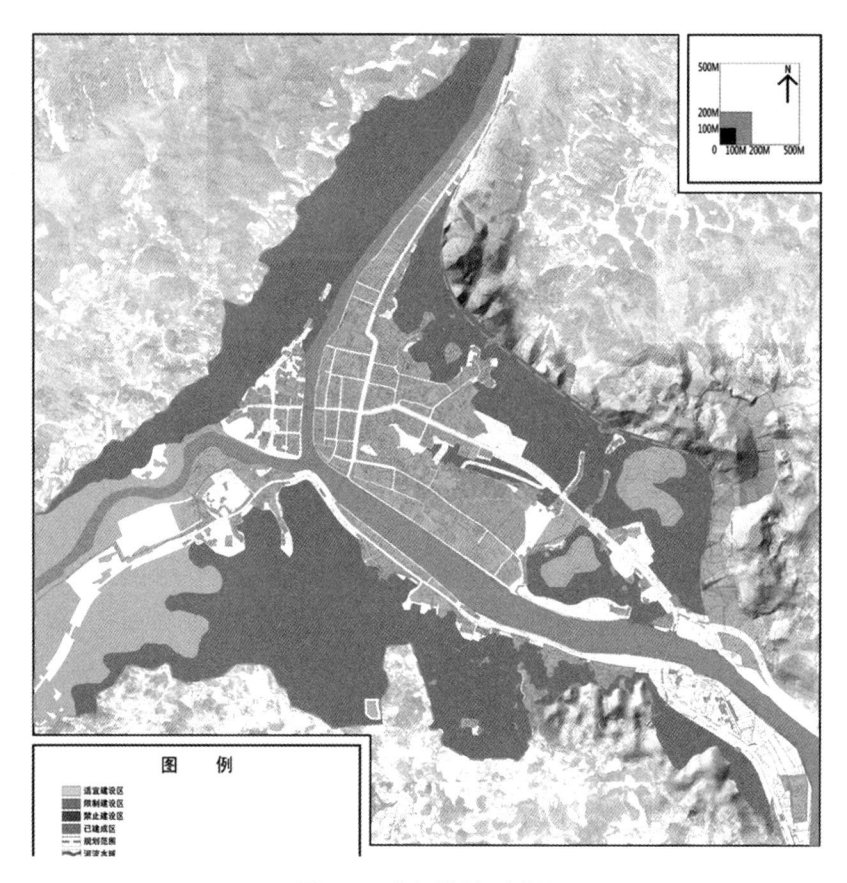

图 5-1　空间管制区划图

案例分析：

(1) 允许建设区：指城乡建设用地规模边界以内的范围，是规划期内新增城镇、工矿、村庄建设用地规划选址的区域，也是规划确定的城乡建设用地指标落实到空间上的预期用地区。

(2) 限制建设区：指城乡建设用地规模边界之外、扩展边界以内的范围。在不突破规划建设用地规模控制指标的前提下，区内土地可以用于规划建设用地的布局调整；在特定条件下，区内土地可作为本级行政辖区范围内城乡建设用地增减挂钩的新建用地。

(3) 管制建设区：指辖区范围内除允许建设区、限制建设区、禁止建设区外的其他区域。

(4) 禁止建设区：指禁止建设用地边界内的空间范围，是具有重要资源、生态、环境和历史文化价值，必须禁止各类建设开发的区域。

3. 镇区用地的选择和布局及规定

镇区用地的选择和布局包括原址改建、扩建和新址选建，主要应从以下四个方面综合考虑：第一，镇区建设用地宜选在水源充足，水质良好，便于排水、通风和地质条件适宜的地段，靠近生产作业区。第二，充分利用原有建设用地，对其进行调整挖潜，同土地利用总体规划相协调。第三，需要扩大用地规模时，宜选择荒地、薄地，不占或少占耕地、林地和牧草地。第四，用地选择，要为合理布局创造条件，选择发展用地，应尽可能与现状或规划的对外交通相结合，使镇区有方便的交通，同时应尽可能避免铁路与公路对镇区的穿插分割和干扰，使镇区布局保持完整。

镇区用地的规定具体包括以下六个方面：第一，应避开受河洪、海潮、山洪、泥石流、滑坡、风灾、发震断裂等灾害影响以及生态敏感的地段。第二，应避开水源保护区、文物保护区、自然保护区和风景名胜区。第三，应避开有开采价值的地下资源和地下采空区以及文物埋藏区。第四，在不良地质地带严禁布置居住、教育、医疗及其他公众密集活动的建设项目。因特殊情况需要布置本条严禁建设以外的项目时，应避免改变原有地形、地貌和自然排水体系，并应制订整治方案和防止引发地质灾害的具体措施。第五，建设用地应避免被铁路、重要公路、高压输电线路、输油管线和输气管线等所穿越。第六，位于或邻近各类保护区的镇区，宜通过规划，减少对保护区的干扰。

> **课程知识点**
> 1. 在建设用地的选择当中较重要的内容有哪些？
> 2. 人均建设用地指标如何分级？如何确定人均建设用地指标？

第二节 小城镇居住用地的规划布置

镇区居住区是维持镇区规模和镇区机能运转的基本活动单元。居住生活的内容和方式，受到社会、经济、文化和自然等多方面因素的制约与影响。基于为镇区居民创造良好的居住环境，不断提高生活质量的目标，镇区居住用地规划，要在小城镇总体规划的发展战略指导下，研究确定居住生活质量及其地域配置的指标，结合城市的资源与环境条件，选择合适的用地，处理好居住用地与其他用地的关系，进行合理的组织与布局，并配置完善的市政与公共设施。尤其要加强绿化规划，注重环境保护，使之具有良好的生态效应与环境质量。

一、镇区居住用地的分类

镇区居住用地指各类居住建筑和附属设施及其间距和内部小路、场地、绿化等用地，不包括路面宽度等于和大于 6 m 的道路用地。镇区居住用地是镇区建设用地的主要部分。按照住宅质量、用地标准、各项关联设施的设置水平和完善程度，以及所处的环境条件等，《镇规划标准》(GB 50188—2007) 将镇区居住用地分成两类，如表 5-5 所示。

表 5-5　我国镇区居住用地分类

类别	说明
一类居住用地	以一至三层为主的居住建筑和附属设施及其间距内的用地，含宅间绿地、宅间路用地；不包括宅基地以外的生产性用地
二类居住用地	以四层和四层以上为主的居住建筑和附属设施及其间距、宅间路、组群绿化用地

二、镇区居住用地的影响因素及指标

镇区居住用地的指标主要包括两个方面：一是居住用地占整个镇区建设用地的比重；二是居住用地的分级以及各组成内容的用地分配与标准。

（一）影响因素

镇区居住用地指标的拟定主要受到下列四项因素的影响。

第一，镇区规模。在居住用地占镇区建设总用地的比重方面，由于中心镇镇区往往生产设施、交通、公共设施等用地的比重较之一般镇镇区高，因此其居住用地比重会低些。同时由于中心镇镇区可能建造较多的多层住宅，人均居住用地指标会比一般镇镇区低。

第二，镇区性质。一般老镇区建筑层数较低，因此居住用地所占比重会高些；新建镇区受产业调整、生活水平提高、城市化程度高等综合因素的影响，其他性质用地占地较大，居住用地比重较低。

第三，自然条件。例如，丘陵或水网地区，因土地可利用率较低，为增加居住用地的数量，应加大该项用地的比重。此外，纬度的高低也会影响居住用地的标准，因为纬度不同，为保证必要的日照时长，住宅必须留出合理间距，由此会造成人均居住用地面积的增加。

第四，小城镇用地标准。各个小城镇的社会经济发展水平不同，加上房地产市场的需求状况不一，住宅建设标准和居住用地指标也会不同。

（二）用地指标

1. 镇区居住用地比重

《镇规划标准》(GB 50188—2007) 规定，中心镇镇区居住用地占镇区建设用地的比例为 28%～38%；一般镇镇区居住用地占镇区建设用地的比例为 33%～43%。可根据小城镇的具体情况取值。

2. 镇区居住用地人均指标

经济发展的不平衡性以及住宅商品化与私有化的程度，会影响居住用地的指标取值。各个小城镇应参照国家标准，同时根据地方的住宅产业发展、土地资源、建设方式等因素，制定适用的地方标准。

案例　A 小城镇居住组团规划（2009—2020 年）

A 小城镇居住组团规划图如图 5-2 所示。

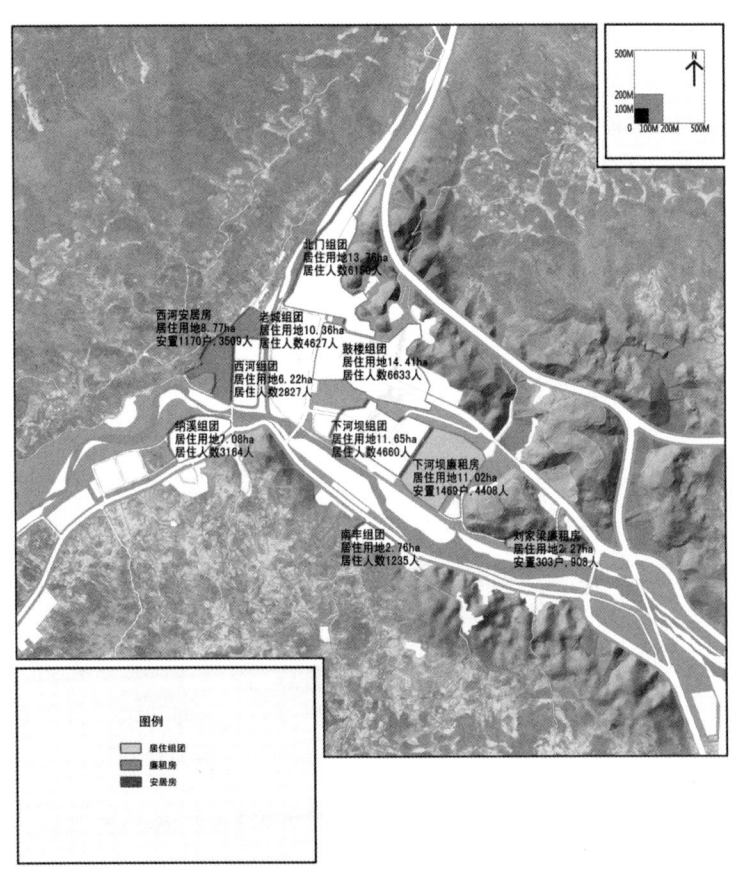

图 5-2　A 小城镇居住组团规划

案例分析：

（1）规划目标：优先保证保障性住房建设，合理确定住房安置政策，严格控制高档商品住宅的发展。原有居住区通过管理和改造，优化居住环境，提升居住区品质。

（2）规划原则：①居住用地尽量完整成片，尽可能选择环境较好的地区，如接近水系、绿地并与就业岗位有方便的交通联系，以创造良好的居住环境。②坚持土地集约原则，规划建设具有合理密度、相对紧凑的住宅区，充分发挥土地资源效益。对原有居住区进行管理和改造，优化居住环境，提升居住区品质。③近期优先保证廉租房、安居房等保障性住房建设，合理确定住房安置政策，严格控制高档商品住宅的发展。

（3）居住用地规划指标：通过2020年规划居住用地的数量占该镇建设总用地的百分比，推算人均居住用地面积；再通过上一节当中所讲的人均建设用地指标来推算用地的规模。

（4）居住用地共由8个居住单元组成。居住区生活配套设施按《城市居住区规划设计标准》(GB 50180—2018)的相关要求进行配置。

该镇居住用地规划布局坚持土地集约原则，相对集中紧凑地布置住宅区。整体布局在形式上形成了"集中式布局"。

通过分析以上的案例，我们会有一个大的疑问，居住用地在小城镇当中到底应该怎么布局才是科学的和合理的？

三、镇区居住用地布局

（一）布局形式

镇区居住用地的分布形态，通常涉及镇区现状的基础构成、自然地理条件、小城镇的功能结构以及小城镇的道路与绿地网络等诸多因素，有时还需要考虑镇区再发展的空间延扩趋向，甚至包括小城镇的整体空间形态架构等。

布局镇区居住用地的空间分布、构成形态及其组织方式，须充分考虑所在地域居民的生活方式(包括习俗、文化)，以及他们对居住生活设施的发展需求。同时按照当地居民的居住行为的特点和对公共设施的使用频度，可以分地段、分需求设置不同居住用地的类型。

镇区居住用地应按照小城镇土地利用布局的整体要求，综合考虑相邻用地的功能、道路交通等因素进行规划，通常有以下三种布局形式。

1. 集中布置方式

当镇区规模不大，有足够的用地，并且用地范围内无自然或人为障碍，可以成片紧凑地组织用地时，规划居住用地可采取集中布置的方式。这种方式可以节约市政基础设施和公共服务设施的投资费用，充分发挥其效能，并可以促进各部分在空间上的密切联系。

2. 相对分散布置方式

当镇区用地受到地形等自然条件限制，或受到镇区的产业分布和道路交通设施的走向与网络的影响时，居住用地可采取相对分散布置方式。相对分散布置的基本原则是在居住用地与工作地点、公共设施等使用频度较高的用地之间，尽量减少镇区内部交通需求量。

3. 轴向布置方式

轴向布置方式是指以中心地区为核心，将居住用地或将产业用地与相匹配的居住用地沿多条由中心向外围放射的交通干线布置时，居住用地依托交通干线，在适宜的出行距离范围内，被赋予一定的组合形态，在沿线集结，呈轴线发展态势。

（二）布局原则

镇区居住用地的布局有以下原则。

(1) 要将居住用地作为镇区土地利用结构的组成部分，协调与整合小城镇总体的功能、空间与环境关系，在规模、标准、分布与组织结构等方面，确定规划的格局与形态。

(2) 要尊重地方文化脉络及居住生活方式，体现生活的秩序与效能，贯彻以人为本的原则。

(3) 要重视居住地域与小城镇绿地开放空间系统的关系，使居民更多地接近自然环境，提高居住地域的生态效益。

(4) 要遵循相关的用地与环境等规范与标准，在为居民创造良好的居住环境的前提下，确定建筑的容量、用地指标，并结合地理的、经济的、功能的因素，提高土地的效用，保证环境质量。

(5) 布局镇区居住用地的组织与规模，要综合考虑与镇区公共设施用地布局的关系，尤其是应充分发挥与教育机构用地、医疗保健用地的双赢共建关系，为土地市场化开发利用提供支持。

四、镇区居住用地的选址

镇区居住用地的选址应有利生产、方便生活，具有适宜的卫生条件和建设条件，并应符合以下规定。

(1) 应布置在大气污染源的常年最小风向频率的下风向以及水污染源的上游。

(2) 应与生产劳动地点联系方便，又不相互干扰。

(3) 位于丘陵和山区时，应优先选用向阳坡和通风良好的地段。

镇区居住用地重新选址应注意新址与旧镇区的整体关系。镇区新居住用地应充分依托旧镇区，利用原有设施，尊重镇区原有社会生活结构和空间结构，延续小城镇的人文历史、风土文化、生活习俗，保护历史文化名镇、历史街区和民居建筑的原生格局。

> **课程知识点**
>
> 1. 镇区居住用地分为几类？分类的标准是什么？
> 2. 镇区居住用地布局的三种形式分别适合什么规模、性质的小城镇？
> 3. 镇区居住用地的影响因素和指标是什么？

第三节 小城镇公共设施用地的规划布置

镇区公共设施的内容与规模能够在一定程度上反映出小城镇的性质、物质生活与文化生活水平以及小城镇的发展程度。镇区公共设施的内容设置及其规模大小与小城镇的职能和人口规模相关联。有些公共设施（公益性设施）的配置与人口规模密切相关且具有地方性；有些公共设施与小城镇的职能相关，与小城镇人口规模关联不大。例如，一些旅游型乡镇的交通、商业服务等设施，多为外来游客服务，具有地方性，而学校等公共设施则兼具这两种情况。

小城镇公共设施系统的整体布置与组合形态，是小城镇布局结构的重要构成要素和形态表现，能够展示小城镇的形象特征，丰富小城镇的景观形态。

城乡一体化发展，城市化与现代化进程加快，文化交流频繁等因素，都会影响人们的生活观念与生活方式，并在公共设施的概念及其配置与布局方式等方面得以体现。

一、公共设施用地的分类

（一）按使用性质分类

《镇规划标准》（GB 50188—2007）规定，公共设施用地是指各类公共建筑及其附属设施、内部道路、场地、绿化等用地，按其使用性质可细分为行政管理用地、教育机构用地、文体科技用地、医疗保健用地、商业金融用地和集贸市场用地六个小类。

(1) 行政管理用地：政府、团体、经济、社会管理机构等用地。

(2) 教育机构用地：托儿所、幼儿园、小学、中学及专科院校、成人教育及培训机构等用地。

(3) 文体科技用地：文化、体育、图书、科技、展览、娱乐、度假、文物、纪念、宗教等设施用地。

(4) 医疗保健用地：医疗、防疫、保健、休疗养等机构用地。

(5) 商业金融用地：各类商业服务业的店铺，银行、信用、保险等机构，及其附属设施用地。

(6) 集贸市场用地：集市贸易的专用建筑和场地，不包括临时占用街道、广场等设摊用地。

（二）按公共设施的服务范围分类

镇区是整个镇域范围内的社会、经济、生产、生活、文化等的中心，其公共设施按照服务等级序列，相应地分为镇域级公共设施和镇区级公共设施。各类公共设施不是都必须分级设置，是否分级要根据公共设施的性质和居民使用情况而定。

二、镇区公共建筑项目及配置

根据小城镇的规模、性质以及小城镇周围的自然、经济环境，小城镇规划应结合小城镇社会、经济、文化的公共需求和经营管理的要求，进行公共建筑项目的内容、规模配置，镇区公共建筑项目配置如表5-6所示。

表5-6 镇区公共建筑项目配置

类别	项目	中心镇	一般镇
行政管理	党政、团体机构	●	●
	法庭	○	—
	各专项管理机构	●	●
	居委会	●	●
教育机构	专科院校	○	—
	职业学校、成人教育及培训机构	○	○
	高级中学	●	○
	初级中学	●	●
	小学	●	●
	幼儿园、托儿所	●	●

续表

类别	项目	中心镇	一般镇
文体科技	文化站(室)、青少年及老年活动中心	●	●
	体育场馆	●	○
	科技站	●	○
	图书馆、展览馆、博物馆	●	○
	影剧院、游乐健身场	●	○
	广播电视台(站)	●	○
医疗保健	计划生育站(组)	●	●
	防疫站、卫生监督站	●	●
	医院、卫生院、保健站	●	○
	休疗养院	○	—
	专科诊所	○	○
商业金融	百货店、食品店、超市	●	●
	生产资料、建材、日杂商店	●	●
	粮油店	●	●
	药店	●	●
	燃料店(站)	●	●
	文化用品店	●	●
	书店	●	●
	综合商店	●	●
	宾馆、旅店	●	○
	饭店、饮食店、茶馆	●	●
	理发馆、浴室、照相馆	●	●
	综合服务站	●	●
	银行、信用社、保险机构	●	○
集贸市场	百货市场	根据小城镇的特点和发展需要设置	
	蔬菜、果品、副食市场		
	粮油、土特产、畜、禽、水产市场		
	燃料、建材家居、生产资料市场		
	其他专业市场		

注：表中●表示应设的项目，○表示可设的项目，—表示不用设置的项目。

三、公共设施用地的指标

公共设施用地指标的确定是镇区建设规划技术经济工作的重要内容之一。它直接关系镇区甚至全镇域居民的生活质量，同时对小城镇的经济产生一定影响，特别是一些大型公共设施指标的确定对小城镇的发展具有重要的经济意义。

《镇规划标准》（GB 50188—2007）规定，中心镇镇区的公共设施用地占镇区总建设用地的 12%～20%，一般镇镇区的公共设施用地占镇区总建设用地的 10%～18%。

（一）公共建筑配建指标的影响因素

小城镇公共建筑配建指标，既是小城镇社会经济发展水平的一个表现方面，又是小城镇经济建设和有关管理的依据。确定公共建筑配建指标是小城镇规划的重要内容之一，是进行小城镇公共建筑规划布置、公共建筑建设量预测的重要前提，也是公共建筑单体设计和建设管理的主要依据。

影响公共建筑配建指标的主要因素有以下三个方面。

(1) 小城镇的性质和人口规模。小城镇的性质和人口规模是影响小城镇公共建筑配建指标的主要因素之一。不同人口规模、不同性质的小城镇，对幼儿园、中小学校、医疗、商业服务、文化娱乐等公共建筑需求的侧重点和规模要求会有所差别，具体体现为需要配建的公共建筑项目和数量有所不同。

(2) 经济条件和小城镇居民生活水平。各地区的社会经济条件和居民的实际生活水平，是影响小城镇公共建筑规模的主要因素。

(3) 地区风土文化。我国地域辽阔、民族众多，自然地理条件差异很大，各地的民族风俗、生活习惯等也都有很大差别。因此，各地的公共建筑项目设置及相应的指标、规模等应有所不同，以适应不同地区的需要。

除上述三项以外，社会、经济、自然、人文等因素也会影响公共建筑配建指标的确定。要在满足实际发展需要的基础上，通过充分的调查研究，全面、合理地制定具体可行的小城镇公共建筑标准。

（二）各类公共建筑用地面积标准

各地建设标准各不相同，经济发展水平也不平衡，小城镇的公共建筑定额指标也不相同。目前，全国没有统一的标准。各地各类公共建筑用地的规划设计应根据本地区的具体情况和发展水平，参考同类地区的指标或建设经验，结合实际情况具体拟定。

各类公共建筑用地面积标准可参考表 5-7。

表 5-7　各类公共建筑用地面积标准

镇等级	规划人口规模/人	各类公共建筑用地面积标准/(平方米/人)					
		行政管理	教育机构	文体科技	医疗保健	商业金融	集贸市场
中心镇	10 001 以上	0.3~1.5	2.5~10.0	0.8~6.5	0.3~1.3	1.6~4.6	根据赶集人数、经营种类计算用地面积
	3 001~10 000	0.4~2.0	3.1~12.0	0.9~5.3	0.3~1.6	1.8~5.5	
	3 000 以下	0.5~2.2	4.3~14.0	1.0~4.2	0.3~1.9	2.0~6.4	
一般镇	3 001 以上	0.2~1.9	3.0~9.0	0.7~4.1	0.3~1.2	0.8~4.4	
	1 001~3 000	0.3~2.2	3.2~10.0	0.9~3.7	0.3~1.5	0.9~4.6	
	1 000 以下	0.4~2.5	3.4~11.0	1.1~3.3	0.3~1.8	1.0~6.4	

（三）公共建筑规划布置的基本要求

进行小城镇公共建筑规划布置可参考以下基本要求。

(1) 整体性、系统性的要求。镇区的公共建筑应满足整体性和系统性的要求。

(2) 充分利用原有设施。公共建筑的布置要充分利用小城镇原有设施。

(3) 服务半径的要求。各类公共建筑应有合理的服务半径。根据服务半径确定其服务范围大小及服务人数的多少，以此推算出公共建筑的规模。

(4) 道路交通布局的要求。公共建筑的分布要结合小城镇交通组织来考虑。公共建筑是人流、车流集散的地方，要从其使用性质和交通的状况，结合小城镇道路系统一并安排。

(5) 对用地和环境的要求。应根据公共建筑本身的特点及其对环境的要求进行布置。

(6) 景观要求。公共建筑布置要考虑小城镇景观组织的要求。

四、公共设施用地布局

（一）行政管理用地布局

行政管理类建筑包括乡镇党政机关、管理机构、社会团体机构、法庭等。历史上乡镇多将官府设置在镇区中轴线上，以显示其权威和主导作用。其规划布置形式主要有：①集中式。集中式规划布置形式主要指将行政管理类的建筑集中布置在镇区中心，各类型的办公建筑空间距离较近。②分散式。分散式规划布置形式是指将行政管理类建筑分散布置在镇区内。

行政管理类建筑的布局形式主要有：①院落围合式。以政府办公楼为中轴线，法庭、建设管理部门、土地管理部门、农林管理部门、水电管理部门、工商税务部门、粮管所等单位环抱中心广场布置，从而形成宁静、优美的办公环境。②沿街道路布置。沿街道路布置一般可分为两种——沿街道路两侧布置和沿街道路一侧布置。

（二）教育机构用地布局

1. 幼儿园、托儿所的布置

幼儿园、托儿所是与成人活动密切相关的公共建筑，根据幼儿的活动特性和家长接送便捷的要求，一方面，幼儿园、托儿所要设置在环境安静、接送方便的地段上；另一方面，幼儿园、托儿所要与儿童游戏场地结合起来考虑，并充分注意到道路交通的安全性和对居民的影响。一般幼儿园、托儿所的规划布置采用以下三种基本形式。

(1) 集中布置在镇区中心。可结合镇区中心绿地布置，其优点是环境条件好、服务半径小、接送方便。该方法适用于镇区规模不大的情况。

(2) 分散布置在住宅组团内。可靠近中心绿地分散布置在住宅组团内，但当有两个以上住宅组团共同使用时，因其服务半径大，一部分居民使用不太方便。

(3) 分散布置在住宅组团之间。这种布置兼顾各组团，常可结合道路系统布置，居民接送幼儿方便，服务半径较为合理。

2. 中小学的布置

学校应设有单独的专门校园，规划应保证学生特别是小学生能就近上学。小学一般以 6～12 个班为宜，服务半径一般可为 0.5～1 km。中学以 12～18 个班为宜，服务半径一般可为 1～1.5 km。

中小学在镇区中的规划布置主要有以下三种形式。

(1) 布置在镇区拐角。该布置形式服务半径大，并可兼顾相邻地区，但学生行走路线长，对居民干扰大。

(2) 布置在镇区一侧。该布置形式服务半径小，并可兼顾相邻地区，对居民干扰少。

(3) 布置在镇区中心。该布置形式服务半径小，常可结合中心绿地设置，对居民有一定干扰。

（三）文体科技用地布局

文体科技类建筑包括文化站(室)、影剧院、体育场、游乐健身场、青少年活动中心、老年活动中心、图书馆、科技中心(站)、纪念馆、展览馆、农科所等。小城镇文体科技类建筑的设置应以《镇规划标准》(GB 50188—2007) 的相关规定为依据，公益性公共设施应强制建设，可选项目则根据小城镇发展需要灵活设置。

（四）医疗保健用地布局

医疗保健类建筑包括计划生育站(组)、卫生监督站、防疫站、医院、卫生院、休疗养院、专科诊所等。随着人们生活水平的不断提高,人们对健康保健的需求不断增加,应在镇区设立设备较好、科目齐全的医院。医院规模应按照小城镇人口规模配置,按照国家医疗体系中的配置级别要求,在不同区域范围内配置相应的医疗保健设施,满足小城镇居民使用的需求。

(五) 商业金融用地布局

小城镇商业金融服务设施的布置,一般情况下有以下三种形式。

(1) 沿镇区中心道路的两侧布置。

(2) 沿中心道路的一侧布置。

(3) 混合布置。规模较大、设施较齐全的小城镇可以将商业金融设施集中布置,形成一定的商业金融中心,以便达到一定的层次和规模;将一般日常的商业服务网点分散布置,方便居民日常使用。

(六) 集贸市场用地布局

集贸市场和人们的生活密切相关,是人们买卖生产生活资料的主要场所,如居民购买肉食、蔬菜、水果,商贩销售农副产品。因此,集贸市场的规划布置应符合人们的购买习惯和销售习惯。目前,集贸市场已趋近日常化、专业化,应开辟固定场地,建成专用设施。

1. 集贸市场的类型与活动特点

根据经营品种的不同,集贸市场可细分为粮油、副食、百货、土特产、柴草、家具、农业机具、牲畜禽类等市场。规模小的小城镇一般设综合型市场,货品按照类型不同分区布置;规模大的小城镇结合其职能性质设置独立的专业化市场,专业化市场以经营某一类或几类品种为主,如建材市场、家具市场、牲畜市场等。根据交易时间的不同,集贸市场分为临时市场和固定市场。

2. 集贸市场用地的选址

集贸市场用地的选址应有利于人流和商品集散,并不得占用公路、主要干路、车站、码头、桥头等交通量大的地段,不应布置在文体、教育、医疗机构等人员密集场所的出入口附近和妨碍消防车辆通行的地段。影响镇容环境和易燃易爆的商品市场,应设在镇区的边缘,并应符合卫生、安全防护的要求。

3. 集贸市场用地的面积

集贸市场用地的面积应按平时集市的规模确定,大集时应安排好临时占用的场地,休集时考虑设施和用地的综合利用。

场地规模可按平时集市的高峰人数来计算。摊位设施的规划设计应符合表 5-8 所示的设计指标。

表 5-8　摊位设施的规划设计指标

摊位指标		商品类别						
		粮油、副食	蔬菜、果品	百货、服装、土特产、日杂	小型建材、家居、生产资料	小型餐饮、服务	废旧物品	牲畜
摊位面宽/(米/摊)		1.5~2.0	2.0~2.5	2.0~3.0	2.0~4.0	2.5~3.0	2.5~4.0	—
摊位进深/(米/摊)		1.8~2.5	1.5~2.0	1.5~2.0	2.5~3.0	2.5~3.5	2.0~3.0	—
购物通道宽度/(米/摊)	单侧摊位	1.8~2.2	1.8~2.2	1.8~2.2	2.5~3.5	1.8~2.2	2.5~3.5	1.8~2.2
	双侧摊位	2.5~3.0	2.5~3.0	2.5~3.0	4.0~4.5	2.5~3.0	4.0~4.5	2.5~3.0
摊位占地指标/(平方米/摊)	单侧摊位	5.5~9.0	6.5~10.5	6.5~12.5	15.5~26.0	11.0~17.0	12.5~26.0	6.5~18.0
	双侧摊位	3.5~5.5	4.0~6.0	4.0~7.5	11.0~21.0	6.5~10.0	11.0~21.0	4.0~10.5
摊位容纳人数/(人/摊)		4.0~8.0	6.0~12.0	8.0~16.0	4.0~8.0	6.0~12.0	6.0~10.0	3.0~6.0
人均占地指标/(平方米/人)		0.9~1.2	0.7~0.9	0.5~0.9	1.5~3.0	1.1~1.7	1.3~2.6	1.3~3.0

注：1. 本表面积指标主要用于零售摊位。
2. 市场内共用的通道面积不计算在内。
3. 摊位容纳人数包括购物、售货和管理等人员。

4. 集贸市场用地的布置形式

集贸市场用地应根据市场类型和辐射范围进行布置，服务镇区的市场应选择靠近镇区中心的位置，同时又要设在居民进出方便、顺路的地方。

集贸市场用地的布置形式可归纳为以下三种。

(1) 路边布置。

(2) 集贸市场街。集贸市场街是路边布置的高一级形式，是指在镇区中单独辟出的街道，或一条新建的街。

(3) 场院式布置。场院式布置即辟出单独的空地、广场，将其作为农贸市场。

在镇区中，集贸市场是比较稳定的市场，设有固定摊位，地面要便于清洗，内部道路保持畅通；设棚架遮挡风雨；场院的布置，应有一定的分区，把蔬菜、果品、水产、肉类等分类设置并使其保持相对集中，便于人们选购，保证各类商品之间不相互干扰；购物路线的组织应明确、清晰。

案例　A 小城镇公共设施用地规划(2009—2020)年

A 小城镇公共设施用地规划图如图 5-3 所示。

案例分析：

A 小城镇公共设施用地规划要求：形成等级完善、功能齐全、配套合理的公共服务设施网络，满足该镇居民及游客对各项服务设施的需求。设施布置与城市交通、景观、旅游等设施相协调，创造良好的城市景观。在满足使用需求的基础上，合理集约利用土地，提高土地使用的经济效益。

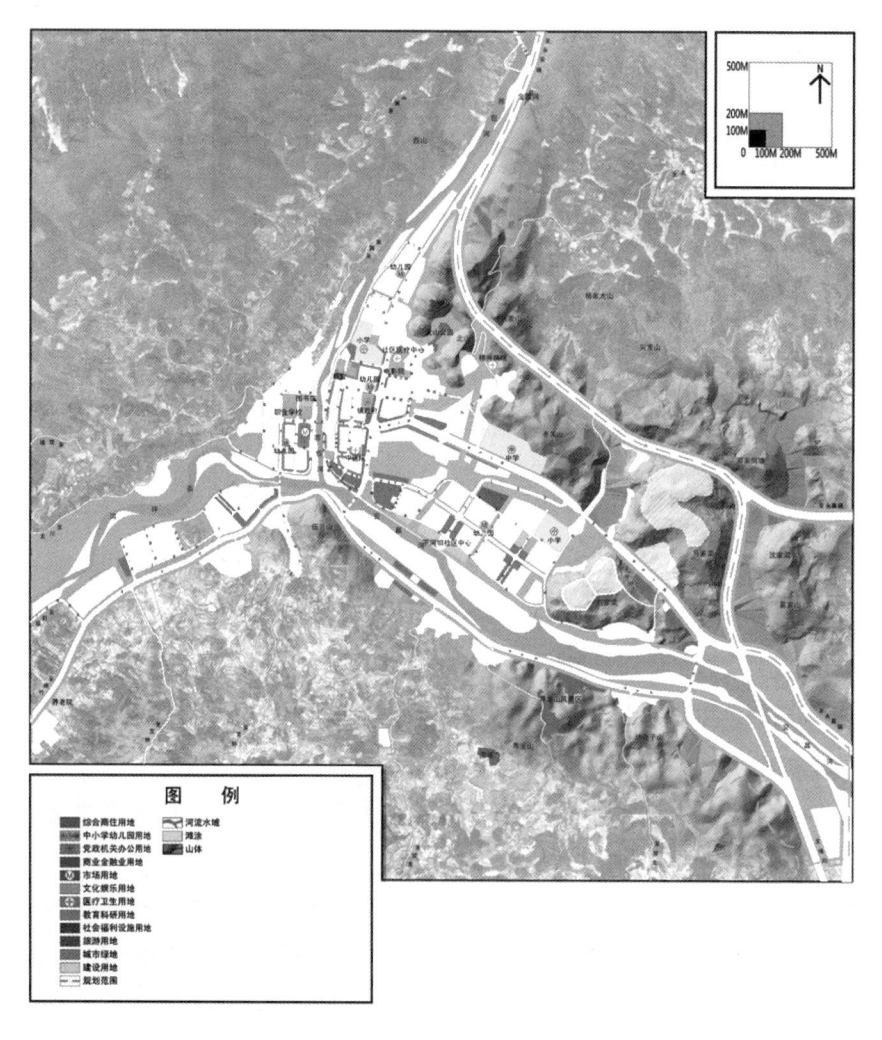

图 5-3　A 小城镇公共设施用地规划图

该镇公共设施用地布局：①行政管理用地：该案例的布局形式属于行政管

理用地规划布置形式中的"集中式"布局。其优势在于形成了一个行政办公片区，加强了各类行政办公行业之间的联系。②商业金融用地：这种布局形式属于商业金融用地布置形式中的"沿中心道路的一侧布置"。这种布置形式不仅能丰富街景，而且能避免居民穿越马路。③教育机构用地：该案例中，幼儿园的布置形式属于"分散布置在住宅组团之间"。这种布置可以方便家长接送幼儿。中小学的布置形式属于教育机构用地布置形式中的"布置在镇区一侧"。该布置形式可兼顾相邻地区，对居民的干扰较少。④医疗保健用地：实现医疗卫生资源的合理配置，构筑覆盖城乡的医疗卫生服务网络。⑤文体科技用地：配置适当的文化设施内容。⑥集贸市场用地：在相关道路围合地块的中部辟出单独的空地、广场，布置农贸市场。这种布局形式属于集贸市场用地布置形式中的"场院式布置"。其优势在于较之路边布置易于管理，不影响镇区道路交通和沿街商业的营业，且对居民干扰较少。⑦其他公益性服务设施用地：镇内现有三个宗教活动场所。规划保存现有设施并制定改造措施，美化周边环境。

> **课程知识点**
>
> 1. 镇区公共设施用地可分为哪几类？
> 2. 对镇区公共设施用地布局的要求可分别从哪几个方面来进行描述？
> 3. 幼儿园、托儿所是怎样布局的？请举例说明。
> 4. 集贸市场的布局需要考虑哪些因素？

第四节 小城镇生产设施及仓储用地的规划布置

一、生产设施及仓储用地的分类

（一）生产设施用地的分类

按照生产设施对居住和公共环境的干扰及对环境的污染程度，《镇规划标准》(GB 50188—2007)将镇区生产设施用地分为一类工业用地、二类工业用地、三类工业用地和农业服务设施用地四类，如表5-9所示。

表 5-9　镇区生产设施用地分类

类别代号	类别名称	范围
M	生产设施用地	独立设置的各种生产建筑及其设施和内部道路、场地、绿化等用地
M1	一类工业用地	对居住和公共环境基本无干扰、无污染的工业，如缝纫、工艺品制作等工业用地
M2	二类工业用地	对居住和公共环境有一定干扰和污染的工业，如纺织、食品、机械等工业用地
M3	三类工业用地	对居住和公共环境有严重干扰、污染和易燃易爆的工业，如采矿、冶金、建材、造纸、制革、化工等工业用地
M4	农业服务设施用地	各类农产品加工和服务设施用地；不包括农业生产建筑用地

（二）仓储用地的分类

镇区仓储用地有多种分类方法，按照《镇规划标准》(GB 50188—2007)，其可分为两类，如表 5-10 所示。

表 5-10　镇区仓储用地分类

类别代号	类别名称	范围
W	仓储用地	物资的中转仓库、专业收购和储存建筑、堆场及其附属设施、道路、场地、绿化等用地
W1	普通仓储用地	存放一般物品的仓储用地
W2	危险品仓储用地	存放易燃、易爆、剧毒等危险品的仓储用地

1. 普通仓储用地

普通仓储用地是存放一般物品的仓储用地。从小城镇的卫生安全角度，普通仓储用地可按储存货物的性质和设备特征分为：①一般性综合仓库。这类仓库的技术设备比较简易，储存货物的物理、化学性质比较稳定，互不干扰；②特种仓库。这类仓库可储存对交通、设备、用地有特殊要求，或对小城镇卫生、安全有一定影响的货物，如蔬菜、粮、油、燃料、建筑材料等。

2. 危险品仓储用地

危险品仓储用地是存放易燃、易爆、剧毒等危险品的仓储用地。从使用的角度，危险品仓储用地可按仓库的职能分为四类。

(1) 储备仓库。储备仓库保管储存国家或地区的储备物资，如粮食、工业品、设备等。它们主要不是为小城镇服务，其物资的流动性不大，但一般规模较大，要求对外交通便利。

(2) 转运仓库。转运仓库专为物资中转做短期存放的仓库，不需要做货物的加工包装，但需与对外交通设施密切配合，有时也可作为对外交通用地的组成部分。

(3) 供应仓库。供应仓库主要存储为小城镇生产、生活服务的生产资料与居民日常生活消费品，不仅存储物资，有时还可作为货物加工包装的场地。

(4) 收购仓库。这类仓库主要是把收购的零星物资暂时储存，再集中批发转运出去，如农副产品等。

二、生产设施用地的选址与规划布局

（一）生产设施用地的选址

1. 工业用地的选址

工业用地应根据其生产经营的需要和对生活环境的影响程度进行选址和布置，并应符合下列规定：一类工业用地可布置在居住用地或公共设施用地附近；二、三类工业用地应布置在常年最小风向频率的上风侧及河流的下游，并应符合《村镇规划卫生标准》(GB 18055—2012)的有关规定；新建工业项目应集中建设在规划的工业用地中，已造成污染的二、三类工业项目必须迁建或调整转产。

2. 农业服务设施用地的选址

农业服务设施用地的选址应符合下列规定：农机站、农产品加工厂等的选址应方便作业、运输和管理；养殖类的生产厂（场）等的选址应满足卫生和防疫要求。

（二）生产设施用地的规划布局

> **案例　B 小城镇镇区用地规划（2010—2030 年）**
>
> B 小城镇镇区用地规划如图 5-4 所示。
>
> **案例分析：**
>
> 某工业园的工业用地集中布置在基地的西侧与北侧。整体结构规划为"两轴、一核心、两组团"。"两轴"指该工业园发展主轴线。东西轴线为该工业园小康路，南北轴线为唐庄工业园农业路。"一核心"指中部的生活组团核心。"两组团"中一处为位于基地西侧的综合制造产业组团，一处为位于基地东部的综合居住组团。
>
> 该小城镇的工业用地与居住用地既有平行布置的关系，又有垂直布置的关系。因此，工业用地与居住用地的位置关系属于"混合布置形式"。
>
> 从小城镇整体布局来看，工业用地与其他用地呈交叉布置。

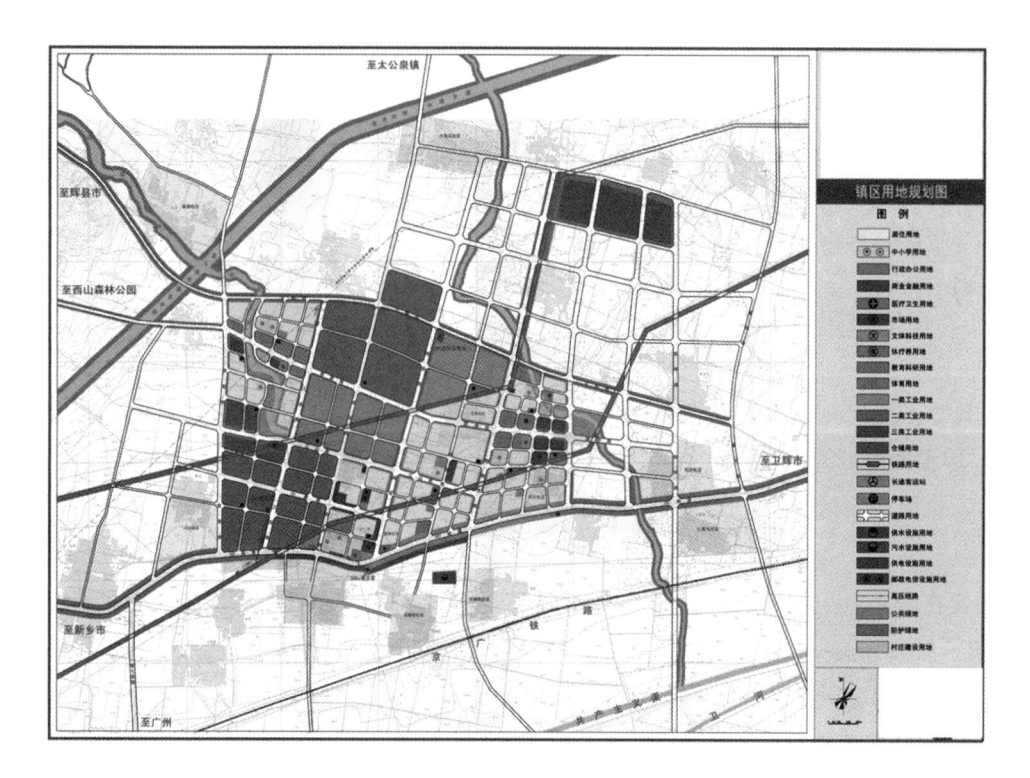

图 5-4　B 小城镇镇区用地规划

1. 工业用地的布置

工业用地主要有以下三种布置形式。

(1) 工业用地包围镇区。工业用地分散在镇区的周围,并按工业性质和污染程度,均匀地、合理地布置;镇区内部有若干工业用地和分散的工业点。这种布置形式可以避免工业的大量运输对镇区的干扰。但由于工业用地将镇区包围起来,被包围用地没有向外发展的空间,或小城镇发展后又形成新的工业包围区,造成相互干扰的局面。

(2) 工业用地与其他用地呈交叉布置。工业用地布置结合地形,与其他用地呈交叉布置。这种布置形式有利于充分利用地形。政府根据工业企业污染的情况,考虑风向和河流上下游的关系,将对水体污染严重的工业用地布置在下游,将废气污染严重的企业根据当地常年盛行风向布置在下风向位置,使各工业企业各得其所。但要注意组织好交通,否则会出现各工业企业相互干扰的情况。

(3) 组团式布置。在小城镇总体布局中,根据规划布置意图将小城镇划分成几个规划分区,每一分区组团中既有工业企业,又有居住区。组团式布置使生产与生活有机结合。

2. 工业用地的规划原则

工业用地的规划主要包括以下四项原则。

(1) 坚持工业用地建设与小城镇规划相结合的原则，科学、合理地建设工业用地，以特色工业用地建设带动小城镇建设，展示小城镇形象。

(2) 工业用地规划布局必须密切结合现时、现地的自然环境条件，对现有的道路与基础设施尽可能地加以利用，发挥已建设施的使用潜力；完善小城镇基础设施；努力提高土地使用价值，合理确定土地开发强度，注意节约用地，不占用基本农田；有效配置工业用地的空间资源，充分优化工业用地结构，综合布置各项建设用地。

(3) 结合地域资源优势和地理条件，因地制宜形成产业，依靠特色和优势提高竞争力，突出主导产业，推进工业化进程，优先发展高新技术产业和外向型产业。

(4) 生产设施用地布局应与市域城镇体系规划协调一致，与市域工业结构的总体思路一致；根据工业区建设中的实际情况，将近期、远期建设相结合，为后续的发展留有一定的余地。

3. 农业服务设施用地的布置

农业服务设施用地的布置应符合下列规定：农机站、农产品加工厂等的布置应方便作业、运输和管理；养殖类的生产厂（场）等应布置在镇区和村庄常年盛行风向的侧风位和通风、排水条件良好的地段，并符合《村镇规划卫生标准》（GB 18055—2012）的有关规定；兽医站应布置在镇区的边缘。

三、仓储用地的选址与规划原则

（一）仓储用地的选址

仓库用地的选址应符合以下四项规定。

(1) 应按存储物品的性质和主要服务对象进行选址。

(2) 宜设在镇区边缘及交通方便的地段。

(3) 性质相同的仓库宜合并布置，共建服务设施。

(4) 粮、棉、油类、木材、农药等易燃易爆和危险品仓库严禁布置在镇区人口密集区，与生产建筑、公共建筑的距离应符合环保和安全的要求。

（二）仓储用地的规划原则

(1) 满足仓储用地的一般技术要求。仓储用地的一般技术要求为：①地势高，地形平坦，有一定坡度，利于排水。②地下水位不能太高，不能将仓库布置在潮湿的洼地上。

(2) 有利于交通运输。仓库用地必须以接近货运需求量大或供应量大的地区为原则，应合理组织货区，提高车辆利用率，减少空车行驶里程，更好地为生产、生活服务。大型仓库必须考虑铁路运输以及水运条件。

(3) 有利于建设和经营使用。不同类型和不同性质的仓库最好分别布置在不同的地段，同类仓库尽可能集中布置。

(4) 节约用地，但有一定发展余地。仓库的平面布置必须集中紧凑，提高建筑层数，采用竖向运输与储存的设施，如粮食采用筒仓以及其他各种多层仓库等。

(5) 沿河布置仓库时，必须留出岸线，以满足居民生活、游憩的需要。与小城镇没有直接关系的储备、转运仓库应布置在镇区或居住区以外的河（海）岸边。

(6) 注意小城镇环境保护，防止污染，保证小城镇安全。仓储用地与居住用地之间的卫生防护绿化带宽度标准，如表5-11所示；易燃和可燃液体仓库的隔离地带宽度标准，如表5-12所示。

表5-11　仓储用地与居住用地之间的卫生防护绿化带宽度标准

仓库种类	绿化带宽度/m
水泥供应仓库、可用废品仓库、起灰尘的露天堆场	300
非金属建筑材料供应仓库、劈柴仓库、煤炭仓库、未加工的二级无机原料临时储藏仓库、500 m² 以上的藏冰库	100
蔬菜、水果储藏库，600 t 以上的批发冷藏库，建筑与设备供应仓库（无起灰材料），木材贸易和箱桶装仓库	50

注：各类仓库距疗养院、医院和其他医疗机构的距离，按国家卫生监督机关的要求，可按上列数值增加0.5~1倍。

表5-12　易燃和可燃液体仓库的隔离地带宽度标准

分布	隔离地带宽度/m	
	600 m² 以上仓库	600 m² 以下仓库
至厂区边界	200	100
至居住街坊边界	200	100
至铁路港口用地边界	50	40
至码头边界	125	75
至不燃材料露天堆场边界	20	20

💬 课程知识点

1. 生产设施用地分为几类？分类的标准是什么？
2. 仓储用地分为几类？分类的标准是什么？
3. 生产设施用地规划布局的方式有哪些？布局的过程中需要考虑的因素有哪些？

第五节 小城镇其他用地的规划布置

一、道路广场用地

（一）道路广场用地的分类及占地比例

《镇规划标准》(GB 50188—2007)规定，道路广场用地指规划范围内的道路、广场、停车场等设施用地，不包括各类用地中的单位内部道路和停车场地。道路广场用地分为两个小类：①道路用地，指规划范围内路面宽度等于和大于 6 m 的各种道路、交叉口等用地；②广场用地，指公共活动广场、公共使用的停车场用地，不包括各类用地内部的场地。

《镇规划标准》(GB 50188—2007)规定，中心镇镇区的道路广场用地占镇区建设用地的比例为 11%～19%；一般镇镇区的道路广场用地占镇区建设用地的比例为 10%～17%。

（二）道路级别及道路系统组成

综合考虑行车速度、道路红线宽度、车行道宽度、每侧人行道宽度以及道路间距等因素的影响，镇区道路可分为主干路、干路、支路、巷路四个等级，如表 5-13 所示。

表 5-13 镇区道路级别

规划技术指标	道路级别			
	主干路	干路	支路	巷路
行车速度 /(km/h)	40	30	20	—
道路红线宽度 /m	24~36	16~24	10~14	—
车行道宽度 /m	14~24	10~14	6~7	3.5
每侧人行道宽度 /m	4~6	3~5	0~3	0
道路间距 /m	≥ 500	250~500	120~300	60~150

镇区道路系统组成应根据镇区的规模分级和发展需求来确定，如表 5-14 所示。

表 5-14　镇区道路系统组成

规划规模分级	道路级别			
	主干路	干路	支路	巷路
特大型、大型	●	●	●	●
中型	○	●	●	●
小型	—	○	●	●

注：表中●表示应设的级别，○表示可设的级别，—表示没有级别。

（三）道路用地布局的基本要求

(1) 镇区道路应根据用地地形、道路现状和规划布局的要求，按道路的功能性质进行布置；连接工厂、仓库、车站、码头、货场等以货运为主的道路不应穿越镇区的中心地段。

(2) 镇区道路用地应根据镇区用地功能布局、车流和人流的情况，以及消防要求组织合理的道路系统，区分不同功能的道路性质。力求做到节约用地，使道路安全、畅通，并充分利用原有道路进行改建和扩建。

(3) 充分利用地形，减少工程量。自然地形对道路系统有很大影响，道路选线还要注意所经地段的工程地质条件，线路应选在土质稳定、地下水位较深的地段，尽量绕过工程地质和水文地质不良的地段。

(4) 道路系统布局应尊重现状镇区的基本道路交通格局，镇区新发展用地上的路网规划需要注意与已有道路网的衔接和整合。镇区扩延发展后，穿越镇区的过境公路等对外交通应结合近远期建设需要，合理选择道路改线的空间布局位置。

案例　A 小城镇道路交通规划（2009—2020 年）

A 小城镇道路交通规划图如图 5-5 所示。

案例分析：

规划道路分为主干路、次干路、支路、步行专用路、桥梁五种类型。

(1) 主干路：主要承担居民出行的集散，以及跨主要河流的交通联系，发挥镇区路网主骨架的作用，需要在保证机动车通行能力的同时，兼顾慢行交通的需求。政府通过规划管理提升主干路通行能力，提高交通运行效率。主干路红线宽 30~45 m，断面布置双向四车道。

(2) 次干路：主要承担不同组团之间的交通联系。规划梳理次干路系统，形成小环路，缓解主干路交通压力，兼顾慢行交通需求。次干路间距 300 m 左右。次干路红线宽 14~20 m，断面布置双向二至四车道。

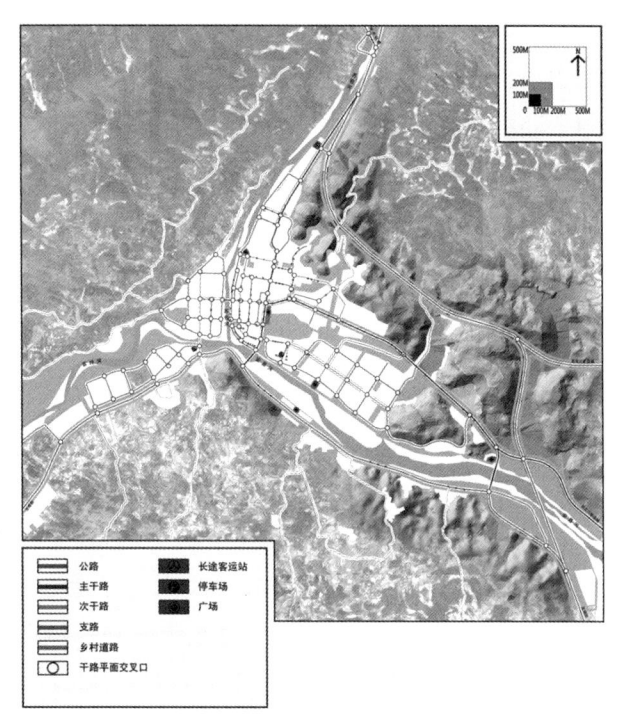

图 5-5　A 小城镇道路交通规划图

(3) 支路：满足街区内部的可达性要求和慢行交通的要求，协调地块出入口、临时机动车停放等之间的关系。结合用地布局，细化和梳理支路系统，营造功能丰富的街巷空间。支路间距 150~300 m。支路红线宽 9~10 m，断面布置双向二车道。

(4) 步行专用路：结合特色旅游服务区和滨河景观带建设，设置专用的步行系统，包括古镇商业步行街、漫步道。

(5) 桥梁：某座桥梁损毁较严重，建议原址重建并拓宽一定距离；在河西部增设桥梁，加强镇区西部联系通道。

二、对外交通用地

镇区往往是城镇体系发展中的交通运输枢纽，一般以公路为主、以铁路等其他运输方式为辅组织镇区的内外交通运输。

（一）对外交通用地的分类

镇区对外交通用地的设置是为满足镇区与村庄间的车行、人行以及农机通行的需要。镇区对外交通用地是指镇区对外交通的各种设施用地，《镇规划标准》(GB 50188—2007)将其分为两个小类：①公路交通用地，指规划范围内的路段、公路站场、附属设施等用地；

②其他交通用地，指规划范围内的铁路、水路及其他对外交通路段、站场和附属设施等用地。

对外交通运输方式各有其特点。与铁路运输相比，公路运输尽管运量有一定限制，但短距离运输速度比较快，投资较少，容易修建，基本上可以保证不间断运输。公路还能连接镇区周边村庄，甚至直接深入生产设施用地。随着汽车工业的发展与高速公路的建设，公路交通比重不断增加。公路是连接镇区对外服务辐射区及更大范围地域的纽带，与镇区的发展关系密切，对镇区的发展影响较大。

（二）对外交通用地的影响

(1) 对外交通用地对镇区布局的影响。对外交通用地的布置在很大程度上会影响到镇区生产设施、仓储、居住的用地位置。例如，有大量货运的工业、仓储往往需要接近对外交通用地，而为防止干扰，居住用地则必须与它们保持一定的距离。

(2) 对外交通用地的布置还会影响镇区发展用地的选择。例如，铁路干线经过镇区，其走向与镇区用地的发展方向有很大关系。高速公路、区域快速干道等公路有时会被当成镇区发展用地的边界，以避免交通干线穿越镇区给生产生活组织带来不利影响。

(3) 对外交通用地还会影响镇区道路交通系统。镇区对外交通的各类车站是镇区内部交通的衔接点，它们必须通过镇区道路与镇区各个组成部分区进行联系。所以，对外交通站场的位置或公路改线等变化必然带来镇区道路交通系统的调整。

（三）对外交通用地的规划布局

1. 铁路的交通布置

铁路由铁路线路和铁路站两部分组成。小城镇所在的铁路站大多是中间车站，客货合一，多采用横列式的布置方式。铁路站的布置往往与货场的位置有很大的关系。由于小城镇用地范围小，工业仓库也较少，为避免铁路分割城镇、互相干扰，原则上铁路站应布置在小城镇一侧的边缘，客站和货站用地布置在小城镇的同侧，客站应接近小城镇生活区，货站则应接近工业、仓库用地。

2. 公路的交通布置

公路线路与小城镇的联系和位置有两种情况，即公路穿越小城镇和公路绕过小城镇。采用哪种布置方式要根据公路的等级、过境交通和入境交通的流量、小城镇的性质与规模等因素来确定。

案例　A小城镇对外交通用地规划（2009—2020年）

A小城镇对外交通用地规划可参见图5-5。

1. 对外交通规划

其周边高等级过境公路均规划为一级公路。通过过境交通的外迁，纯化镇区内公路的交通功能，提升镇域交通网络的连通度和通行能力。该镇南部通往其他镇的道路等级提升为县道，达到三级以上技术标准。

2. 交通设施规划

规划三级长途客运站一个，位于绵安路中段，占地 0.87 hm^2；规划公交性质的镇际摆渡交通，为两镇之间提供通勤交通服务，结合客流量在摆渡车沿线设二至三个招呼站。

3. 对外交通用地的布局要求

应在高速公路和一级公路的用地范围与镇区建设用地范围之间预留发展所需的距离。规划中的二、三级公路不应穿过镇区和村庄内部，应调整穿过镇区和村庄的二、三级公路。镇区的对外交通应与区域公路、铁路、水运等对外交通设施相互协调，并应配置相应的站场、码头、停车场等设施，公路、铁路、水运等用地及防护地段应符合国家现行的有关标准的规定。

三、绿地

（一）绿地概述

镇区绿地是构成镇区自然环境的基本物质要素，通过与各项用地的组合与配置，呈现某种分布和构成形态，发挥多方面的功能。扩大镇区绿地、增强绿化效应，是优化镇区生态环境、实施镇区可持续发展的重要路径。

（二）绿地的分类及占地比例

依照《镇规划标准》(GB 50188—2007) 规定，绿地是指各类公共绿地、防护绿地，不包括各类用地内部的附属绿化用地。公共绿地，指面向公众、有一定游憩设施的绿地，如公园、路旁或临水宽度等于或大于 5 m 的绿地；防护绿地，指用于安全、卫生、防风等的防护绿地。

中心镇镇区的绿地占镇区建设用地的比例为 8% ~ 12%；一般镇镇区的绿地占镇区建设用地的比例为 6% ~ 10%。具体比例应根据镇区的自然条件和发展特色确定。

（三）绿地的规划布局

结合镇区布局结构和镇区发展需要，绿地呈现多样化布局形式。

(1) 点状绿地。点状绿地指集中成块的绿地，如大小不同的公园或块状绿地。这类绿地多与居住用地关联在一起布局，可创造良好的居住生态环境。

(2) 带状绿地。带状绿地指镇区沿河道、街道或景观通道等的绿色地带，也包括布置在镇区外围或工业地区侧边及高压线两侧的防护林带。带状绿地一般占地较大，通常可以作为绿地系统的骨架。

(3) 楔形绿地。楔形绿地以自然的绿色空间楔入镇区，通常是因地形变化而形成的，如镇区内部断坎、沟坡等不能进行建设的地形两侧形成的绿地。

(4) 环状绿地。环状绿地指在镇区内部或其外边缘布置成环状的绿道或绿带，用于连接沿线的公园等各类绿地，也可以通过宽阔的绿环限制镇区向外进一步扩展。

案例　A 小城镇绿地系统规划 (2009—2020 年)

A 小城镇绿地系统规划图如图 5-6 所示。

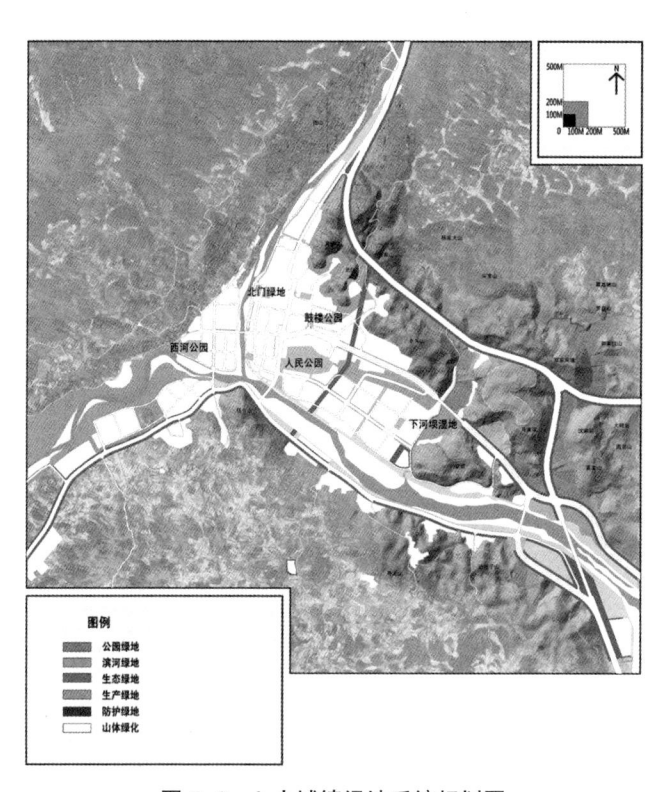

图 5-6　A 小城镇绿地系统规划图

案例分析：

1. 绿地系统结构

设置由山体、水系、滨河及沿路绿带共同组成的"一环、一心、三带"网络状绿地系统结构。

一环：群山环抱形成的生态绿环。周边的山体生态绿环为该镇提供了外围生态保护屏障，具有生态防护、郊野游憩、风景旅游等多种功能。

一心：以人民公园为主体，结合东侧的绵延山体，形成面积逾 20 hm² 的绿化中心。绿心为该镇居民和游客提供在镇区活动时的休憩场所，同时也是具有标志性的小城镇中心。

三带：三条河流两侧绿化形成不同风格的滨河绿带。

2. 公园及街头绿地

规划公园 3 处，街头绿地若干。

3. 道路绿化与滨河绿地

(1) 道路绿化。增加老社区的中心绿地及街边绿地，新建社区按 300 m 间距布置街头绿地。

(2) 滨河绿地。主要河流两岸绿地为公园性质，以开敞的带型绿地为特征，可容纳多种休闲、健身及娱乐活动；次要河流两岸受河堤位置、现状建筑和滨河路宽度限制，难以形成开敞绿地，因此规划设置以行道树为主的线型绿地，在主要节点处设置公共绿地，配合茶座等休闲设施，形成富有人文气息的休闲场所；次要河流两侧以生态绿地为主，兼有生产功能。

4. 防护绿地

结合现有用地条件和道路特征，在公路、快速通道单侧或两侧设置 15~20 m 宽的防护绿地；在由北向南的 220 kV 高压线两侧设置总宽度为 38 m 的高压防护走廊；在东南角的污水处理厂周边设防护绿带，使其与居住区之间形成至少 50 m 的有效隔离带；在镇区西侧工业区周围，结合自然地形、防护绿地和生态绿地，使其与周边的居住区、水体之间形成至少 30 m 的有效隔离带。

5. 郊野公园

划定北山公园范围。整合优化农家乐、南部的寺院等资源建设郊野公园。

拓展资源

1. 道路交通的具体内容和解释详见网络课程

2. 控制性详细规划的道路交通规范和《镇规划标准》（GB 50188—2007）中对于道路交通规划的要求

> **课程知识点**
>
> 1. 镇区道路级别分为几级？
> 2. 对外交通用地的分类有哪些？
> 3. 绿地的规划布局形式有哪些？

第六节 国土空间规划的理论

一、国土空间规划的含义

（一）国土空间规划的定义

国土空间规划是对一定区域国土空间开发保护在空间和时间上进行的安排，包括总体规划、详细规划和相关专项规划。国家、省、市县编制国土空间总体规划，各地结合实际编制乡镇国土空间规划。相关专项规划是指在特定区域（流域）特定领域，为体现特定功能，对空间开发保护利用进行的专门安排，是涉及空间利用的专项规划。国土空间总体规划是详细规划的依据、相关专项规划的基础；相关专项规划要相互协同，并与详细规划进行好衔接。

（二）体系架构

国土空间规划分为"五级三类"。

"五级"是纵向划分，对应我国的行政管理体系，分五个层级，就是国家级、省级、市级、县级、乡镇级。当然不同层级规划的侧重点和编制深度是不一样的，其中国家级规划侧重战略性，省级规划侧重协调性，市县级和乡镇级规划侧重实施性。这里需要说明的是，并不是每个地方都要按照五级规划一层一层编，有的地方区域比较小，可以将市县级规划与乡镇规划合并编制，有的乡镇也可以以几个乡镇为单元进行编制。

"三类"是横向划分，对应不同的类型，分为总体规划、详细规划、相关的专项规划。总体规划强调的是规划的综合性，是对一定区域，如行政区全域范围涉及的国土空间保护、开发、利用、修复进行全局性的安排。详细规划强调实施性，一般在市县以下组织编制，是对具体地块用途和开发强度等进行的实施性安排。详细规划是开展国土空间开发保护活动，包括实施国土空间用途管制、核发城乡建设项目规划许可，进行各项建设的法定依据。

《中共中央 国务院关于建立国土空间规划体系并监督实施的若干意见》文件特别明确，在城镇开发边界外的乡村地区，以一个或几个行政村为单元，由乡镇政府组织编制"多规合一"的实用性村庄规划，作为详细规划，报上一级政府审批。相关的专项规划强调的是专门性，一般由自然资源部门或者相关部门在国家级、省级和市县级层面来组织编制，特别是对特定的区域或者流域，如我们正在发展的长江经济带流域，或者城市群、都市圈这种特定区域，为体现特定功能对空间开发保护利用进行的专门性安排。

二、国土空间总体规划的内容

国土空间规划的主要作用是构建国土空间秩序，引领和支撑经济社会可持续发展。其本质是要实现自然空间与发展空间的统一，处理好保护与利用、资源与资产、公平与效率、供给与需求的关系，实现人与自然的和谐共生。重点内容主要包括以下几个方面。

(1) 规划实施评估。对现行空间规划的实施情况进行评估，找出国土空间资源利用和布局的主要问题及现行不同空间规划的主要差异，明确国土空间规划的重点。在全面摸清家底、深入分析现状的基础上开展国土空间规划编制工作。

(2) 制定空间战略。国土空间规划是长远性、全局性和整体性的系统谋划，明确空间战略具有特别重大的意义。决定空间结构的不仅是资源环境禀赋的评价，而且涉及产业组织、投资效益乃至地缘政治等问题。

(3) 划定安全底线。为保障粮食安全、生态安全、文化安全、经济安全，国土空间总体规划应划定永久基本农田保护底线、生态保护红线、城镇开发边界控制线三条一级安全底线，以及重要基础设施廊道控制线、产业区块控制线、历史文化资源保护控制线、灾害危险区控制线、生态公益林控制线、矿产开采控制线、生产安全保障线等二级控制线，明确重要交通枢纽地区选址和轨道交通走向，提出公共服务设施建设标准和布局要求。开展耕地后备资源评估，明确补充耕地集中整备区规模和布局。

(4) 调整利用结构。遵循正确处理保护与发展、需要与可能、局部与整体及当前与长远的原则，立足工业化、城镇化、乡村发展和产业结构升级的趋势和规律，依据一定时期内的发展条件和资源环境支持能力，调整保护与利用的空间结构，落实要素配置，明确山、水、林、田、湖、草等各类自然资源保护、修复的规模和要求。构建合理的地域分工结构，经济区、经济腹地和经济网络结构，城乡建设空间结构，城市、镇、村、工矿分类用地结构，存量盘活和外延开发结构等。

(5) 优化空间布局。根据区位原理和地域分异规律，按照不同空间尺度的空间发展战略和空间利用结构调整方案，进行国土空间功能分区和用途管制分区，优化国土空间布局。

(6) 生态修复整治。明确国土空间生态修复目标、任务和重点区域，安排国土综合整治和生态保护修复重点工程的规模、布局和时序。明确各类自然保护地边界范围，提出生态保护及修复的要求，提高生态空间的完整性。

（7）落实实施监管。制定国土空间用途管制制度，健全行动规划机制，健全政策法规体系，健全部门协调机制，强化规划执法监察，建立规划动态评估及修改机制，建立国土空间规划督察制度，建立国土空间规划动态监测制度，构建全方位规划宣传平台，完善空间基础信息平台，提高规划的智能化管理水平等。

三、国土空间详细规划的含义和特征

（一）国土空间详细规划的内涵

国土空间详细规划是指在国土空间总体规划或相关专项规划的控制和指导下，详细规定具体地块的各种控制指标和规划管理要求，或直接对某一地段、某一土地使用单位的国土空间做出具体的安排。它可以分为控制性详细规划和开发性详细规划两大类型。控制性详细规划是地方政府为规范和控制土地使用者的微观利用行为而编制的规划，它详细地规定了各类土地的使用范围、使用界限、使用强度、利用要求、限制条件等；开发性详细规划是为指导某一具体地段、地块或某一土地使用单位的国土空间如何开发利用而进行的具体规划。

根据规划的深度与管理需要，详细规划的主要任务是，以总体规划或者分区规划为依据，详细规划建设用地的各类控制指标和其他规划管理要求，或者直接对建设做出具体的安排和规划设计。控制性详细规划是在细分用地的基础上，规定规划区内用地性质、建筑量及有关环境的控制要求，并通过法定程序使其具有法律效力，从而控制规划区内用地建设。2007年10月28日，第十届全国人民代表大会常务委员会第三十次会议通过《中华人民共和国城乡规划法》，从法律层面明确了城乡规划（包括控制性详细规划）的制定、实施、修改、监督和法律效力等。由住建部颁发并于2011年1月1日开始施行的《城市、镇控制性详细规划编制审批办法》，对市、镇控制性详细规划的编制和审批做出了详细规定。修建性详细规划是指导当前要进行建设的地区的各项建筑和工程设施的设计和施工的规划。1995年颁布的《城市规划编制办法实施细则》以及2006年起施行的《城市规划编制办法》规范了控制性详细规划与修建性详细规划的具体编制要求与内容。控制性详细规划的内容包括以下几方面。

（1）详细规定规划范围内各类不同使用性质用地的用地界线与用地面积，规定各类用地内适建、不适建或者有条件地允许建设的建筑类型。

（2）规划各地块建筑高度、建筑密度、建筑形态、容积率、绿地率等控制指标，确定交通出入口方位、停车泊位、建筑后退红线距离、建筑间距等。

（3）提出各地块的建筑体量、体型与色彩等设计指导原则。

（4）根据交通需求分析，确定各级支路的红线位置、断面、交叉口形式及渠化措施、控制点坐标与标高，确定地块出入口位置、停车泊位、公共交通场站用地范围和站点位置、步行交通及其他交通设施。

（5）根据规划建设容量，确定市政工程管线位置走向、管径与工程设施的用地界线，进行管线综合；确定地下空间开发利用具体要求。

（6）制定相应的土地使用和建筑管理规定。

修建性详细规划的内容包括：①建设条件分析及综合技术经济论证；②建筑、道路和绿地等的空间布局和景观规划设计、总平面图布置；③根据交通影响分析，提出道路交通组织方案与设计；④市政工程管线规划设计与综合；⑤对住宅、医院、学校和托幼等建筑进行日照分析；⑥竖向规划设计；⑦工程量、拆迁量与总造价估算，投资效益分析。

（二）国土空间详细规划的特性

国土空间详细规划是实现国土空间总体规划或国土空间专项规划的重要途径，它具有以下基本特性。

（1）单一性。详细规划是针对具体地块或者具体地段的，空间的开发、利用、整治或保护的功能相对比较单一，所需要解决的问题相对比较单一，空间结构比较单一，规划目标也相对比较单一。与国土空间专项规划相比，详细规划也更具有针对性、局部性和单一性。它不再进行战略分析和空间结构优化，只规定地块的用地界线、用地规模、允许建设的建筑类型等，具有单一性和针对性。

（2）具体性。详细规划的目标、功能、结构比较单一，因而规划的内容、规划的措施很具体，有很强的实用性和可操作性。例如，规定各个地块的建筑高度、容积率、建筑间距等。

（3）实施性。详细规划是针对实施层面的，其目的是通过控制和管理的手段实现空间规划的目标，是细化和落实总体规划或相关专项规划内容的技术工具。它所确定的市政工程管线位置走向、管径与工程设施的用地界线等，在工程实践中要有很强的实施性。

（4）管制性。控制性详细规划借鉴了美国区划的技术手段，将土地划分为若干地块，赋予每个地块使用性质、容积率和建筑高度等指标。这些指标共同指导并约束未来的土地开发利用行为。它既是一种规划类型，也是一种管制制度，是政府行政许可的依据，也是空间治理的法治工具。

四、国土空间专项规划的含义和类型

（一）基本定义

国土空间专项规划是在国土空间总体规划的框架控制下，为有效实施总体规划意图，对国土空间结构系统性强、关联度大的要素或对国土空间影响性大、战略性强的重大建设工程，从公共利益出发对其空间开发利用保护所进行的系统布局规划。简言之，它是在特定区域或特定行业，为体现特定功能或为实现特定目的对国土空间开发、利用、保护所做的专门安排。国土空间专项规划是国土空间总体规划的深入和补充，是国土空间总体规划的有机组成部分，是为解决国土空间专项问题而进行的规划，也是国土空间总体规划重点领域的实施工具。

1. 国土空间专项规划的特性

与国土空间总体规划相比，国土空间专项规划具有以下特性。

（1）针对性。国土空间总体规划是对国土空间开发利用保护全部过程的宏观控制，是对国土空间开发、利用、保护进行的全局性战略安排，它将规划区域的全部要素纳入其规划范围。国土空间专项规划则是针对国土空间的某一专门问题或某一类型的国土空间开发利用保护问题而进行的规划，具有很强的针对性，其实用性和可操作性较强，是一种实施性规划。

（2）纵向性。与国土空间总体规划相比，国土空间专项规划重在从体系纵向的角度，研究要素系统的构成特点，分析要素系统存在的问题，提取相关要素因子，进行要素分析评价，对总体规划的目标、内容和政策措施等进行深化和细化，是一种纵向性的谋划安排。

（3）局部性。国土空间总体规划的范围是规划区内全部国土空间，而国土空间专项规划只是规划区内的部分国土空间。在一定时期内，通过制定专项规划解决不同层级管理机构和社会公众普遍关注的重要问题，或解决国土空间开发、利用、整治和保护的特别问题，这些问题总是局部存在的，因而国土空间专项规划是相对规划区内部分国土空间而言的，不是解决国土空间的整体性问题。

（4）选择性。由于各个地区国土空间存在的问题不同，其规划的类型、内容、程序、方法等也就有显著差异。因此，应根据规划地区所存在的和需要解决的重大问题，选择国土空间专项规划的类型。

2. 编制国土空间专项规划必须处理的关系

编制国土空间专项规划必须处理好以下关系。

（1）处理好政府与市场的关系。要突破传统计划经济的思维，充分汲取计划经济失败的历史教训。凡是市场机制能够充分发挥作用的领域就少编或者不编专项规划，减少不必要的政府干预，减少专项规划的数量。

（2）处理好局部与整体的关系。虽然单个专项规划的编制是部门的或局部的，但必须要跳出部门或局部的视野和思维框架，使专项规划充分体现全局、整体和长远的利益，强化专项规划之间的相互衔接和补充，确保空间规划形成有机整体。

(3) 处理好长远与近期的关系。编制专项规划需要有长远眼光,科学谋划未来的发展与布局,确保专项规划具有前瞻性和战略性。

(4) 处理好编制与实施的关系。编制好专项规划只是第一步,如何落实好规划的目标任务,才是最为关键的。

(二) 国土空间专项规划的类型

1. 区域性专项规划

按国土空间生产、就业、消费与社会生活的地域差异,区域性专项规划可分为城市地区、乡村地区和海洋区三大板块。陆地是国土空间规划的主体,可分为城市地区和乡村地区两大类。虽然国土空间规划必须也应该超越传统城乡分割的格局,以一种整体性的思维理解空间布局,但城市地区和乡村地区在生产功能、服务功能、管理功能、协调功能、集散功能、创新功能等方面都有着显著差异,需要分别进行深化和细化的专项规划,才能实现更高层次的整合。

(1) 城市地区规划。城市地区是指城市发展和与之有紧密相连的周围地区间的一种特定的地域结构体系,它是在区域层面产生强大极化效应的庞大而又多面的社会经济活动集合体,由一个或多个中心城市与其社会、经济紧密联系的邻接城镇组成,是具有一体化倾向的协调发展区域。由高科技制造业、新型手工业和文化产业以及其他各种商务、金融等服务部门组成是城市地区的显著特征。每一个单独的城市地区都包含一个被范围不定的从属腹地所包围的核心城镇化集聚,而它本身又总是被离散的城市中心网络所强化。简言之,城市地区是指城市核心区和边缘城市区域的总和。城市边缘区是指位于中心城的连续建成区与外围几乎没有城市居民住宅、非农土地利用的纯农业腹地之间的地区,兼有城市与乡村两方面的特征,其人口密度低于中心城,但高于周围农村的地区。

(2) 乡村地区规划。乡村地区是一个具有独特景观和独特社会结构的区域。独特景观主要包括三个方面:一是土地使用构成,以耕地和林地等农用地为主;二是居住结构,以星罗棋布的小型定居点和巨大的开敞空间相连接;三是广阔的自然地理景观,能触摸到自然界的原风景。独特的社会结构是指乡村是泥土的、情感的、模糊的、生产的、熟悉的、血缘的熟人社会,乡村居民具有区别于城市居民的意识形态、乡土经验、农耕精神、劳动职业、家具农具、婚姻生育观、文化记忆和时间空间观。从政治经济的角度看,乡村地区有三个典型特征:一是特殊的意识形态,如更偏好私人和自愿性活动而非公共干预;二是独特的生产模式,以农耕生产作为乡村秩序的坐标;三是公共服务设施的分散和提供公共服务的困难性,以及低水平消费和经济的不活跃性。乡村地区是国土空间中较大的独立实体和更丰富的功能实体,乡村地区如何规划,直接影响国土空间规划的目标预期、空间组织和对规划环境的反应,是国土空间规划最重要的专项规划组成部分。它需要超越《中华人民共和国城乡规划法》乡村居民点规划的范畴,重构乡村地区的结构和功能。

(3) 海岸带规划、以国家公园为主体的自然保护地规划、城市群和都市圈规划,以及跨行政区域或流域的国土空间规划等,都是重要的区域性专项规划。

2. 行业性专项规划

行业性专项规划是以国土空间利用为主的某一领域专项规划,包括生态环境保护、交通、能源、水利、信息等基础设施,公共服务设施,军事设施,国家安全设施以及文物保护等专项规划。按照行业性专项规划的要素不同,可以分成以下几种类型。

(1) 生态保育类。在国土空间规划以追求可持续发展为目标的时代,生态环境要素成为影响可持续发展的关键因子,是国土空间专项规划需要专门研究的重大项目。

(2) 资源安全类。资源安全直接影响国家的政治安全和社会稳定,也影响国家的经济安全、文化安全、生态安全和可持续发展。

(3) 基础设施类。要维护国土空间生产、生活和生态等各项活动的正常进行,必须要有基础设施的充分保障,它是国土空间规划不可或缺的重要构成部分。形成合理、完善的基础设施工程系统,满足人们日益增长的对美好生活向往的需要,是国土空间规划的重要使命。

(4) 产业发展类。产业的空间布局是向一定的地域空间和中心地高度集聚还是向较大的范围适度分散,是国土空间规划布局首先需要解决的一对基本矛盾。理论上说,充分发挥市场的作用、因地制宜发挥优势,促进合理的地域分工,是产业规划布局应遵循的基本原则。但在实践中,市场并不能保证国土空间再生产的长远发展,"合理分工"的度也是很难把握的。

(5) 城乡布局类。国土空间规划以处理好人地关系为中心任务,如何以人为本,更合理地布局城乡居民点,为城乡居民提供更好的居住和生活环境,是国土空间规划重要的出发点和归宿。城乡布局类专项规划主要包括城镇布局专项规划、农村居民点布局专项规划、生活品质专项规划等。

💬 课程知识点

1. 国土空间规划的含义是什么?
2. 国土空间总体规划包括哪些内容?
3. 国土空间详细规划包括哪些内容?
4. 国土空间专项规划的类型有哪些?

本章小结

在小城镇规划中,建设用地的布置是核心的环节,选择建设用地应避开山洪、风口、滑坡、泥石流、洪水淹没、地震断裂带等易发生自然灾害的地区、地段,并应避开自然保护区和有开采价值的地下采空区。可分别从用地性质分类、人均建设用地指标、人均建设用地指标分级、建设用地比例来推算人口数量,从而计算出建设用地的合理范围。

从用地布局的角度来说,各类用地之间都是相互联系、相互影响、甚至相互制约的关系,我们要综合考虑各类用地的空间布局。例如,生产设施用地布局时,就要注意工业用地与居住用地之间的相互制约性,要充分考虑风向、废气、废水的上下游关系等对居住用地的干扰和环境污染程度,当然也要考虑工业用地与居住用地之间的相互作用,从而给出合理的方案;再如,居住用地与公共设施用地之间是紧密联系的,如学校与居住区是紧密相连的,商业、医疗也同样,因此,一旦布局出问题就会造成交通堵塞、资源浪费等问题,只有充分了解当地情况、采用科学的规划方法,才能有效地解决这些后顾之忧。

综合考虑、安排用地之间的关系,从多重方案当中优中选优,才能获得最好的结果。

本章参考文献

[1] 李光录. 村镇规划与管理 [M]. 北京:中国林业出版社,2014.

[2] 《城市规划资料集》编委会. 城市规划资料集:第3分册 小城镇规划 [M]. 北京:中国建筑工业出版社,2004.

[3] 汤铭潭. 小城镇规划技术指标体系与建设方略 [M]. 北京:中国建筑工业出版社,2005.

[4] 陈丽华,苏新琴. 小城镇规划管理 [M]. 北京:中国环境科学出版社,2006.

[5] 吴次芳,叶艳妹,吴宇哲,等. 国土空间规划 [M]. 北京:地质出版社,2019.

本章练习题

单选题

1. 下列用地中,属于非建设用地的是(   )。

A. 殡仪馆　　　　　　　　　　B. 防护绿地

C. 苗圃　　　　　　　　　　　D. 环卫站

2. 关于居住用地在建设用地当中的布局形式,以下表述不正确的是(   )。

A. 集中布置方式适用于镇区规模不大、有足够用地的小城镇

B. 集中布置方式可以节约市政基础设施和公共服务设施的投资费用，促进各部分在空间上的密切联系

C. 相对分散布置方式只适用于镇区用地受到地形等自然条件限制的小城镇

D. 轴向布置方式是指镇区用地以中心地区为核心，居住用地依托交通干线，被赋予一定的组合形态，在沿线集结，呈轴线发展态势

3. 关于公共建筑配建指标的影响因素，以下表述不正确的是（　　）。

A. 小城镇的性质和人口规模对需要配建的公共建筑项目和数量会有所影响

B. 不同性质的小城镇对需要配建的公共建筑项目和数量没有影响

C. 经济条件和居民生活水平是影响小城镇公共建筑规模的主要因素

D. 各地的民族风俗、生活习惯会影响公共建筑项目设置及相应的指标

4. 关于幼儿园、托儿所的布置，以下表述不正确的是（　　）。

A. 幼儿园、托儿所要设置在环境安静、接送方便的地段上

B. 幼儿园、托儿所应与儿童游戏场地结合起来考虑，并充分注意到道路交通的安全性和对居民的影响

C. 小城镇的幼儿园、托儿所均应该集中布置在镇区中心

D. 幼儿园、托儿所可分散布置在居住区，充分考虑服务半径的要求

5. 关于集贸市场用地的布置形式，以下表述不正确的是（　　）。

A. 集贸市场用地应根据市场类型和辐射范围进行布置

B. 集贸市场用地应根据市中心所在的位置来布置

C. 可在道路两侧进行布置

D. 可辟出单独的空地、广场，作为农贸市场

6. 生产设施用地是按照（　　）来分类的。

A. 生产设施对居住和公共环境的干扰及环境污染程度

B. 生产设施对居住和公共环境的工业影响程度

C. 生产设施自身的污染程度

D. 生产设施对居住区的污染程度

7. 镇区的道路交通分为（　　）四个等级。

A. 快速路、主干路、干路、支路　　　　B. 环城路、主干路、干路、支路

C. 主干路、干路、支路、小路　　　　　D. 主干路、干路、支路、巷路

8. 一般镇镇区的绿地占镇区建设用地的比例为（　　）。

A. 8%～12%　　　　B. 6%～10%　　　　C. 12%～15%　　　　D. 15%～20%

9. 镇区建设用地包括（　　）8大类用地之和。

A. 居住用地、公共设施用地、生产设施用地、仓储用地、对外交通用地、道路广场用地、工程设施用地、绿地

B. 居住用地、公共设施用地、生产设施用地、仓储用地、道路交通广场用地、工程设施用地、绿地、水域和其他用地

C. 居住用地、公共设施用地、生产设施用地、对外交通用地、道路广场用地、工程设施用地、绿地、水域和其他用地

D. 居住用地、公共设施用地、生产设施用地、对外交通用地、道路交通用地、基础设施用地、绿地、水域和其他用地

10. 国土空间规划的体系构架分为"五级三类"。下列说法准确的是（　　）。

A. "五级"是从纵向划分，对应我国的行政管理体系，分五个层级，就是国家级、省级、市级、县级、乡镇级；"三类"是指规划的类型，分为总体规划、详细规划、相关的专项规划

B. "五级"是从纵向划分，对应我国的行政管理体系，分五个层级，就是国家级、省级、市级、城镇级、村镇级；"三类"是指规划的类型，分为总体规划、详细规划、相关的专项规划

C. "五级"是从纵向划分，对应我国的行政管理体系，分五个层级，就是国家级、省级、市级、县级、乡镇级；"三类"是指规划的类型，分为总体规划、详细规划、城市设计

D. "五级"是从纵向划分，对应我国的行政管理体系，分五个层级，就是国家级、省级、市级、城镇级、村镇级；"三类"是指规划的类型，分为总体规划、详细规划、城市设计

第五章练习题参考答案

第六章
小城镇建设管理体制

学习目标

掌握：小城镇建设管理的核心内容；县政府在小城镇建设过程中的行政职能。

熟悉：我国的行政区划设置；小城镇建设管理的定义。

了解：镇的划分标准。

本章导语

本章内容涉及小城镇建设的综合部署，合理的小城镇建设管理可为小城镇发展提供规划基础支持、法律法规支持、建设管理支持，是小城镇建设取得良好成果不可或缺的一部分。小城镇建设管理可以保证小城镇的持续发展，满足小城镇经济、社会持续发展及科学合理建设的需要，并实现小城镇社会、经济、环境整体效益的统一。县政府和镇政府作为小城镇建设管理的核心力量，应当发挥在小城镇建设管理中的带头作用，加强相关规划制定、审批、实施的监督管理，推进小城镇建设管理的进程。

◀ **本章知识导图**

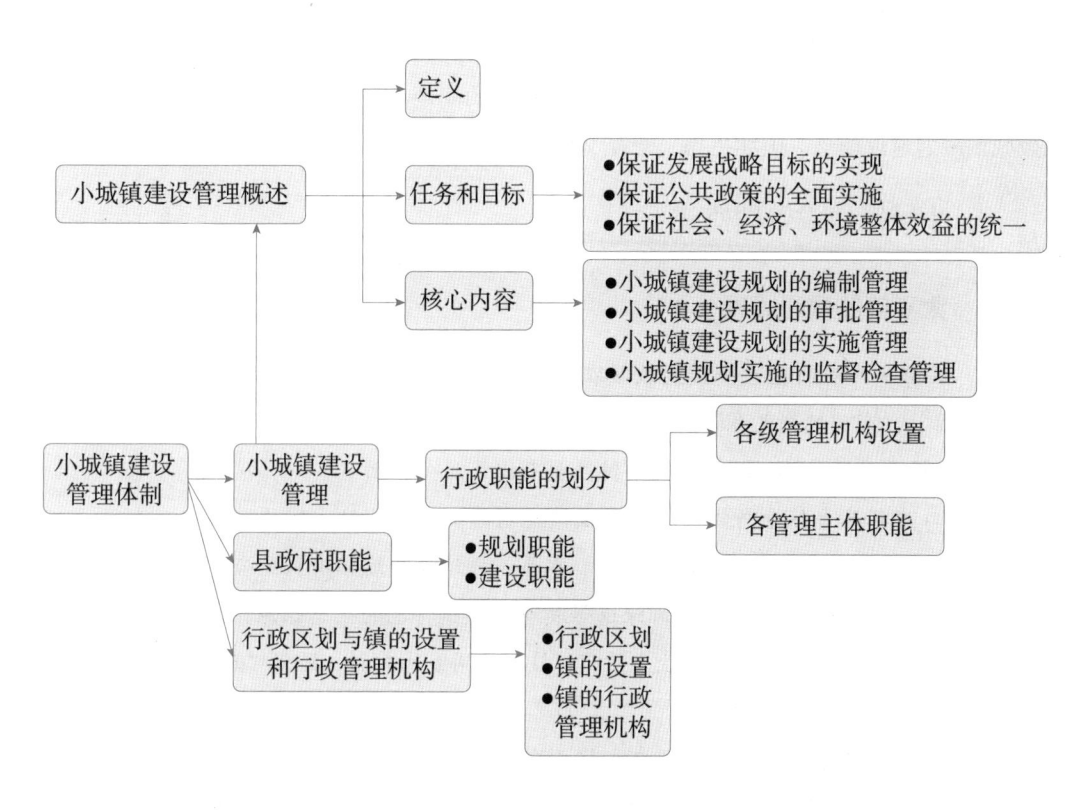

```
                          ┌── 定义
                          │
                          │                    ●保证发展战略目标的实现
小城镇建设管理概述 ────────┼── 任务和目标 ──── ●保证公共政策的全面实施
                          │                    ●保证社会、经济、环境整体效益的统一
                          │
                          │                    ●小城镇建设规划的编制管理
                          └── 核心内容 ─────── ●小城镇建设规划的审批管理
                                               ●小城镇建设规划的实施管理
                                               ●小城镇规划实施的监督检查管理

                          ┌── 小城镇建设管理 ── 行政职能的划分 ──┬── 各级管理机构设置
                          │                                       │
小城镇建设管理体制 ───────┤                                       └── 各管理主体职能
                          │
                          ├── 县政府职能 ───── ●规划职能
                          │                    ●建设职能
                          │
                          └── 行政区划与镇的设置和行政管理机构 ── ●行政区划
                                                                   ●镇的设置
                                                                   ●镇的行政管理机构
```

第一节 小城镇建设管理

小城镇在城镇化发展的进程中发挥着承上启下的作用,是连接城市和乡村的关键层级,对于支撑县(市)域经济、辐射带动农村地区的发展具有极为重要的作用。随着新型城镇化的深入推进,大中小城市和小城镇协调发展理念得到广泛认同。但在我国的小城镇建设过程中,一些地方存在战略思想不统一、认识有分歧的问题。在实践中,一些小城镇还存在照搬城市规划建设理念、破坏生态、忽视文化等问题。

一、小城镇建设管理概述

案例 太平镇的建设管理

成都市天府新区太平镇是该区农业产业结构调整示范镇,现已建成"万亩枇杷园",有"枇杷之乡"之称。太平镇在其建设的管理中,探索出了一条适合自身发展的建设之路。其成功的关键主要有以下几个方面。

(1) 发挥其自然生态优势。在小城镇规划的编制、审批、实施过程中,太平镇注重营造绿色空间,将森林、农田、水系、湿地与小城镇有机结合,因地制宜建设农业公园、生态湿地、绿廊绿道等具有小城镇特色的生态绿地系统,严禁挖山填湖,占用耕地;注重塑造生态景观,鼓励使用乡土材料,提倡"微田园""庭院经济"等特色绿化景观。

(2) 保护耕读文化、传承历史文化。在小城镇建设中,太平镇注重保留田园生活、营造乡土景观、传承耕读文化,系统保护小城镇山水林田湖、街巷格局和建筑风貌,不走"毁古镇建新镇、毁老街建新街"的老路。

(3) 加强基础设施和公共服务设施的建设。小城镇基础设施和公共服务设施的滞后会制约小城镇的健康发展。太平镇镇管理者在规划管理过程中大力提升小城镇道路交通条件,构建绿色、低碳、便捷的小城镇交通体系,完善停车设施,鼓励绿色出行,进一步优化小城镇与高速公路、国省干线的衔接,加强小城镇对外交通。以小城镇供水、污水、垃圾处理等设施为重点,建立高效、完备的功能设施体系。结合安全选址和地灾评估,统筹安排防灾避险场所和生命线通道,完善小城镇综合防灾体系。

通过合理、全面的建设规划以及建设实践,太平镇实现了自身的产业结构调整,并获得了经济、社会、生态等方面的效益。太平镇的建设管理在建设过程中起到了至关重要的作用。

(一)小城镇建设管理的定义

小城镇建设管理是依据小城镇建设相关法规、标准和上级政府批准的小城镇总体规划,对小城镇规划区范围内土地的使用和各项建设活动的安排,实施控制、引导、监督及违规查处等行政管理活动,实现小城镇持续健康发展。小城镇建设管理是县人民政府和镇人民政府管理职能的主要组成部分,是县人民政府和镇人民政府行使政府基本职能之一的政府行为。

(二)小城镇建设管理的任务和目标

小城镇建设管理的任务是在国家宏观政策法规和上级城乡规划行政主管部门的业务指导下,由县(市)人民政府和镇(乡)人民政府组织编制镇(乡)建设规划。

小城镇建设管理的目标是保证小城镇的持续发展和满足小城镇经济、社会持续发展及科学合理建设的需要。小城镇建设管理的具体目标体现在以下三个方面。

1. 小城镇建设管理应保证小城镇发展战略目标的实现

小城镇建设规划是小城镇未来发展的战略部署,是小城镇发展战略目标的具体体现。小城镇建设管理则是通过日常的管理保证规划目标的实现,从而保证小城镇发展战略目标的实现。要做到这一点,就要求小城镇建设管理过程中的所有决策和决定,都必须围绕着小城镇发展战略目标,每一项建设都是为了实现战略目标而进行。

2. 小城镇建设管理应保证镇(乡)政府公共政策的全面实施

小城镇建设管理是政府对小城镇规划、建设和发展进行干预的手段之一。城乡规划是政府实现城乡统筹和可持续发展的公共政策,小城镇规划是政府上述公共政策的组成部分。因此,小城镇建设管理就是在管理过程中保证各类公共政策在实施过程中的相互协同,为公共政策的实施提供保证。这要求小城镇建设管理,一方面要将政府的各项公共政策纳入规划内容,使小城镇规划能够预先协调好各项政策与规划之间的相互关系,并使各项政策在规划编制的成果中得到反映;另一方面要在管理过程中,充分协调好各项政策在实施过程中可能出现的矛盾,避免为实施一项政策而使另一项政策受损而对社会整体利益造成损害,充分发挥小城镇规划的宏观调控和综合协调作用。

3. 小城镇建设管理应保证小城镇社会、经济、环境整体效益的统一

在市场经济体制下,对于小城镇建设的市场参与者而言,其行为的基础和决策的依据是对经济效益的追求，这种追求可以对小城镇发展起到积极的推动作用，但如果以此作为唯一的尺度或过度、片面追求经济效益，往往会对社会的公正、公平和环境等方面产生负面影响。小城镇建设管理应保证小城镇社会、经济、环境整体效益的协调统一，以保证社会整体利益的实现。基于社会的整体利益和社会、经济、环境整体效益，政府必须对小城镇建设发展进行宏观调控和综合协调。小城镇建设规划是政府对小城镇经济建设进行宏观调控和综合协调的重要手段。

（三）小城镇建设管理的核心内容及其他内容

依据《中华人民共和国城乡规划法》《村庄和集镇规划建设管理条例》和《建制镇规划建设管理办法》等法律法规的有关规定，小城镇建设管理的核心内容主要包括四个部分：小城镇建设规划的编制管理，小城镇建设规划的审批管理，小城镇建设规划的实施管理，小城镇建设规划实施的监督检查管理。此外，小城镇建设管理还包括小城镇土地管理、小城镇房地产管理、小城镇建设工程质量管理等内容。

1. 小城镇建设规划的编制管理

小城镇建设规划的编制管理是指县人民政府和镇（乡）人民政府为实现一定时期经济、社会发展目标，为居民创造良好的工作和生活环境，依据有关法律、法规和方针政策，明确规划组织编制的主体，规定规划编制的内容，设定规划编制和上报程序的行政管理行为。小城镇建设规划编制管理的内容主要有：在县人民政府或在县（市）人民政府城乡规划行政主管部门指导下，由建制镇人民政府负责组织编制县城镇外的建制镇建设规划；建制镇在设市城市规划区内的，其规划应服从设市城市的总体规划；县人民政府所在地镇的控制性详细规划，由县人民政府城乡规划主管部门根据镇总体规划的要求组织编制，其他镇（乡）的控制性详细规划由镇人民政府根据镇总体规划的要求组织编制。乡规划、村庄规划由乡、镇人民政府组织编制。县人民政府城乡规划主管部门和镇人民政府可以组织编制县所在地镇和其他镇重要地块的修建性详细规划。修建性详细规划应当符合控制性详细规划。

2. 小城镇建设规划的审批管理

小城镇建设规划的审批管理就是在小城镇建设规划编制完成后，由规划编制组织单位按照法定程序向法定的规划审批机关提出规划报批申请，法定的规划审批机关按照法定的程序审核并批准规划的行政管理行为。编制完成的规划，只有按照法定程序报经批准后，才具有法定约束力；也只有实行严格的分级审批制度，才能保证小城镇规划的严肃性和权威性。规划的审批不同于其他设计的审批，既要注重对规划图纸的审核，也要注重对规划文本的审核；既要注重对规划定性内容的审核，也要注重对规划定量内容的审核。在审批过程中，针对不同类型、不同规模的小城镇建设规划，规划审批机关在不同审批要点和深度上的侧重不同。其内容包括：县人民政府所在地镇（乡）的控制性详细规划，由人民政府审批，其他镇的控制性详细规划由镇人民政府报上一级县人民政府审批；县人民政府所在地镇（乡）的控制性详细规划，经县人民政府批准后，报本级人民代表大会常务委员会和上一级人民政府备案。建制镇详细规划一般报建制镇人民政府审批。各类规划在调整与修编后，须报原批准主体审批、备案或批准。

3. 小城镇建设规划的实施管理

(1) 建设项目选址的规划管理。为了保证各类建设项目能与小城镇建设规划密切结合，使建设项目的建设按规划实施，也为了提高建设项目选址和布局的科学合理性，提高项目建设的综合效益，根据《中华人民共和国城乡规划法》《建制镇规划建设管理办法》和《村庄和集镇规划建设管理条例》的有关规定，镇（乡）政府或政府规划建设行政主管部门对小城镇规划区范围内的新建、扩建、改建工程项目，首先实施建设项目选址的规划管理。

《中华人民共和国城乡规划法》第 36 条规定："按照国家规定需要有关部门批准或者核准的建设项目，以划拨方式提供国有土地使用权的，建设单位在报送有关部门批准或者核准前，应当向城乡规划主管部门申请核发选址意见书。""前款规定以外的建设项目不需要申请选址意见书。"《建制镇规划建设管理办法》第 13 条规定："建制镇规划区内的建设工程项目在报请计划部门批准时，必须附有县级以上建设行政主管部门的选址意见书。"根据原国家计划委员会和原建设部制定的《建设项目选址规划管理办法》，建设项目选址管理由两部分组成：①城乡规划行政主管部门应当了解建设项目建议书阶段的选址工作，各级人民政府计划行政主管部门在审批项目建议书时，对拟安排在城市规划区内的建设项目，要征求同级人民政府城乡规划行政主管部门的意见。②城乡规划行政主管部门应当参加建设项目设计任务书阶段的工作，对确定安排在城市规划区内的建设项目从城市规划方面提出选址意见书，设计任务书报请批准时，必须附有城乡规划行政主管部门的选址意见书。

(2) 建设用地的规划管理。小城镇建设用地的规划管理是建设项目选址规划管理的延续，是小城镇建设规划实施管理的重要组成部分，对建设用地实行严格的规划控制是规划实施的基本保证。它的基本任务是根据小城镇建设规划和建设工程的要求，按照实际现状和条件，确定建设工程可以使用哪些用地，以及在满足建设项目功能和使用要求的前提下如何经济合理地使用土地，既保证小城镇建设规划的实施，又促进建设的协调发展。小城镇建设用地规划管理的内容包括：①控制土地使用性质和土地使用强度；②确定建设用地范围；③调整小城镇用地布局；④核定土地使用的其他管理要求。

《中华人民共和国城乡规划法》第37条规定:"在城市、镇规划区内以划拨方式提供国有土地使用权的建设项目,经有关部门批准、核准、备案后,建设单位应当向城市、县人民政府城乡规划主管部门提出建设用地规划许可申请,由城市、县人民政府城乡规划主管部门依据控制性详细规划核定建设用地的位置、面积、允许建设的范围,核发建设用地规划许可证。""建设单位在取得建设用地规划许可证后,方可向县级以上地方人民政府土地主管部门申请用地,经县级以上人民政府审批后,由土地主管部门划拨土地。"

(3) 建设工程的规划管理。进行各项小城镇建设,其实质是小城镇建设规划逐步实施的过程。为了确保小城镇各项建设能够按照规划有序、协调发展,各项建设工程必须符合小城镇建设规划,服从规划管理。因此,对建设工程实行统一的规划管理,是保证小城镇建设规划顺利实施的关键。建设工程规划管理是指小城镇建设规划行政主管部门根据规划及有关法律、法规和技术规范,对各类建设工程进行组织、控制、引导和协调,使其纳入规划的轨道,并核发建设工程规划许可证的行政管理。小城镇建设工程的规划管理主要包括以下几个方面的内容:①建筑工程规划管理;②市政交通工程规划管理;③市政管线工程规划管理;④审定设计方案;⑤核发建设工程规划许可证;⑥放线、验线。

4. 小城镇建设规划实施的监督检查管理

监督检查贯穿小城镇建设规划实施的全过程,是建设规划实施管理工作的重要组成部分。小城镇建设规划实施的监督检查管理的具体内容包括以下几个方面:

(1) 对土地使用情况的监督检查。

(2) 对建设活动的监督检查。

(3) 查处违法用地和违法建设。

(4) 对建设用地规划许可证和建设工程规划许可证的合法性进行监督检查。

(5) 对建筑物、构筑物使用性质的监督检查。

《中华人民共和国城乡规划法》第52条规定:"地方各级人民政府应当向本级人民代表大会常务委员会或者乡、镇人民代表大会报告城乡规划的实施情况,并接受监督。"

5. 小城镇土地管理

小城镇土地管理是指国家和地方政府对小城镇土地进行管理、监督和调控的过程。小城镇土地管理的内容包括:土地的征用、划拨和出让;受理土地使用权的申报登记;进行土地清查、勘测,发放土地使用权证;制定土地使用费标准,向土地使用者收取土地使用费;调解土地使用纠纷;处理非法占用、出租和转让土地等。

6. 小城镇房地产管理

小城镇房地产管理主要包括:依据有关政策法规进行的小城镇房地产管理,小城镇房地产开发管理，小城镇房地产市场管理，小城镇房地产产权产籍管理，小城镇房屋出售、出租和交换管理，小城镇房屋维修管理，小城镇物业管理等内容。

关于房地产开发，《中华人民共和国城市房地产管理法》第12条规定："土地使用权出让，由市、县人民政府有计划、有步骤地进行。出让的每幅地块、用途、年限和其他条件，由市、县人民政府土地管理部门会同城市规划、建设、房产管理部门共同拟定方案，按照国务院规定，报经有批准权的人民政府批准后，由市、县人民政府土地管理部门实施。"

7. 小城镇建设工程质量管理

小城镇建设工程质量管理是指按国家现行的有关法律、法规、技术标准、文件、合同对工程安全、适用、经济、美观等特性的综合要求，对工程实体质量实施的管理。

二、行政职能的划分

案例　D镇的建设规划

D镇隶属广东省中山市，位于中山市西北部，面积75.82 km²，辖8个社区和6个村。2013年年末常住人口12.13万人，户籍人口7.47万人。D镇获得了广东省教育强镇、中山市经济强镇等称号。

D镇建设规划的组织编制主要是由D镇规划管理所(镇规划行政主管部门)代表D镇人民政府组织规划设计单位，根据镇开发意图和建设实际并以总体规划作为指导，开展D镇控制性详细规划编制的。2002—2003年，D镇以《中山市D镇总体规划(2001—2010)》为指导开展了几大工业区控制性详细规划的编制。这些工业区的控制性详细规划对于合理利用当地土地资源、吸引工业投资、促进地区经济的发展、引导工业用地有序开发起到了积极的作用，为D镇早期工业用地的合理布局奠定了良好基础。自此，D镇开始了有计划、有步骤、循序渐进的控制性详细规划编制之路。D镇已完成控制性详细规划编制项目24个，控制性详细规划覆盖面积达27 km²，覆盖率达80%。已完成控制性详细规划方案项目30个(含已完成部分)。控制性详细规划方案编制率达100%。

在修建性详细规划方面，D镇主要对轻轨站周边16 hm²用地进行建筑布局、交通组织、道路设计、市政设施布置和建筑设计等。另外，D镇E路边120亩(1亩≈666.67 m²)地块在进行用地拍卖前期，有关部门专门对地块进行了规划条件研究，并编制了《D镇E路边地块的修建性详细规划》。该规划对于进一步合理利用土地资源，有效开发土地进行了充分的研究，为用地的有效规划管理提供了依据。

从小城镇建设规划的编制、审批、实施,再到实际建设项目的实施,都需要相关的规划管理部门来进行把控和管理。

(一)小城镇建设规划编制职能

县级人民政府城乡规划行政主管部门组织编制县人民政府所在地、自治县政府所在地、旗政府所在地对应的镇的建设规划;镇人民政府组织编制县人民政府所在地之外的其他建制镇的建设规划。

(二)小城镇建设规划审批管理职能

县级人民政府审批县人民政府所在地、自治县政府所在地、旗政府所在地对应的镇的建设规划,由县(市)人民政府行政主管部门审批县人民政府所在地之外的其他建制镇的建设规划。

(三)小城镇建设规划实施管理职能

小城镇建设项目与其他设在小城镇的建设项目的选址意见书审批权限如下。

(1) 县(市)人民政府计划行政主管部门审批的小城镇建设项目,由县(市)人民政府城乡规划行政主管部门核发选址意见书。

(2) 省、自治区人民政府计划行政主管部门审批的设在小城镇的建设项目,由项目所在地县(市)人民政府城乡规划行政主管部门提出审查意见,报省、自治区人民政府城市规划行政主管部门核发选址意见书。

(3) 中央各部门、公司审批的小型和限额以下的设在小城镇的建设项目,由项目所在地县(市)人民政府城乡规划行政主管部门核发选址意见书。

(4) 国家审批的大中型和限额以上的设在小城镇的建设项目,由项目所在地县(市)人民政府城乡规划行政主管部门提出审查意见,报省、自治区、直辖市、计划单列市人民政府城市规划行政主管部门核发选址意见书,并报国务院城市规划行政主管部门备案。

(四)建设用地规划许可证审批职能

县(市)人民政府城乡规划行政主管部门依据控制性详细规划核定建设用地的位置、面积、允许建设的范围,核发建设用地规划许可证。前提是在镇规划区内以划拨方式提供国有土地使用权的建设项目,并经有关部门批准、核准、备案后,建设单位应当向县(市)人民政府城乡规划行政主管部门提出建设用地规划许可申请。

按出让、转让方式取得建设用地,首先由县(市)人民政府城乡规划行政主管部门依据控制性详细规划提出出让、转让地块的位置、范围、使用性质和规划管理的有关技术指标要求，县（市）人民政府土地行政主管部门按照上述要求通过招标或其他方式和土地受让单位签订土地出让或转让合同，合同的内容必须包括按规划行政主管部门要求作出的严格规定，受让单位凭合同向规划行政主管部门申办建设用地规划许可证，规划行政主管部门审查后，核发建设用地规划许可证。

（五）建设工程规划许可证审批职能

县（市）人民政府城乡规划行政主管部门通过小城镇建设工程规划许可证管理各项建设活动。

（六）行政监察职能

小城镇建设规划行政监察的权力必须高度集中在县政府和小城镇政府，不能随意下放。小城镇建设规划一经正式批准，即具有法律效力，任何单位和部门必须在规划管理部门的统筹协调下，坚决贯彻执行。小城镇建设规划管理还必须坚持连续性，不仅要面对现实，根据不断变化的客观情况完善规划内容，而且要着眼未来，把小城镇建设规划与经济发展紧密结合起来，使规划能够对小城镇的建设起到积极的作用。

> **拓展资源**
>
> 推荐一些关于小城镇建设规划管理的资料来源：
> 1. 微信公众号"小城镇规划"
> 2. 县规划局网站政务公开内容
> 3. 汤铭潭. 小城镇规划管理与政策法规［M］. 北京：中国建筑工业出版社，2012.
> 4.《村镇规划编制办法》

> **课程知识点**
>
> 1. 小城镇建设规划的核心内容包括哪几个方面？
> 2. 在小城镇建设规划从编制到实施的过程中，有哪些行政部门承担了相应的小城镇建设规划的职能？

第二节　县政府在小城镇建设中的职能

县政府是县级的国家行政机构，是县人民代表大会及其常务委员会的执行机关。县政府的作用主要在于连接城市和广大农村地区，推进乡镇地区的工作，县政府是城乡的接合点。一方面，县政府的工作能力和效果对国家各项政策能否落实起到相当大的作用；另一方面，在我国，县政府是社会管理的基础层次的一部分，需要为县域提供各种公共服务，并且要提供促进当地经济社会发展所需要的外部环境。县政府既要贯彻执行好上级政府的决策，又要管理好本县的各项经济、政治和社会事务。我国对县政府的权力做出了明确的规定，包括执行权力、管理权力等；县政府的权力是不断完善和变化的，随着经济发展和社会发展的需要，县政府的权力也得到了扩展。

我国的城镇化是政府主导和推动的，在地方政府中，乡、镇政府处于底端，靠地方财政支持，面临困境时，无法成为城镇化的有效领导者；而县政府作为我国政权体系中的一个层级，是具有完整的财权与事权的最低一级的政府，也是拥有全面职能的最低一级政府，是我国城镇化的第一线的推动力量，无论是在接受大城市的辐射方面，还是在管理农村的各项经济社会事务方面都具有独特的优势。尤其是一些经济实力强的县区，县域城镇化对吸纳农村人口、转移农村剩余劳动力起到了不可忽视的作用，因此，县政府在城镇化中应当有所作为，积极引导。

一、规划职能

案例　连城县人民政府对连城工业园区控制性详细规划的批复

下文是福建省连城县人民政府对连城工业园区控制性详细规划的审批批复——《连城县人民政府关于同意批准实施连城工业园区控制性详细规划的批复》。正文如下。

连城工业园区管委会：

你委《关于请求批准福建连城工业园区控制性详细规划的请示》(连工管〔2016〕41号)收悉。经研究，同意批准实施《连城工业园区控制性详细规划》。

具体批复如下：

(1) 规划范围。连城工业园区规划区包括城关西部片区和城关南部片区两个片区。城关西部片区范围：西至正在建设的浦建龙梅铁路及204省道，北至规划莲汇路，东至西城大道，南至宁南西路，204省道南北向穿过片区西部，片区距离永武高速出口6 km，北部紧邻规划火车站，距离龙岩冠豸山机场3 km，规划用地面积为711.87 hm^2。城关南部片区（食品加工专业园）位于县城南部，范围：北至江林大道，南至林坊路，西至湖潭路，东临文川河，片区东部文川河对岸即冠豸山机场，距离永武高速出口3.8 km，距离规划连城火车站7.5 km，规划用地面积为112.51 hm^2。总规划范围用地面积824.38 hm^2。该范围内单位和个人的各项建设活动，必须遵守连城工业园区控制性详细规划，服从城市规划的统一管理。

(2) 规划性质。以高科技产业为特色，以一类工业产业为主的工业园区。

(3) 人口规模。园区人口规模控制在3.2万人以内。

(4) 用地规模。总规划范围用地面积824.38 hm^2。

(5) 规划期限：2007年至2030年。

(6) 原则同意规划地块的使用性质、建筑高度、建筑密度、容积率及绿地率等控制指标，并按照国家强制性标准条文及控制性详细规划，留足停车泊位、建筑后退、红线距离、建筑间距等，配套各地块的公共设施和基础设施。

(7) 连城工业园区应充分利用连城及周边地区资源优势，借助连城优美的自然环境、便利的交通条件及良好充足的余地情况，因势利导，发展无污染的一类工业为主的产业，适当发展无水污染的二类工业企业，严禁三类工业企业进入，加大园区基础设施投入，进一步改善投资环境，吸收多元化投资，发展其他适合园区的产业，形成综合型工业园区。

(8) 该规划区域属城市地下水补给区，且地下水埋深较浅易受污染，要求要切实做好城区地下水源的保护，确保生活饮用水不受污染，有关部门应严格工业类别的准入审批，做好工业污水、废气的达标排放设计等工作。

(9) 你委应进一步做好规划宣传工作，协助县住房和城乡规划建设局，认真组织实施规划，并加强规划管理。在实施过程中，如有重大变更，应按有关程序报县政府批准。

连城县人民政府
2016年5月25日

县政府在小城镇建设规划的编制、审批、实施过程中，起着推动、引导、组织协调等作用。为了良好地完成规划职能，县政府在落实国家政策、上级任务及建设规划编制、审批、实施的过程中，需要将宏观政策、上级指示与本地的实际情况相结合，因地制宜地制定建设规划，进而使建设规划集科学性、现实性与前瞻性于一身。县政府做出的规划只有科学得当，才能使各乡镇的各个方面得到成功的发展，反之，则会制约小城镇自身的经济社会的进步，从而阻碍整个县域经济社会的良好发展，甚至带来不良影响。所以，县政府的规划职能直接影响其所治理的县域的经济社会发展情况。

为了加强小城镇建设规划的编制、审批、实施和监督管理，推进小城镇建设管理法制化，县政府应做到以下几点。

1. 把小城镇建设规划作为小城镇建设和管理的基本依据

城市规划区、村庄和集镇规划区内的一切建设用地和建设活动必须遵守批准的规划。县政府应充分发挥小城镇建设规划对于优化小城镇土地资源配置和利用的调控作用：凡建设项目所在地段没有编制建设详细规划或者建设项目不符合建设规划的，不得办理规划许可证；擅自修改规划、违反规划的，要依法从严查处。

2. 统一组织实施小城镇建设规划

县域城镇体系规划由县级人民政府统一组织实施，县域行政区域内的各个小城镇建设规划，都要纳入县政府的统一规划管理。

3. 严格规划许可制度

城市规划区内的各项建设要依法办理建设项目选址意见书、建设用地规划许可证和建设工程规划许可证。村庄和集镇规划区内的各项建设要依法办理建设项目选址意见书，并按照有关规定取得开工许可，对未取得规划许可证件的，县政府不得批准用地和进行建设。

4. 坚持建设项目选址意见书审查制度

国家审批的大中型建设项目选址，由项目所在地的市、县人民政府规划行政主管部门提出审查意见，报省、自治区、直辖市及计划单列市人民政府规划行政主管部门核发建设项目选址意见书，并报建设部备案。

5. 加强建设工程实施过程中的规划管理

小城镇建设规划行政主管部门要加强对规划实施的经常性管理，对建设工程性质变更和新建、改建、扩建中违反规划要求的，应及时查处、限期纠正。工程竣工后，小城镇建设规划行政主管部门未出具许可文件的，有关部门不得发给房屋产权证明等有关文件。

6. 建立健全小城镇建设规划的监督检查制度

县政府要对其审批规划的实施情况进行监督检查，认真查处和纠正各种违法违规行为。

7. 加强规划的法制建设

县政府应抓紧小城镇建设规划法规的制定和修改工作，加快制定和修订小城镇建设规划技术标准和规范，进一步完善小城镇建设规划法规体系；各地政府要结合本地实际，制定和完善地方小城镇建设规划法规，把小城镇建设规划工作逐步纳入标准化、规范化、法制化轨道。

案例　金堂县的小城镇建设规划

金堂县是成都市郊县，地处成都平原东北部。金堂县是"成都平原经济圈"内的重点发展县和成都市"特色产业发展区"。中河、毗河、北河穿城而过，有"天府花园水城"之美誉，被评为全省县域经济发展先进县，在2013年中国西部百强县排名第52。

金堂县政府在制定小城镇建设规划过程中，正确地划定了小城镇空间拓展界限。在对小城镇生态环境容量与环境制约要素统筹考量的基础上，推算出小城镇用地规模，划定小城镇空间拓展界限，同时进一步明确区域农田保护地、水源保护地、小城镇组团隔离绿带、旅游休闲用地、自然生态用地和远期发展备用地等非建设地域的范围界限，并以生态资源划定小城镇建设空间分区。在区域范围内，根据资源及生态环境承载能力和未来发展的可能性，将小城镇空间拓展承载力较差的生态系统，如水源涵养地、水资源保护区、有自然与文化景观的区域、生态廊道等作为空间管制的依据和标准，划分不同的管制分区，实施开发强度、开发模式和管理模式的分类指导，从而最终划定禁建区、限建区和适建区。为县域小城镇的经济环境的良好发展奠定了基础。

拓展资源

推荐一些关于小城镇建设规划管理的案例来源：

1. 耿虹，郭长升．小城镇规划与策划［M］．上海：同济大学出版社，2014．
2. 县政府网站政务公开内容
3. 《小城镇建设》期刊

二、建设职能

案例　长兴县的招商引资

长兴县位于浙江省北部，1999年才被国务院批准为对外开放县，是浙江省对外开放最迟的县域之一。尽管对外开放得比较晚，但长兴县政府正确地处理了市场与建设的关系。

长兴县政府的招商引资工作取得了显著的成效,极大地推动了长兴县社会经济的发展。长兴县凭借良好的区位优势、资源优势,努力提升和优化招商引资环境,通过创新观念、创新政策,扎实推进招商引资。长兴县政府注重以开放的环境吸引人才,将市场建设放在工作的首位,思想上高度重视,行动上领导带头、全民参与。在观念创新方面,县政府牢固树立了以服务推进招商引资、以资源推进招商引资、以政策推进招商引资、以良好的生态环境推进招商引资的观念。同时,县政府正确处理了远期规划与近期规划的关系。在政策创新方面,长兴县也有许多的经验。以创业园建设为例,创业园为生产高新技术产品的企业提供标准办公室以及 300 m^2 以内的标准厂房,第一年免收租金,第二年、第三年减半收取租金。对海外留学生或已回国人员及博士后等高层次人才带资金或项目到科技园来创业,不受设施限制,三年内免收厂房和办公用房租金。在融资筹资、税费优惠等其他方面,县政府也出台了一系列税收优惠政策。县政府通过观念创新、政策创新,扎实有效地推进了招商引资的开展,并使长兴县收获了经济、社会等方面的效益。

县政府作为社会公共组织,不仅是小城镇的管理者,而且是小城镇建设过程的重要参与者。作为管理者,县政府通过行使行政权力来制定小城镇建设的方针政策,并直接参与小城镇的建设活动。

在政府所行使的各种权力中,县政府与小城镇建设过程有关的建设职能主要包括建设财政职能、建设事务职能与建设人事职能。建设财政职能决定着小城镇发展建设的基础保障;建设事务职能决定着小城镇建设的自主性和灵活度;建设人事职能决定着小城镇建设的管理人员架构。县政府履行建设职能时应该做好以下几点。

(一)处理好建设与市场的关系

小城镇建设固然离不开县政府,然而县政府能否在建设过程中处理好自身和市场的关系仍然是当前的一个重要问题。在之前的小城镇建设过程中,县政府没有确立好一个明确的合理作用界限,过度发挥其职能,过度作为,使得一些人开始对政府主导城镇化的道路持怀疑甚至反对态度。县政府应该充分和正确地认识自身和市场的关系,否则有可能忽略市场对产业发展的带动作用和商贸投资的引导作用。一些县区的县政府热衷于从土地财政中获取利益,征地卖地,大肆开发房地产、大修马路、扩建公园,忽略城镇化发展规律,在土地买卖中急于获取眼前利益,结果造成小城镇的经济活力无法提高、产业没有发展起来的现象,并且增加了县政府自身的债务包袱。另外,一些县区的县政府排斥市场，自己主导市政的基础设施建设，盲目扩张城镇化，造成了许多"鬼城"现象，小城镇框架拉大，人民群众的生活质量水平却没有得到实质性的提升，这样反而造成了不少社会矛盾。

一些依靠低价从农民手里征地，又高价将土地卖出从而获得差价的政府行为不但造成小城镇用地效率低、粗放化，而且不符合我国目前对经济转型升级的要求。县政府在推动城镇化的发展过程中需要大量的资金，可持续发展的路径是靠县域城镇发展来积累和吸引资金。只有摆正政府和市场的关系，促进县域内产业的聚集、商业贸易的活跃，县区的经济活力才能得到增强，政府的财政实力才能稳固，建设能力才能提高，县政府才能合理解决好城镇化建设中的资金问题。此外，县域市场活跃了，人民的生活水平和消费水平提高，社保健全，反过来也会增强县区的综合实力和竞争力，吸引更多的资金和资源流向县区。营造这种良性互动关系的关键就在于县政府能够把握市场规律，顺应规律，转变自身职能，创造良好的外部环境，激发市场的活力，并且听取多方面的意见和建议，与时俱进地、科学地制定规则，不盲目搞投资、拉大项目。

（二）处理好建设与农民的关系

在我国，城镇化的发展依据政府与农民的互动关系可以归为三种：第一种途径是较传统的途径，即政府征地，农民处于被动地位的模式。在这种模式中，政府通过征地卖地虽然能够从表面上快速促成城镇化，但是在征地的时候容易与农民产生摩擦，并且政府推高房价也容易造成其与买房者的矛盾。第二种途径就是完全依靠农民自发、自主地进行城镇化。这种模式的作用过程是在城区外围发展产业化，以促进农业人口向非农业人口的转化，吸纳和聚集人口，促进工业和服务业发展。但是，这种农民完全自发的城镇化模式必须依靠法律法规强有力的保障、小城镇功能的科学合理规划和区分，否则容易使城镇化的发展走上歧途。第三种途径是以农民为主体、政府发挥主导作用的模式，这种模式打破了前两种模式偏重于一头的弊端，能协调好政府和农民在城镇化过程中发挥不同的作用。在该模式下，政府负责制定小城镇空间发展规划，无论是国有的还是集体所有的土地都能够平等进入市场，并且使农民能够分享土地的收益。政府不再以土地经营者的身份和农民争利，而是在城镇化建设中进行组织、提供服务，并进行制度供给。

县政府应该在小城镇规划、基础设施建设、社保以及土地流转方面重视农民的利益，使农民参与进来，打破城乡二元体制。县政府要改变过去只注重土地的城镇化而忽略人的城镇化的行为，合理开发城乡接合部的土地，合理解决产业发展问题、基础设施建设问题以及农民的居住问题，促进农民的城镇化转变，并且要让农民在土地流转中获得收益。只有不再与农民争利，县政府才能在城镇化进程中保护农民的主体地位，维护其利益。

> **拓展资源**
>
> 推荐一些关于县政府在小城镇建设规划中的职能的学习渠道：
> 1. 各地县政府网站
> 2. 市级规划主管部门网站
> 3. 微信公众号"小城镇规划"

> **课程知识点**
>
> 1. 为了加强小城镇建设规划的编制、审批、实施和监督管理，推进小城镇建设管理法制化，县政府应该做到哪几点？
> 2. 在小城镇建设规划从编制到实施的过程中县政府承担了哪些规划职能？

第三节 行政区划与镇的设置和行政管理机构

行政区划是行政区域划分的简称，是我国为了进行分级管理而实行的区域划分。我国行政区主要划分为省级行政区、地级行政区、县级行政区、乡级行政区四个级别。乡镇是我国最基层的行政机构，一头连着城市，一头连着农村，在农村乃至整个国家经济社会发展中发挥着基础性作用，是党和政府联系人民群众的纽带。

案例 河北省的行政区划

河北简称冀，全省面积约19万km^2，截至2020年6月，下辖11个地级市，共有49个市辖区、21个县级市、91个县、6个自治县（合计168个县级行政区划单位）。省会为石家庄市，石家庄市辖8区11县（市），市政府驻长安区。正定县是石家庄所辖的11个县（市）之一，截至2021年10月，正定县辖5个乡镇、2个街道办事处。

一、行政区划

截至2020年12月31日，我国的行政区划实行如下：一级省级行政区：分为省、自治区、直辖市、特别行政区；二级地级行政区：分为地级市、地区、自治州、盟；三级县级行政区：分为市辖区、县、自治县、县级市、旗、自治旗、林区、特区；四级乡级行政区：分为镇、乡、民族乡、街道、苏木、民族苏木、区公所。

小城镇层面的行政区划一般属于四级的乡级行政区。划定行政区划为政府把控小城镇的发展方向提供了坚实基础，行政区划直接决定了小城镇建设和管理边界，是所有小城镇建设与管理活动的空间范围依据。所有一切与小城镇发展有关的活动，如小城镇自身的空间布局、组织管理、小城镇土地利用及基础设施建设都要在行政区划划定的空间范围内进行。小城镇发展过程中的各种规划建设行为，是对小城镇行政区划的科学性的不断检验。行政区划明确了小城镇在城镇体系和区域发展中的等级和地位，小城镇发展过程中区域内空间布局的合理性、土地利用的有效性及基础设施建设的统一性，都与小城镇行政区划的科学与否密切相关。

二、镇的设置

行政区划中的镇是指经省、自治区、直辖市批准的镇。镇的概念和划分标准在中华人民共和国成立后一直处于变化的状态。20世纪60年代前，镇是指常住人口在2 000人以上，非农业人口占50%以上的行政区域。1964年起，镇的划分标准改为常住人口在3 000人以上，非农业人口占70%以上；或者常住人口在2 500人以上，不满3 000人，非农业人口占85%以上。

1984年之后，镇的划分标准又调整为：凡县级地方国家机关所在地；或总人口在20 000人以上的乡，乡政府驻地非农业人口超过2 000人；或总人口在20 000人以上的乡，乡政府驻地非农业人口占全乡人口10%以上；或少数民族地区、人口稀少的边远地区、山区和小型工矿区、小港口、风景旅游、边境口岸等地，非农业人口虽不足2 000人，确有必要，都可建镇。

现在的镇在我国范围内是县和县级市以下的行政区划单位，与乡同级。镇和乡的区别在于，镇的人口规模大，经济发展较好。与镇同级的行政区划单位名称有乡、街道、苏木等。镇一般由若干个街道和若干个自然村组成，区域面积一般在300 km^{2}以上。乡是以农业为主，镇是农业和工业都有，总体来说，乡属于农村型行政区，镇属于城市型行政区。

三、镇的行政管理机构

镇起源于我国古代的"乡制度"，是我国古代常用的一种社会管理组织制度。在农耕为主的古代封建社会，对农民的管制是古代统治者治理国家的重要任务。历朝历代都格外重视对乡村的管制，经过多年的演变，具有中国特色的乡村社会政治体制与管理制度形成了。自周朝至当今社会，随着社会、政治、经济的不断变迁，镇的行政机构也经历着一次又一次的变迁。《中华人民共和国地方各级人民代表大会和地方各级人民政府组织法》（简称《地方组织法》)规定，乡、镇的政权机构为乡、镇人民代表大会及其执行机关即各乡、镇人民政府，没有人民代表大会的常设机关。乡、镇机构设置的这些特点决定了它常常以基层政权"全权代表"的身份出现。乡、镇行政机关及其管理活动，具有其他行政机关所没有的特征，特别是乡、镇基层的行政权仍然以各种方式向村渗透，并在乡村治理中占据支配性地位。

由于各地实行乡、镇政府机构改革的时间、力度和方案不同，我国现阶段乡、镇政府机构设置主要有以下两种情况：①某些乡、镇政府沿用了以前的站、所、办公室的设置，部门设置比较细、比较多。②另一些乡、镇政府对职能相近的部门进行了大规模的合并调整。

总体来说，乡、镇一级设立的机构主要有党群机构、政府机构、司法机构和下属企事业单位。

案例　建德市小城镇治理的"街长制"

浙江省建德市位于浙江省西部。建德市在小城镇治理中首创"街长制"，形成了镇民自治的小城镇规划方案。镇干部带头担任"干部街长"，由具有一定威望的居民群众担任"民间街长"，并配备相应成员及一名监督员，通过居民自治、联合参与，共同推进小城镇环境综合整治。"街长制"实施后，建德市的每个街头都设立了街长公示牌，居民可随时监督和反映问题。街长的包干管理使小城镇管理过程中的问题排查也更细致，为小城镇行政机构管理的创新提供了新的思路。

拓展资源

推荐一些关于镇的行政管理机构的学习渠道：

1. 微信公众号"小城镇规划"
2. "国匠城"城市规划论坛
3. 县政府网站政务公开内容

课程知识点

乡镇是我国基层的行政机构，是连接城市和农村的基本单元，在农村乃至整个国家经济社会发展中发挥着基础性作用。小城镇在城镇化发展进程中发挥着承上启下的作用，是连接城市和乡村的关键层级，对于支撑县(市)域经济、辐射带动农村地区的发展具有极为重要的作用。

本章小结

小城镇建设规划管理是小城镇建设的综合部署,是小城镇在一定时期内城镇化的发展目标和计划,更是小城镇建设管理的基础。小城镇建设管理是按照已经批准的小城镇规划,对小城镇的布局及各项建设进行有效的管控和实施,使小城镇的各项建筑及区域作用能够有效地按照小城镇规划来完成。小城镇建设管理的关键在于坚持规划管理的权威性。

县政府和镇政府作为小城镇建设管理的核心力量,应当发挥在小城镇建设管理中的带头作用,处理好规划管理与各方面发展的关系,并加强小城镇建设规划的编制、审批、实施和监督管理,推进小城镇建设管理法制化的进程。

本章参考文献

[1] 李光录.村镇规划与管理[M].北京:中国林业出版社,2014.

[2] 汤铭潭.小城镇规划技术指标体系与建设方略[M].北京:中国建筑工业出版社,2005.

[3] 罗素芳.关于小城镇规划建设存在的问题及对策研究[J].低碳世界,2017(35):237-238.

[4] 许斌成.小城镇建设政策法规指南[M].天津:天津大学出版社,2014.

[5] 陈佳骆,李国凡,朱霞.小城镇建设管理手册[M].北京:中国建筑工业出版社,2002.

[6] 李建钊.小城镇发展与规划指南[M].天津:天津大学出版社,2014.

本章练习题

单选题

1. 一级省级行政区分为省、自治区、（　　　）、特别行政区。

A. 地区　　　　　　　　　　B. 直辖市

C. 地级市　　　　　　　　　D. 旗

2. 下列选项中,属于县政府在小城镇建设方面的核心职能的是（　　　）。

A. 建设职能　　　　　　　　B. 协调职能

C. 立法职能　　　　　　　　D. 监察职能

3. 下列选项中,属于小城镇建设管理依据的是（　　　）。

A. 县级土地利用总体规划

B. 国民经济各部门的发展计划

C. 小城镇总体规划

D. 当地群众及乡(镇)政府官员对本乡(镇)、村镇建设发展的设想

4. 镇起源于我国古代的（　　）。

A. 乡制度　　　　　　　　　B. 村制度

C. 镇制度　　　　　　　　　D. 街制度

5. 县政府应把（　　）作为小城镇建设和管理的基本依据。

A. 小城镇建设规划　　　　　B. 镇域规划

C. 村镇规划　　　　　　　　D. 乡规划

6.《中华人民共和国城乡规划法》第52条规定："（　　）应当向本级人民代表大会常务委员会或者乡、镇人民代表大会报告城乡规划的实施情况，并接受监督。"

A. 地方各级人民政府　　　　B. 地方规划管理部门

C. 地方行政监察机关　　　　D. 地方审计机关

7.（　　）负责组织编制县城镇外的建制镇建设规划。

A. 建制镇人民政府　　　　　B. 县人民政府

C. 省级人民政府　　　　　　D. 县级人民代表大会

第六章练习题参考答案

第七章
小城镇建设相关政策与法律法规

学习目标

掌握：《中华人民共和国城乡规划法》和《村庄和集镇规划建设管理条例》中关于小城镇建设的基本内容。

熟悉：城市规划标准和村镇规划标准的重要内容，以及两者的不同之处。

了解：小城镇建设的相关法律法规和相关规划标准。

本章导语

为了规范小城镇的各项建设活动，使建设规划的制定审批和实施更加合理，规范各行政主体之间的管理权限和管理范畴，个人和群体都需要严格遵守小城镇建设的相关法律法规。在小城镇建设规划批准实施之后，任何单位和个人都无权擅自修改，相关的建设行为也必须遵守小城镇建设规划中的有关规定。但在建设实践过程中，一些个人、群体为了追逐利益，做出违建、擅建等行为，对城镇布局、生态环境、耕地保护等造成了破坏，严重影响了小城镇的建设。党的十九大报告强调，全面依法治国是国家治理的一场深刻革命，必须坚持厉行法治，推进科学立法、严格执法、公正司法、全民守法。

本章知识导图

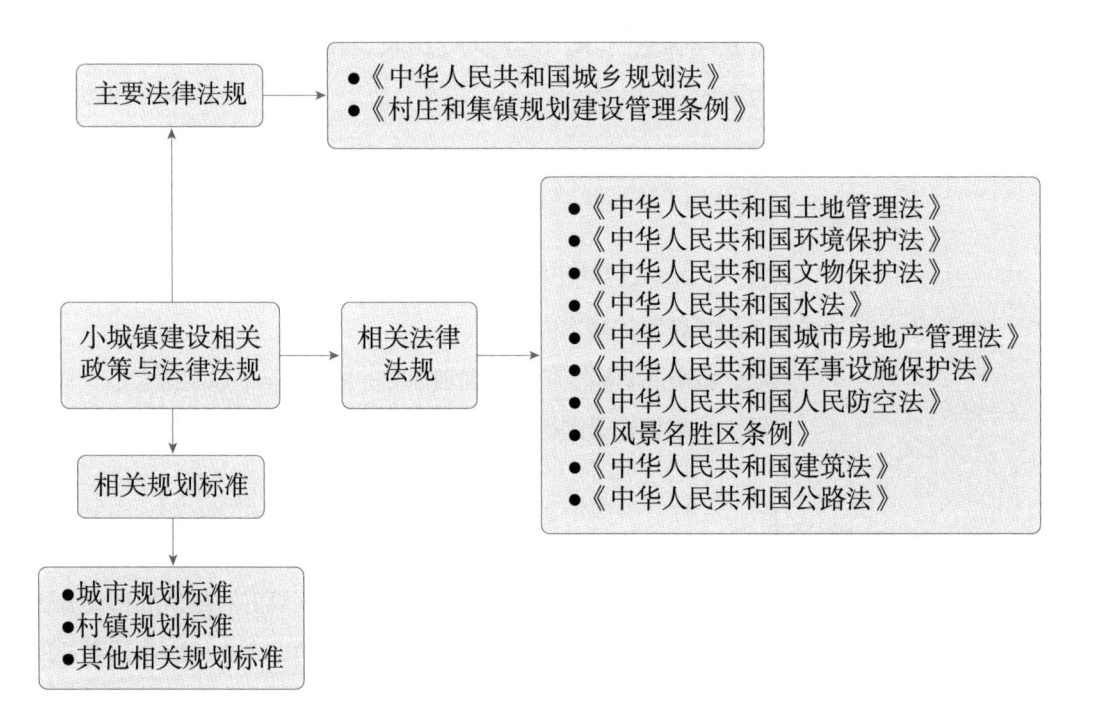

- 小城镇建设相关政策与法律法规
  - 主要法律法规
    - 《中华人民共和国城乡规划法》
    - 《村庄和集镇规划建设管理条例》
  - 相关法律法规
    - 《中华人民共和国土地管理法》
    - 《中华人民共和国环境保护法》
    - 《中华人民共和国文物保护法》
    - 《中华人民共和国水法》
    - 《中华人民共和国城市房地产管理法》
    - 《中华人民共和国军事设施保护法》
    - 《中华人民共和国人民防空法》
    - 《风景名胜区条例》
    - 《中华人民共和国建筑法》
    - 《中华人民共和国公路法》
  - 相关规划标准
    - 城市规划标准
    - 村镇规划标准
    - 其他相关规划标准

第一节 小城镇建设的主要法律法规

近年来,一些小城镇地区的非法占用耕地、改变耕地用途等行为,造成了土地沙化、土壤肥力消失等严重问题。此类违法行为无视国家土地管理和城乡规划,造成农用地大量毁坏,生态环境破坏等后果。

案例　章某违法占用农用地

江苏省江阴市嘉丰机械安装有限公司在章某担任法定代表人期间,从 2003 年开始,陆续向江阴市临港街道某村村民及村委会租用集体土地共计 22.79 亩,用于建设厂房、宿舍、食堂及堆场等。经鉴定,该行为造成原有耕作层种植功能丧失且难以复原,耕地已被严重破坏。案发后,该公司对部分厂房进行了拆除并复耕,对堆场部分进行了复耕。

江苏省江阴市人民法院经审理认为,江阴市嘉丰机械安装有限公司违反了《中华人民共和国城乡规划法》第四条、《村庄和集镇规划建设管理条例》第十八条、《中华人民共和国土地管理法》等法律。章某系该公司直接负责的主管人员,在归案后能如实供述罪行,当庭自愿认罪,积极对被占用农用地进行复耕,且无再犯罪危险,对所在社区无重大不良影响,故以非法占用农用地罪分别判处江阴市嘉丰机械安装有限公司罚金人民币两万元;章某拘役三个月,缓刑五个月。

关于小城镇建设规划的法律法规主要有两部,分别为《中华人民共和国城乡规划法》和《村庄和集镇规划建设管理条例》。

一、《中华人民共和国城乡规划法》

《中华人民共和国城乡规划法》的制定是为了加强城乡规划管理,协调城乡空间布局,改善人居环境,促进城乡经济社会全面协调可持续发展。2007 年 10 月 28 日,第十届全国人民代表大会常务委员会第三十次会通过《中华人民共和国城乡规划法》(经 2015 年、2019 年两次修正),自 2008 年 1 月 1 日起施行,《中华人民共和国城市规划法》同时废止。

(一)《中华人民共和国城乡规划法》的法条

《中华人民共和国城乡规划法》包括总则、城乡规划的制定、城乡规划的实施、城乡规划的修改、监督检查、法律责任和附则共七章七十条。

(二)有关城乡规划体系的内容

城乡规划包括城镇体系规划、城市规划、镇规划、乡规划和村庄规划。城市规划、镇规划分为总体规划和详细规划。详细规划分为控制性详细规划和修建性详细规划。

规划区是指城市、镇和村庄的建成区以及因城乡建设和发展需要，必须实行规划控制的区域。规划区的具体范围由有关人民政府在组织编制的城市总体规划、镇总体规划、乡规划和村庄规划中，根据城乡经济社会发展水平和统筹城乡发展的需要划定。

制定和实施城乡规划，在规划区内进行建设活动，必须遵守《中华人民共和国城乡规划法》。

(三)有关城乡规划原则的内容

1. 城乡统筹、合理布局、节约土地、集约发展

要以科学发展观统筹城乡区域协调发展，在充分发挥市域的中心辐射带动作用、促进大中小城市和小城镇协调发展的同时，合理安排城市、镇、乡村空间布局，贯彻科学用地、合理用地、节约用地的方针，不浪费每一寸土地资源，走集约型可持续的、具有中国特色的城镇化和城乡健康发展道路。

2. 先规划后建设

城乡规划是对一定时期内城乡的经济和社会发展、土地利用、空间布局以及各项建设的综合部署、具体安排和实施管理。它对于城乡建设、管理、发展具有指导、调整、综合和科学合理安排的重要作用，是城乡各项建设发展与管理的依据和"龙头"。城乡各项建设活动必须依照城乡规划进行，否则就会带来城乡建设的盲目、无序、混乱，后患无穷。因此，必须坚持先规划后建设的原则，同时要杜绝边建设边规划、先建设后规划的现象发生，以保证城乡建设科学、合理、有序、可持续地进行和健康发展。

3. 环保节能、保护耕地

要高度重视对自然资源的保护，切实考虑城乡环境保护问题，努力改善生态环境和生活环境，加强对环境污染的防治，促进各种资源、能源的节约和综合利用，落实节能减排、节地、节水等措施，防止污染和其他公害的发生，确保我国18亿亩的耕田数量不减少、质量不下降，绝不以任何借口对其侵蚀，从而保障城乡规划建设获得最大的经济效益、社会效益和环境效益。

4. 保护历史文化遗产和城乡特色风貌

要切实加强对世界自然和文化遗产，历史文化名城、名镇、名村的保护，以及对历史文化街区、文物古迹和风景名胜区的保护，包括对物质文化遗产的保护，努力保护和保持城乡的地方特色、民族特色和传统风貌，维护历史文化遗产的真实性和完整性，正确处理经济社会发展与文化遗产保护的关系，防止城乡建设形象的千篇一律，体现城乡风貌的各具特色，提倡在继承的基础上发展创新，以实际行动来继承、弘扬和发展中华民族的优秀传统文化和城乡发展建设成就。

5. 满足公共安全、防灾减灾的需要

城乡是人们安身立命、安居乐业的地方，因此公共安全极其重要。城乡规划要充分考虑区域人口发展，合理确定城乡发展规模和建设目标，努力满足防火、防爆、防震抗震、防洪防涝、防泥石流、防风雪、防沙漠侵袭等防灾减灾的需要，满足社会治安、交通安全、卫生防护和国防建设、人民防空建设等各方面的保障安全要求，考虑相应的公共卫生、公共安全预警救助措施，创造条件以保障城乡人民群众生命财产安全和社会的和谐安定。

（四）有关城乡规划管理体制的内容

各级政府城乡规划主管部门的职责：国务院城乡规划主管部门负责全国的城乡规划管理工作，县级以上地方人民政府城乡规划主管部门负责本行政区域内的城乡规划管理工作。

(1) 国务院城乡规划主管部门。根据《中华人民共和国城乡规划法》规定，国务院城乡规划主管部门主要负责：①全国城镇体系规划的组织编制和报批；②部门规章的制定，规划编制单位资质等级的审查和许可；③报国务院审批的省域城镇体系规划和城市总体规划的报批有关工作；④对举报或控告的受理、核查和处理；⑤对全国城乡规划编制、审批、实施、修改的监督检查和实施行政措施等。

(2) 省、自治区城乡规划主管部门。主要负责：①省域城镇体系规划和本行政区内城市总体规划，县人民政府所在地镇总体规划的报批有关工作；②规划编制单位资质等级的审查和许可；③对举报或控告的受理、核查和处理；④对区域内城乡规划编制、审批、实施、修改的监督检查和实施行政措施等。

(3) 城市、县人民政府城乡规划主管部门。主要负责：①城市、镇总体规划以及乡规划和村庄规划的报批有关工作；城市、镇控制性详细规划的组织编制和报批；②重要地块修建性详细规划的组织编制；③建设项目选址意见书、建设用地规划许可证、建设工程规划许可证、乡村建设规划许可证的核发；④对举报或控告的受理、核查和处理；⑤对区域内城乡规划编制、审批、实施、修改的监督检查和实施行政措施等。直辖市人民政府城乡规划主管部门还负责对规划编制单位资质等级的审查和许可工作。

(4) 乡、镇人民政府。《中华人民共和国城乡规划法》没有授权乡、镇人民政府设城乡规划主管部门。乡、镇人民政府的主要职责：①乡、镇人民政府负责乡规划、村庄规划的组织编制；②镇人民政府负责镇总体规划的组织编制，还负责镇的控制性详细规划的组织编制；③乡、镇人民政府对乡、村庄规划区内的违法建设实施行政处罚。

（五）《中华人民共和国城乡规划法》的意义

近年来，一些地方对违法建设行为负有监管、查处职责的国家工作人员，滥用职权或者玩忽职守，对违法建设行为疏于履行监管职责，对违法建设行为置若罔闻，致使国家和人民利益遭受重大损失。此类纵容违法建设的行为，既助长了违法者的"气焰"，又给守法者造成了误导，形成了违法建设的"攀比"效应。相关责任人疏于履行职责，人民法院将以玩忽职守罪依法追究其刑事责任，这对于督促国家工作人员依法履行监管职责、积极查处违法建设行为，确保城乡规划法的全面落实具有重要现实意义。

二、《村庄和集镇规划建设管理条例》

为加强村庄、集镇的规划建设管理，改善村庄、集镇的生产、生活环境，促进农村经济和社会发展，1993 年 6 月 29 日国务院以第 116 号令发布了《村庄和集镇规划建设管理条例》，并于同年 11 月 1 日起施行。

（一）《村庄和集镇规划建设管理条例》简述

《村庄和集镇规划建设管理条例》适用于制定和实施村庄、集镇规划以及在村庄、集镇规划区内进行居民住宅、乡（镇）村企业、乡（镇）村公共设施和公益事业等的建设，国家征用集体所有土地进行的建设除外。根据该条例第二条、第三条，村庄是指农村村民居住和从事各种生产的聚居点。集镇是指乡、民族乡人民政府所在地和经县级人民政府确认由集市发展而成的作为农村一定区域经济、文化和生活服务中心的非建制镇。在城市规划区内的村庄、集镇规划的制定和实施，依照城市规划法及其实施条例执行。

（二）《村庄和集镇规划建设管理条例》的主要内容

(1) 规划原则。①根据国民经济和社会发展计划，结合当地经济发展的现状和要求，以及自然环境、资源条件和历史情况等，统筹兼顾，综合部署村庄和集镇的各项建设；②处理好近期建设与远景发展、改造与新建的关系；③合理用地，节约用地，充分利用原有建设用地，新建、扩建工程及住宅应当尽量不占用耕地和林地；④有利生产，方便生活，合理安排各项建设布局，促进农村各项事业协调发展，并适当留有发展余地；⑤保护和改善生态环境。

(2) 规划依据。村庄、集镇规划的编制，应当以县域规划、农业区划、土地利用总体规划为依据，并同有关部门的专业规划相协调。

(3) 总体规划内容。村庄、集镇总体规划的主要内容包括：乡级行政区域的村庄、集镇布点，村庄和集镇的位置、性质、规模和发展方向，村庄和集镇的交通、供水、供电、邮电、商业、绿化等生产和生活服务设施的配置。

(4) 建设规划内容。集镇建设规划的主要内容包括：住宅、乡（镇）村企业、乡（镇）村公共设施、公益事业等各项建设的用地布局、用地规模，有关的技术经济指标，近期建设工程以及重点地段建设具体安排。

(5) 村庄和集镇规划的审批。村庄、集镇总体规划和集镇建设规划，须经乡级人民代表大会审查同意，由乡级人民政府报县级人民政府批准。村庄建设规划，须经村民会议讨论同意，由乡级人民政府报县级人民政府批准。

此外，该条例还包含村庄和集镇规划的实施，村庄和集镇建设的设计、施工管理，房屋、公共设施、村容镇貌和环境卫生管理及处罚等有关规定。

> **拓展资源**
>
> 推荐一些关于《中华人民共和国城乡规划法》的学习渠道：
> 1. 中华人民共和国住房和城乡建设部官方网站
> 2.《国际城市规划》期刊

> **课程知识点**
>
> 1. 这两部法律法规为小城镇建设规划的编制、审批、实施提供了坚实的法律依据，通过法律和行政的力量来约束和指导小城镇相关建设规划。
> 2. 这两部法律法规也规定了建设者和管理者在小城镇建设规划中各自的角色以及应该遵循的准则，保证了小城镇建设的稳步、高效前进。

第二节　小城镇建设的相关法律法规

运用法律对小城镇规划建设活动进行管理，是做好小城镇建设的极其重要的方法，也是根本方法。除了《中华人民共和国城乡规划法》和《村庄和集镇规划建设管理条例》外，我国还有很多法律法规从更专业、更详细的角度规定了小城镇建设、规划编制、建设管理、规划管理等方面的内容，相关法律法规有《中华人民共和国土地管理法》《中华人民共和国环境保护法》《中华人民共和国文物保护法》《中华人民共和国水法》《中华人民共和国城市房地产管理法》《中华人民共和国军事设施保护法》《中华人民共和国人民防空法》《风景名胜区条例》《中华人民共和国建筑法》《中华人民共和国公路法》等。

小城镇规划相关部门在建设管理过程中应与其他行政管理主体密切配合，各个管理主体通过行政手段，按照小城镇建设规划和法定程序，履行必要的申请、审查、报批、发证、验收等手续，可以对当前各项建设用地和建设活动进行合理安排和综合部署。

一、《中华人民共和国土地管理法》

为了加强土地管理，维护土地的社会主义公有制，保护、开发土地资源，合理利用土地，切实保护耕地，促进社会、经济的可持续发展，1986年6月25日第六届全国人民代表大会常务委员会第十六次会议通过了《中华人民共和国土地管理法》（根据1988年12月29日第七届全国人民代表大会常务委员会第五次会议《关于修改〈中华人民共和国土地管理法〉的决定》第一次修正；1998年8月29日第九届全国人民代表大会常务委员会第四次会议修订；根据2004年8月28日第十届全国人民代表大会常务委员会第十一次会议《关于修改〈中华人民共和国土地管理法〉的决定》第二次修正；根据2019年8月26日第十三届全国人民代表大会常务委员会第十二次会议《关于修改〈中华人民共和国土地管理法〉、〈中华人民共和国城市房地产管理法〉的决定》第三次修正）。

（一）主要内容

该法的主要内容包括总则、土地的所有权和使用权、土地利用总体规划、耕地保护、建设用地、监督检查、法律责任和附则。

（二）基本规定

(1) 我国实行土地的社会主义公有制，即全民所有制和劳动群众集体所有制。国家为了公共利益的需要，可以依法对土地实行征收或者征用并给予补偿。

(2) 国家依法实行国有土地有偿使用制度。但是，国家在法律规定的范围内划拨国有土地使用权的除外。

(3) 十分珍惜、合理利用土地和切实保护耕地是我国的基本国策。各级人民政府应当采取措施，全面规划，严格管理，保护、开发土地资源，制止非法占用土地的行为。

(4) 国家实行土地用途管制制度。国家编制土地利用总体规划，规定土地用途，将土地分为农用地、建设用地和未利用地。严格限制农用地转为建设用地，控制建设用地的总量，对耕地实行特殊保护，使用土地的单位和个人必须严格按照土地利用总体规划规定的用途使用土地。

（三）与小城镇建设相关的规定

（1）建设用地规模应当符合国家规定的标准，充分利用现有建设用地，不占或者尽量少占农用地。城市总体规划、村庄和集镇规划，应当与土地利用总体规划相衔接，城市总体规划、村庄和集镇规划，应当与土地利用总体规划相衔接，城市总体规划、村庄和集镇规划中建设用地规模不得超过土地利用总体规划确定的城市和村庄、集镇建设用地规模。在城市规划区内、村庄和集镇规划区内，城市和村庄、集镇建设用地应当符合城市规划、村庄和集镇规划。

（2）建设单位使用国有土地的，应当按照土地使用权出让等有偿使用合同的约定或者土地使用权划拨批准文件的规定使用土地；确需改变该幅土地建设用途的，应当经有关人民政府自然资源主管部门同意，报原批准用地的人民政府批准。其中，在城市规划区内改变土地用途的，在报批前，应当先经有关城市规划行政主管部门同意。

（3）建设项目施工和地质勘查需要临时使用国有土地或者农民集体所有的土地的，由县级以上人民政府自然资源主管部门批准。其中，在城市规划区内的临时用地，在报批前，应当先经有关城市规划行政主管部门同意。土地使用者应当根据土地权属，与有关自然资源主管部门或者农村集体经济组织、村民委员会签订临时使用土地合同，并按照合同的约定支付临时使用土地补偿费。

（4）有下列情形之一的，由有关人民政府自然资源主管部门报经原批准用地的人民政府或者有批准权的人民政府批准，可以收回国有土地使用权：

①为实施城市规划进行旧城区改建以及其他公共利益需要，确需使用土地的；

②土地出让等有偿使用合同约定的使用期限届满，土地使用者未申请续期或者申请续期未获批准的；

③因单位撤销、迁移等原因，停止使用原划拨的国有土地的；

④公路、铁路、机场、矿场等经核准报废的。

⑤依照第①项的规定收回国有土地使用权的，对土地使用权人应当给予适当补偿。

（5）乡镇企业、乡（镇）村公共设施、公益事业、农村村民住宅等乡（镇）村建设，应当按照村庄和集镇规划，合理布局，综合开发，配套建设；建设用地，应当符合乡（镇）土地利用总体规划和土地利用年度计划，并依照《中华人民共和国土地管理法》第四十四条、第六十条、第六十一条、第六十二条的规定办理审批手续。

二、《中华人民共和国环境保护法》

1989年12月26日，第七届全国人民代表大会常务委员会第十一次会议通过《中华人民共和国环境保护法》，该法自公布之日起施行。2014年4月24日，该法由第十二届全国人民代表大会常务委员会第八次会议修订通过，自2015年1月1日起施行。

（一）主要内容

该法主要内容包括总则、监督管理、保护和改善环境、防治污染和其他公害、信息公开和公众参与法律责任和附则等。

（二）适用范围

《中华人民共和国环境保护法》所称环境，是指影响人类生存和发展的各种天然的和经过人工改造的自然因素的总体，包括大气、水、海洋、土地、矿藏、森林、草原、野生生物、自然遗迹、人文遗迹、自然保护区、风景名胜区、城市和乡村等。该法适用于中华人民共和国领域和中华人民共和国管辖的其他海域。

（三）有关规定

国家制定的环境保护规划必须纳入国民经济和社会发展规划，国家采取有利于环境保护的经济、技术政策和措施，使环境保护工作同经济建设和社会发展相协调。一切单位和个人都有保护环境的义务。

（四）环境保护工作的主管部门

国务院环境保护主管部门，对全国环境保护工作实施统一监督管理。县级以上地方人民政府环境保护主管部门，对本行政区域环境保护工作实施统一监督管理。

（五）环境监督管理

(1) 环境质量标准。国务院环境保护主管部门制定国家环境质量标准，省、自治区、直辖市人民政府对国家环境质量标准中未作规定的项目，可以制定地方环境质量标准。

(2) 污染物排放标准。国务院环境保护主管部门根据国家环境质量标准和国家经济、技术条件，制定国家污染物排放标准，省、自治区、直辖市人民政府可以对国家污染物排放标准中未作规定的项目制定地方标准，也可以对国家标准中已作规定的项目制定严于国家标准的地方标准。

(3) 环境监测规范。国务院环境保护主管部门建立监测制度，制定监测规范，会同有关部门组织检查网络，加强对环境监测的管理。省级以上人民政府环境保护主管部门应当定期发布环境状况公报。

（六）环境保护规划

县级以上人民政府环境保护主管部门，应当会同有关部门对管辖范围内的环境状况进行调查和评价，编制本行政区域的环境保护规划，经计划部门综合平衡后，报同级人民政府批准并公布实施。

（七）其他规定

制定城市规划，应当确定保护和改善环境的目标和任务。在国务院、国务院有关主管部门和省、自治区、直辖市人民政府划定的风景名胜区、自然保护区和其他需要特别保护的区域内，不得建设污染环境的工业生产设施。建设其他设施，其污染物排放不得超过规定的排放标准。已经建成的设施，其污染物排放超过规定的排放标准的，限期治理。城乡建设应当结合当地自然环境的特点，保护植被、水域和自然景观，加强城市园林、绿地和风景名胜区的建设。

三、《中华人民共和国文物保护法》

1982年11月19日，第五届全国人民代表大会常务委员会第二十五次会议通过并公布了《中华人民共和国文物保护法》。2017年11月4日，该法由第十二届全国人民代表大会常务委员会第三十次会议修正通过并予公布，自公布之日起施行。内容包括：总则、不可移动文物、考古发掘、馆藏文物、民间收藏文物、文物出境进境、法律责任、附则。

（一）适用范围

在中华人民共和国境内，下列文物受国家保护：①具有历史、艺术、科学价值的古文化遗址、古墓葬、古建筑、石窟寺和石刻、壁画；②与重大历史事件、革命运动的著名人物有关的以及具有重要纪念意义、教育意义或者史料价值的近代现代重要史迹、实物、代表性建筑；③历史上各时代珍贵的艺术品、工艺美术品；④历史上各时代重要的文献资料以及具有历史、艺术、科学价值的手稿和图书资料等；⑤反映历史上各时代、各民族社会制度、社会生产、社会生活的代表性实物。具有科学价值的古脊椎动物化石和古人类化石同文物一样受国家保护。

（二）文物保护单位

古文化遗址、古墓葬、古建筑、石窟寺、石刻、壁画、近代现代重要史迹和代表性建筑等不可移文物，根据它们的历史、艺术、科学价值，可以分别确定为全国重点文物保护单位，省级文物保护单位，市、县级文物保护单位。

（三）文物的分类

历史上各时代重要实物、艺术品、文献、手稿、图书资料、代表性实物等可移动文物，分为珍贵文物和一般文物；珍贵文物分为一级文物、二级文物、三级文物。

（四）文物工作方针

文物工作贯彻保护为主、抢救第一、合理利用、加强管理的方针。

（五）文物所有权

中华人民共和国境内地下、内水和领海中遗存的一切文物，属于国家所有。国有不可移动文物的所有权不因其所依附的土地所有权或者使用权的改变而改变。属于国家所有的可移动文物的所有权不因其保管、收藏单位的终止或者变更而改变。国有文物所有权受法律保护，不容侵犯。属于集体所有和私人所有的纪念建筑物、古建筑和祖传文物以及依法取得的其他文物，其所有权受法律保护。文物的所有者必须遵守国家有关文物保护的法律、法规的规定。

（六）确保文物安全

基本建设、旅游发展必须遵守文物工作的方针，其活动不得对文物造成损害。公安机关、工商行政管理部门、海关、城乡建设规划部门和其他有关机关，应当依法认真履行所承担的保护文物的职责，维护文物管理秩序。

（七）历史文化名城和历史文化街区

保存文物特别丰富并且具有重大历史价值或者革命纪念意义的城市，由国务院核定公布为历史文化名城。

保存文物特别丰富并且具有重大历史价值或者革命纪念意义的城镇、街道、村庄，由省、自治区、直辖市人民政府核定公布为历史文化街区、村镇，并报国务院备案。

（八）与城市规划管理相关的规定

(1) 规划要求。历史文化名城和历史文化街区、村镇所在地县级以上地方人民政府应当组织编制专门的历史文化名城和历史文化街区、村镇保护规划，并将其纳入城市总体规划。各级人民政府制定城乡建设规划时，应当根据文物保护的需要，事先由城乡规划部门会同文物行政部门商定对本行政区域内各级文物保护单位的保护措施，将这些措施纳入规划。

(2) 建设限制。在文物保护单位的保护范围内不得进行其他建设工程或者爆破、钻探、挖掘等作业。因有特殊需要，必须保证文物保护单位的安全，并经属地人民政府和上一级文化行政管理部门同意。

(3) 建设控制地带。根据保护文物的实际需要，经省、自治区、直辖市人民政府批准，可以在文物保护单位的周围划出一定的建设控制地带。在这个地带内进行建设工程，不得破坏文物保护单位的历史风貌。工程设计方案应当根据文物保护单位的级别，经相应的文物行政部门同意后，报城乡建设规划部门批准。在文物保护单位的保护范围内和建设控制地带内，不得建设污染文物保护单位及其环境的设施，不得进行影响文物保护单位安全及其环境的活动。已有污染的设施应当限期治理。建设工程选址，应当尽可能地避开不可移动文物。必须迁移异地保护或者拆除的文物，应当报上级文物主管部门批准。

(4) 用途限制。核定为文物保护单位的属于国家所有的纪念建筑物或者古建筑，除可以建立博物馆、保管所或者辟为参观游览场所外，如果必须作其他用途的，应当由文物行政部门报上一级文物行政部门同意后，报公布该文物保护单位的人民政府批准。

(5) 考古保护。进行大型基本建设工程，建设单位应事先报请省、自治区、直辖市文物行政部门组织从事考古发掘的单位在工程范围内有可能埋藏文物的地方进行考古调查、勘探。

四、《中华人民共和国水法》

1988 年 1 月 21 日，第六届全国人民代表大会常务委员会第二十四次会议通过了《中华人民共和国水法》。该法于 2016 年 7 月 2 日由第十二届全国人民代表大会常务委员会第二十一次会议修订通过。

（一）基本规定

(1)《中华人民共和国水法》所称水资源，包括地表水和地下水。在中华人民共和国领域内开发、利用、节约、保护、管理水资源，防治水害，适用该法。

(2) 水资源属于国家所有。水资源的所有权由国务院代表国家行使。农村集体经济组织的水塘和由农村集体经济组织修建管理的水库中的水，归各农村集体经济组织使用。

(3) 开发、利用、节约、保护水资源和防治水害，应当全面规划、统筹兼顾、标本兼治、综合利用、讲求效益，发挥水资源的多种功能，协调好生活、生产经营和生态环境用水。

(4) 国家鼓励单位和个人依法开发、利用水资源，并保护其合法权益。开发、利用水资源的单位和个人有依法保护水资源的义务。

(5) 国家对水资源依法实行取水许可制度和有偿使用制度。但是，农村集体经济组织及其成员使用本集体经济组织的水塘、水库中的水除外。

(6) 国家厉行节约用水方针，大力推行节约用水措施，推广节约用水新技术、新工艺，发展节水型工业、农业和服务业，建立节水型社会。

(7) 国家保护水资源，采取有效措施，保护植被，植树种草，涵养水源，防治水土流失和水体污染，改善生态环境。

(8) 国家对水资源实行流域管理与行政区域管理相结合的管理体制。

（二）水资源规划

(1) 开发、利用、节约、保护水资源和防治水害，应当按照流域、区域统一制定规划。规划分为流域规划和区域规划。流域规划包括流域综合规划和流域专业规划；区域规划包括区域综合规划和区域专业规划。

(2) 流域范围内的区域规划应当服从流域规划，专业规划应当服从综合规划。流域综合规划和区域综合规划以及与土地利用关系密切的专业规划，应当与国民经济和社会发展规划以及土地利用总体规划、城市总体规划和环境保护规划相协调，兼顾各地区、各行业的需要。

(3) 国家确定的重要江河、湖泊的流域综合规划，由国务院水行政主管部门会同国务院有关部门和有关省、自治区、直辖市人民政府编制，报国务院批准。跨省、自治区、直辖市的其他江河、湖泊的流域综合规划和区域综合规划，由有关流域管理机构会同江河、湖泊所在地的省、自治区、直辖市人民政府水行政主管部门和有关部门编制，分别经有关省、自治区、直辖市人民政府审查提出意见后，报国务院水行政主管部门审核；国务院水行政主管部门征求国务院有关部门意见后，报国务院或者其授权的部门批准。

上述规定以外的其他江河、湖泊的流域综合规划和区域综合规划，由县级以上地方人民政府水行政主管部门会同同级有关部门和有关地方人民政府编制，报本级人民政府或者其授权的部门批准，并报上一级水行政主管部门备案。

专业规划由县级以上人民政府有关部门编制，征求同级其他有关部门意见后，报本级人民政府批准。其中，防洪规划、水土保持规划的编制、批准，依防洪法、水土保持法的有关规定执行。

（三）水资源开发利用

(1) 开发、利用水资源，应当坚持兴利与除害相结合，兼顾上下游、左右岸和有关地区之间的利益，充分发挥水资源的综合效益，并服从防洪的总体安排。

(2) 开发、利用水资源，应当首先满足城乡居民生活用水，并兼顾农业、工业、生态环境用水以及航运等需要。在干旱和半干旱地区开发、利用水资源，应当充分考虑生态环境用水需要。

(3) 跨流域调水，应当进行全面规划和科学论证，统筹兼顾调出和调入流域的用水需要，防止对生态环境造成破坏。

(4) 国民经济和社会发展规划以及城市总体规划的编制、重大建设项目的布局，应当与当地水资源条件和防洪要求相适应，并进行科学论证；在水资源不足的地区，应当对城市规模和建设耗水量大的工业、农业和服务业项目加以限制。

(5) 国家鼓励开发、利用水能资源和水运资源。

（四）水资源、水域和水工程的保护

(1) 国务院水行政主管部门会同国务院环境保护主管部门等有关部门和有关省、自治区、直辖市人民政府，按照流域综合规划、水资源保护规划和经济社会发展要求，拟定国家确定的重要江河、湖泊的水功能区划，报国务院批准。

(2) 国家建立饮用水水源保护区制度。省、自治区、直辖市人民政府应当划定饮用水水源保护区，并采取措施，防止水源枯竭和水体污染，保证城乡居民饮用水安全。

(3) 禁止在饮用水水源保护区内设置排污口。在江河、湖泊新建、改建或者扩大排污口，应当经过有管辖权的水行政主管部门或者流域管理机构同意，由环境保护行政主管部门负责对该建设项目的环境影响报告书进行审批。

(4) 在地下水超采地区，县级以上地方人民政府应当采取措施，严格控制开采地下水。在地下水严重超采地区，经省、自治区、直辖市人民政府批准，可以划定地下水禁止开采或者限制开采区。在沿海地区开采地下水，应当经过科学论证，并采取措施，防止地面沉降和海水入侵。

(5) 禁止在河道管理范围内建设妨碍行洪的建筑物、构筑物以及从事影响河势稳定、危害河岸堤防安全和其他妨碍河道行洪的活动。

(6) 禁止围湖造地。已经围垦的，应当按照国家规定的防洪标准有计划地退地还湖。禁止围垦河道。确需围垦的，应当经过科学论证，经省、自治区、直辖市人民政府水行政主管部门或者国务院水行政主管部门同意后，报本级人民政府批准。

(7) 国家对水工程实施保护。国家所有的水工程应当按照国务院的规定划定工程管理和保护范围。

（五）水资源配置和节约使用

(1) 县级以上地方人民政府水行政主管部门或者流域管理机构应当根据批准的水量分配方案和年度预测来水量，制订年度水量分配方案和调度计划，实施水量统一调度；有关地方人民政府必须服从。

(2) 国家对用水实行总量控制和定额管理相结合的制度。

(3) 直接从江河、湖泊或者地下取用水资源的单位和个人，应当按照国家取水许可制度和水资源有偿使用制度的规定，向水行政主管部门或者流域管理机构申请领取取水许可证，并缴纳水资源费，取得取水权。

(4) 用水应当计量，并按照批准的用水计划用水。用水实行计量收费和超定额累进加价制度。

五、《中华人民共和国城市房地产管理法》

1994 年 7 月 5 日，第八届全国人民代表大会常务委员会第八次会议通过了《中华人民共和国城市房地产管理法》（根据 2007 年 8 月 30 日第十届全国人民代表大会常务委员会第二十九次会议《关于修改〈中华人民共和国城市房地产管理法〉的决定》第一次修正；根据 2009 年 8 月 27 日第十一届全国人民代表大会常务委员会第十次会议《关于修改部分法律的决定》第二次修正；根据 2019 年 8 月 26 日第十三届全国人民代表大会常务委员会第十二次会议《关于修改〈中华人民共和国土地管理法〉、〈中华人民共和国城市房地产管理法〉的决定》第三次修正）。

（一）适用范围

在中华人民共和国城市规划区国有土地（以下简称国有土地）范围内取得房地产开发用地的土地使用权，从事房地产开发、房地产交易，实施房地产管理，应当遵守该法。

该法所称房屋，是指土地上的房屋等建筑物及构筑物。该法所称房地产开发，是指在依据本法取得国有土地使用权的土地上进行基础设施、房屋建设的行为。该法所称房地产交易，包括房地产转让、房地产抵押和房屋租赁。

（二）基本规定

国家依法实行国有土地有偿、有限期使用制度。但是，国家在该法规定的范围内划拨国有土地使用权的除外。国家根据社会、经济发展水平，扶持发展居民住宅建设，逐步改善居民的居住条件。房地产权利人应当遵守法律和行政法规，依法纳税。房地产权利人的合法权益受法律保护，任何单位和个人不得侵犯。

（三）土地使用权出让

(1) 土地使用权出让，是指国家将国有土地使用权（以下简称土地使用权）在一定年限内出让给土地使用者，由土地使用者向国家支付土地使用权出让金的行为。

(2) 城市规划区内的集体所有的土地，经依法征收转为国有土地后，该幅国有土地的使用权方可有偿出让，但法律另有规定的除外。

（3）土地使用权出让，必须符合土地利用总体规划、城市规划和年度建设用地计划。

（4）县级以上地方人民政府出让土地使用权用于房地产开发的，须根据省级以上人民政府下达的控制指标拟订年度出让土地使用权总面积方案，按照国务院规定，报国务院或者省级人民政府批准。

（5）土地使用权出让，由市、县人民政府有计划、有步骤地进行。出让的每幅地块、用途、年限和其他条件，由市、县人民政府土地管理部门会同城市规划、建设、房产管理部门共同拟订方案，按照国务院规定，报经有批准权的人民政府批准后，由市、县人民政府土地管理部门实施。直辖市的县人民政府及其有关部门行使前款规定的权限，由直辖市人民政府规定。直辖市的县人民政府及其有关部门行使上述规定的权限，由直辖市人民政府规定。

（6）土地使用权出让，可以采取拍卖、招标或者双方协议的方式。商业、旅游、娱乐和豪华住宅用地，有条件的，必须采取拍卖、招标方式；没有条件，不能采取拍卖、招标方式的，可以采取双方协议的方式。

（四）土地使用权划拨

土地使用权划拨，是指县级以上人民政府依法批准，在土地使用者缴纳补偿、安置等费用后将该幅土地交付其使用，或者将土地使用权无偿交付给土地使用者使用的行为。

依照该法规定以划拨方式取得土地使用权的，除法律、行政法规另有规定外，没有使用期限的限制。

下列建设用地的土地使用权，确属必需的，可以由县级以上人民政府依法批准划拨：

①国家机关用地和军事用地；

②城市基础设施用地和公益事业用地；

③国家重点扶持的能源、交通、水利等项目用地；

④法律、行政法规规定的其他用地。

（五）房地产开发中有关城市规划的规定。

（1）房地产开发必须严格执行城市规划，按照经济效益、社会效益、环境效益相统一的原则，实行全面规划、合理布局、综合开发、配套建设。

（2）以出让方式取得土地使用权进行房地产开发的，必须按照土地使用权出让合同约定的土地用途、动工开发期限开发土地。超过出让合同约定的动工开发日期满一年未动工开发的，可以征收相当于土地使用权出让金百分之二十以下的土地闲置费；满二年未动工开发的，可以无偿收回土地使用权；但是，因不可抗力或者政府、政府有关部门的行为或者动工开发必需的前期工作造成动工开发迟延的除外。

（六）房地产交易中有关城市规划的规定

（1）房地产转让、抵押时，房屋的所有权和该房屋占用范围内的土地使用权同时转让、抵押。

（2）房地产转让，是指房地产权利人通过买卖、赠与或者其他合法方式将其房地产转移给他人的行为。以出让方式取得土地使用权的，转让房地产时，应当符合下列条件：按照出让合同约定已经支付全部土地使用权出让金，并取得土地使用权证书；按照出让合同约定进行投资开发，属于房屋建设工程的，完成开发投资总额的百分之二十五以上，属于成片开发土地的，形成工业用地或者其他建设用地条件。转让房地产时房屋已经建成的，还应当持有房屋所有权证书。以划拨方式取得土地使用权的，转让房地产时，应当按照国务院规定，报有批准权的人民政府审批。有批准权的人民政府准予转让的，应当由受让方办理土地使用权出让手续，并依照国家有关规定缴纳土地使用权出让金。以划拨方式取得土地使用权的，转让房地产报批时，有批准权的人民政府按照国务院规定决定可以不办理土地使用权出让手续的，转让方应当按照国务院规定将转让房地产所获收益中的土地收益上缴国家或者作其他处理。

（3）商品房预售，应当符合下列条件：已交付全部土地使用权出让金，取得土地使用权证书；持有建设工程规划许可证；按提供预售的商品房计算，投入开发建设的资金达到工程建设总投资的百分之二十五以上，并已经确定施工进度和竣工交付日期；向县级以上人民政府房产管理部门办理预售登记，取得商品房预售许可证明。

商品房预售人应当按照国家有关规定将预售合同报县级以上人民政府房产管理部门和土地管理部门登记备案。

商品房预售所得款项，必须用于有关的工程建设。

六、《中华人民共和国军事设施保护法》

1990年2月23日第七届全国人民代表大会常务委员会第十二次会议通过《中华人民共和国军事设施保护法》（根据2009年8月27日第十一届全国人民代表大会常务委员会第十次会议《关于修改部分法律的决定》第一次修正；根据2014年6月27日第十二届全国人民代表大会常务委员会第九次会议《关于修改〈中华人民共和国军事设施保护法〉的决定》第二次修正；2021年6月10日第十三届全国人民代表大会常务委员会第二十九次会议修订）。

（一）基本规定

（1）该法所称军事设施，是指国家直接用于军事目的的：指挥机关，地上和地下的指挥工程、作战工程；军用机场、港口、码头；营区、训练场、试验场；军用洞库、仓库；军用信息基础设施，军用侦察、导航、观测台站，军用测量、导航、助航标志；军用公路、铁路专用线，军用输电线路，军用输油、输水、输气管道；边防、海防管控设施；国务院和中央军事委员会规定的其他军事设施。

（2）军事设施保护工作坚持中国共产党的领导。各级人民政府和军事机关应当共同保护军事设施，维护国防利益。国务院、中央军事委员会按照职责分工，管理全国的军事设施保护工作。地方各级人民政府会同有关军事机关，管理本行政区域内的军事设施保护工作。有关军事机关应当按照规定的权限和程序，提出需要地方人民政府落实的军事设施保护需求，地方人民政府应当会同有关军事机关制定具体保护措施并予以落实。设有军事设施的地方，有关军事机关和县级以上地方人民政府应当建立军地军事设施保护协调机制，相互配合，监督、检查军事设施的保护工作，协调解决军事设施保护工作中的问题。

（3）中华人民共和国的组织和公民都有保护军事设施的义务。

（二）分类保护规定

国家对军事设施实行分类保护、确保重点的方针。军事设施的分类和保护标准，由国务院和中央军事委员会规定。

国家对因设有军事设施、经济建设受到较大影响的地方，采取相应扶持政策和措施。具体办法由国务院和中央军事委员会规定。

对在军事设施保护工作中做出突出贡献的组织和个人，依照有关法律、法规的规定给予表彰和奖励。

（三）军事禁区、军事管理区的划定

军事禁区、军事管理区根据军事设施的性质、作用、安全保密的需要和使用效能的要求划定，具体划定标准和确定程序，由国务院和中央军事委员会规定。所称军事禁区，是指设有重要军事设施或者军事设施安全保密要求高、具有重大危险因素，需要国家采取特殊措施加以重点保护，依照法定程序和标准划定的军事区域。所称军事管理区，是指设有较重要军事设施或者军事设施安全保密要求较高、具有较大危险因素，需要国家采取特殊措施加以保护，依照法定程序和标准划定的军事区域。

（四）军事禁区有关规定

（1）军事禁区、军事管理区范围的划定或者调整，需要征收、征用土地、房屋等不动产，压覆矿产资源，或者使用海域、空域等的，依照有关法律、法规的规定办理。

（2）军事禁区管理单位应当根据具体条件，按照划定的范围，为陆地军事禁区修筑围

墙、设置铁丝网等障碍物，为水域军事禁区设置障碍物或者界线标志。水域军事禁区的范围难以在实际水域设置障碍物或者界线标志的，有关海事管理机构应当向社会公告水域军事禁区的位置和边界。海域的军事禁区应当在海图上标明。

（3）禁止陆地、水域军事禁区管理单位以外的人员、车辆、船舶等进入军事禁区，禁止航空器在陆地、水域军事禁区上空进行低空飞行，禁止对军事禁区进行摄影、摄像、录音、勘察、测量、定位、描绘和记述。但是，经有关军事机关批准的除外。禁止航空器进入空中军事禁区，但依照国家有关规定获得批准的除外。使用军事禁区的摄影、摄像、录音、勘察、测量、定位、描绘和记述资料，应当经有关军事机关批准。

（4）在陆地军事禁区内，禁止建造、设置非军事设施，禁止开发利用地下空间。但是，经战区级以上军事机关批准的除外。在水域军事禁区内，禁止建造、设置非军事设施，禁止从事水产养殖、捕捞以及其他妨碍军用舰船行动、危害军事设施安全和使用效能的活动。

（5）在陆地、水域军事禁区内采取的防护措施不足以保证军事设施安全保密和使用效能，或者陆地、水域军事禁区内的军事设施具有重大危险因素的，省、自治区、直辖市人民政府和有关军事机关，或者省、自治区、直辖市人民政府、国务院有关部门和有关军事机关根据军事设施性质、地形和当地经济建设、社会发展情况，可以在共同划定陆地、水域军事禁区范围的同时，在禁区外围共同划定安全控制范围，并在其外沿设置安全警戒标志。安全警戒标志由县级以上地方人民政府按照国家统一规定的样式设置，地点由军事禁区管理单位和当地县级以上地方人民政府共同确定。水域军事禁区外围安全控制范围难以在实际水域设置安全警戒标志的，依照《中华人民共和国军事设施保护法》第十六条第二款的规定执行。

（6）划定陆地、水域军事禁区外围安全控制范围，不改变原土地及土地附着物、水域的所有权。在陆地、水域军事禁区外围安全控制范围内，当地居民可以照常生产生活，但是不得进行爆破、射击以及其他危害军事设施安全和使用效能的活动。因划定军事禁区外围安全控制范围影响不动产所有权人或者用益物权人行使权利的，依照有关法律、法规的规定予以补偿。

（五）军事管理区有关规定

军事管理区管理单位应当根据具体条件，按照划定的范围，为军事管理区修筑围墙、设置铁丝网或者界线标志。

（六）没有划入军事禁区、军事保护区的军事设施的保护规定

没有划入军事禁区、军事管理区的军事设施，军事设施管理单位应当采取措施予以保护；

军队团级以上管理单位也可以委托当地人民政府予以保护。

(七) 管理职责

县级以上地方人民政府编制国民经济和社会发展规划、安排可能影响军事设施保护的建设项目，国务院有关部门、地方人民政府编制国土空间规划等规划，应当兼顾军事设施保护的需要，并按照规定书面征求有关军事机关的意见。必要时，可以由地方人民政府会同有关部门、有关军事机关对建设项目进行评估。国务院有关部门或者县级以上地方人民政府有关部门审批前款规定的建设项目，应当审查征求军事机关意见的情况；对未按规定征求军事机关意见的，应当要求补充征求意见；建设项目内容在审批过程中发生的改变可能影响军事设施保护的，应当再次征求有关军事机关的意见。有关军事机关应当自收到征求意见函之日起三十日内提出书面答复意见；需要请示上级军事机关或者需要勘察、测量、测试的，答复时间可以适当延长，但通常不得超过九十日。

七、《中华人民共和国人民防空法》

加强人民防空建设是国家的一项重大政策。人民防空与人民的生命安全息息相关，与国家的安危紧密相连。1996年10月29日，第八届全国人民代表大会常务委员会第二十二次会议通过了《中华人民共和国人民防空法》，自1997年1月1日起施行。2009年8月27日，该法由第十一届全国人民代表大会常务委员会第十次会议修订通过。

(一) 主要内容

该法的主要内容包括总则、防护重点、人民防空工程、通信和警报、疏散、群众防空组织、人民防空教育、法律责任、附则。

(二) 与小城镇建设相关的规定

人民防空实行长期准备、重点建设、平战结合的方针，贯彻与经济建设协调发展、与城市建设相结合的原则。

《中华人民共和国人民防空法》将城市作为人民防空的重点，城市人民政府应当制定人民防空工程建设规划，并纳入城市总体规划。

该法要求城市的地下交通干线以及其他地下工程的建设，应当兼顾人民防空需要。

建设人民防空工程，应当在保证战时使用效能的前提下，有利于平时的经济建设、群众的生产生活和工程的开发利用。

县级以上人民政府有关部门对人民防空工程所需要的建设用地应当依法予以保障；对人民防空工程连接城市的道路、供电、供热、供水、排水、通信系统的设施建设，应当提供必要条件。

《中华人民共和国人民防空法》的颁布实施,对保护人民生命财产安全,保障社会主义现代化建设的顺利进行,具有重要意义。

八、《风景名胜区条例》

2006年9月6日,国务院发布《风景名胜区条例》,该条例自2006年12月1日起施行。2016年2月6日,国务院对该条例进行了修订。

(一)主要内容

该条例的主要内容包括总则、设立、规划、保护、利用和管理、法律责任、附则,共七章五十二条。

(二)风景名胜区监督检查

国家建立风景名胜区管理信息系统,对风景名胜区规划实施和资源保护情况进行动态监测。

国家级风景名胜区所在地的风景名胜区管理机构应当每年向国务院建设主管部门报送风景名胜区规划实施和土地、森林等自然资源保护的情况;国务院建设主管部门应当将土地、森林等自然资源保护的情况,及时抄送国务院有关部门。

(三)风景名胜区违法处罚

(1)在风景名胜区内有下列行为之一的,由风景名胜区管理机构责令停止违法行为、恢复原状或者限期拆除,没收违法所得,并处罚款:①开山、采石、开矿等破坏景观、植被、地形地貌活动的;②修建储存爆炸性、易燃性、放射性、毒害性、腐蚀性物品的设施的;③在核心景区内建设宾馆、招待所、培训中心、疗养区以及与风景名胜资源保护无关的其他建筑物的。

(2)县级以上地方人民政府及其有关主管部门批准实施上列规定行为的,对直接负责的主管人员和其他直接责任人员依法给予降级或者撤职的处分;构成犯罪的,依法追究刑事责任。

(3)违反《风景名胜区条例》规定,在风景名胜区内从事禁止范围以外的建设活动,未经风景名胜区管理机构审核的,由风景名胜区管理机构责令停止建设、限期拆除,对个人和单位分别处以罚款。

(4)违反《风景名胜区条例》规定,在国家级风景名胜区内修建缆车、索道等重大建设工程,项目的选址方案未经国务院建设主管部门核准,县级以上地方人民政府有关主管部门核发选址意见书的,对直接负责的主管人员和其他直接责任人员依法给予处分;构成犯罪的，依法追究刑事责任。

(5)违反《风景名胜区条例》规定，个人在风景名胜区内进行开荒、修坟立碑等破坏景观、植被、地形地貌活动的，由风景名胜区管理机构责令停止违法行为、限期恢复原状或者采取其他补救措施，没收非法所得，并处罚款。

(6)违反《风景名胜区条例》规定，在景物、设施上刻画、涂污或者在风景名胜区内乱扔垃圾的，由风景名胜区管理机构责令限期恢复原状或者采取其他补救措施，并处罚款；刻画、涂污或者以其他方式故意损坏国家保护的文物、名胜古迹的，按照治安管理处罚法的有关规定予以处罚；构成犯罪的，依法追究刑事责任。

(7)违反《风景名胜区条例》规定，未经风景名胜区管理机构审核，在风景名胜区内进行下列活动的，由风景名胜区管理机构责令停止违法行为、恢复原状或者限期拆除，没收违法所得，并处罚款：①设置、张贴商业广告；②举办大型游乐等活动；③改变水资源、水环境自然状态的活动；④其他影响生态和景观的活动。

(8)违反《风景名胜区条例》规定，国务院建设主管部门、县级以上地方人民政府及其有关主管部门对有下列行为之一的，其直接负责的主管人员和其他直接责任人员依法给予处分；构成犯罪的，依法追究刑事责任：①违反风景名胜区规划在风景名胜区内设立各类开发区的；②风景名胜区自设立之日起未在两年内编制完成风景名胜区总体规划的；③选择不具有相应资质等级的单位编制风景名胜区规划的；④风景名胜区规划批准前批准在风景名胜区内进行建设活动的；⑤擅自修改风景名胜区规划的；⑥不依法履行监督管理职责的其他行为。

(9)违反《风景名胜区条例》规定，风景名胜区管理机构有下列行为之一的，由设立该风景名胜区管理机构的县级以上地方人民政府责令改正；情节严重的，对直接负责的主管人员和其他直接责任人员依法给予降级或者撤职的处分；构成犯罪的，依法追究刑事责任：①超过允许容量接纳游客或者在没有安全保护的区域开展游览活动的；②未设置风景名胜区标志和路标、安全警示等标牌的；③从事以营利为目的的经营活动的；④将规划、管理和监督等行政职能委托给企业或者个人行使的；⑤允许风景名胜区管理机构的工作人员在风景名胜区内的企业兼职的；⑥审核同意在风景名胜区内进行不符合风景名胜区规划的建设活动的；⑦发现违法行为不予查处的。

九、《中华人民共和国建筑法》

为了加强对建筑活动的监督管理，维护建筑市场秩序，保证建工程的质量和安全，促进建筑业健康发展，1997年11月1日第八届全国人民代表大会常务委员会第二十八次会议通过了《中华人民共和国建筑法》（根据2011年4月22日第十一届全国人民代表大会常务委员会第二十次会议《关于修改〈中华人民共和国建筑法〉的决定》第一次修正；根据 2019 年 4 月 23 日第十三届全国人民代表大会常务委员会第十次会议《关于修改〈中华人民共和国建筑法〉等八部法律的决定》第二次修正）。

（一）基本内容

该法的基本内容包括总则、建筑许可、建筑工程发包与承包、建筑工程监理、建筑安全生产管理、建筑工程质量管理、法律责任和附则。

（二）建筑工程施工许可规定

建筑工程开工前，建设单位应当按照国家有关规定向工程所在地县级以上人民政府建设行政主管部门申请领取施工许可证。

申请领取施工许可证，应当具备下列条件：

(1) 已经办理该建筑工程用地批准手续；
(2) 依法应当办理建设工程规划许可证的，已经取得建设工程规划许可证；
(3) 需要拆迁的，其拆迁进度符合施工要求；
(4) 已经确定建筑施工企业；
(5) 有满足施工需要的资金安排施工图纸及技术资料；
(6) 有保证工程质量和安全的具体措施。

（三）建筑类从业资格规定

从事建筑活动的建筑施工企业、勘察单位、设计单位和工程监理单位，应当具备下列条件：

(1) 有符合国家规定的注册资本；
(2) 有与其从事的建筑活动相适应的具有法定执业资格的专业技术人员；
(3) 有从事相关建筑活动所应有的技术装备；
(4) 法律、行政法规规定的其他条件。

从事建筑活动的专业技术人员，应当依法取得相应的执业资格证书，并在执业资格证书许可的范围内从事建筑活动。

十、《中华人民共和国公路法》

1997 年 7 月 3 日，第八届全国人民代表大会常务委员会第二十六次会议通过了《中华人民共和国公路法》，该法自 1998 年 1 月 1 日起实行。根据 2017 年 11 月 4 日，第十二届全国人民代表大会常务委员会第三十次会议我国对《中华人民共和国公路法》进行了第五次修正。

（一）基本内容

该法的基本内容包括总则、公路规划、公路建设、公路养护、路政管理、收费公路、监督检查、法律责任、附则。

（二）适用范围

在中华人民共和国境内从事公路的规划、建设、养护、经营、使用和管理，适用该法。该法所称公路，包括公路桥梁、公路隧道和公路渡口。

（三）基本原则

公路的发展应当遵循全面规划、合理布局、确保质量、保障畅通、保护环境、建设改造与养护并重的原则。

（四）公路分级

公路按其在公路网上的地位分为国道、省道、县道和乡道。按技术等级分为高速公路、一级公路、二级公路、三级公路和四级公路。

（五）公路规划

公路规划应当根据国民经济和社会发展以及国防建设的需要编制，与城市建设发展规划和其他方式的交通运输发展规划相协调。公路建设用地规划应当符合土地利用总体规划，当年建设用地应当纳入年度建设用地规划。国道、省道、县道、乡道规划分别由国务院交通主管部门和该级政府交通主管部门会同国务院有关部门和同级有关部门根据规定编制和报批。下一级公路规划应当与上一级公路规划相协调。专用公路规划由专用公路的主管单位编制，经上级主管部门审定后，根据规定报审，并应当与公路规划相协调。有不协调的地方应当作相应修改。

（六）有关规定

规划和新建村镇、开发区，应当与公路保持规定的距离并避免在公路两侧对应进行，防止造成公路街道化，影响公路的运行安全与畅通。公路建设使用土地依照规定办理。公路建设应当贯彻保护耕地、节约用地的原则。跨越、穿越公路修建桥梁、渡槽或者架设、埋设管线、电缆等设施的，以及在公路用地范围内架设、埋设管线、电缆等设施的，应当先经有关交通主管部门同意。禁止在公路两侧的建筑控制区内修建建筑物和地面构筑物。

十一、小城镇规划的相关行政管理法制

（一）《中华人民共和国行政复议法》

《中华人民共和国行政复议法》由第九届全国人民代表大会常务委员会第九次会议于1999年4月29日通过，自1999年10月1日起施行。2017年9月1日，该法由第十二届全国人民代表大会常务委员会第二十九次会议修订通过。

该法内容包括：总则、行政复议范围、行政复议申请、行政复议受理、行政复议决定、法律责任、附则。

（二）《中华人民共和国行政诉讼法》

《中华人民共和国行政诉讼法》由第七届全国人民代表大会第二次会议于1989年4月4日通过，自1990年10月1日起施行。2017年6月27日，该法由第十二届全国人民代表大会常务委员会第二十八次会议修订通过，自2017年7月1日起施行。

该法内容包括：总则、受案范围、管辖、诉讼参加人、证据、起诉和受理、审理和判决、执行、涉外行政诉讼、附则。

（三）《中华人民共和国行政处罚法》

《中华人民共和国行政处罚法》于1996年3月17日由第八届全国人民代表大会第四次会议通过，自1996年10月1日起施行。2021年1月22日，该法由第十二届全国人民代表大会常务委员会第二十九次会议修订通过。

内容包括：总则、行政处罚的种类和设定、行政处罚的实施机关、行政处罚的管辖和适用、行政处罚的决定（简易程序、一般程序、听证程序）、行政处罚的执行、法律责任、附则。

（四）《中华人民共和国国家赔偿法》

《中华人民共和国国家赔偿法》于1994年5月12日由第八届全国人民代表大会常务委员会第七次会议通过，并予公布，该法自1995年1月1日起施行。2012年10月26日，该法由第十一届全国人民代表大会常务委员会第二十九次会议修订通过。

内容包括：总则、行政赔偿、刑事赔偿、赔偿方式和计算标准、其他规定、附则。

> **拓展资源**
>
> 推荐一些相关法律法规的学习渠道：
> 1. 中华人民共和国住房和城乡建设部网站法制建设专栏
> 2. 各省（自治区、直辖市）政府网站

> **课程知识点**
>
> 1. 小城镇建设规划从编制、审批到实施的过程中，涉及小城镇建设的各个方面，因此规划相关管理者需要学习各方面的法律法规。与小城镇建设规划相关的法律法规主要有哪些？
>
> 2. 相关法律法规对于小城镇建设的作用体现在哪些方面？

第三节 小城镇建设的相关规划标准

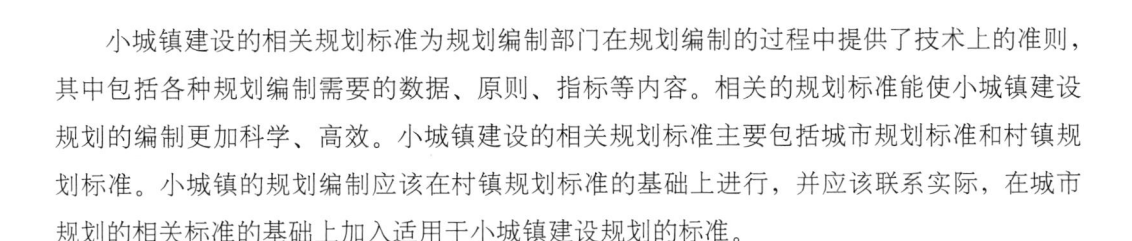

小城镇建设的相关规划标准为规划编制部门在规划编制的过程中提供了技术上的准则，其中包括各种规划编制需要的数据、原则、指标等内容。相关的规划标准能使小城镇建设规划的编制更加科学、高效。小城镇建设的相关规划标准主要包括城市规划标准和村镇规划标准。小城镇的规划编制应该在村镇规划标准的基础上进行，并应该联系实际，在城市规划的相关标准的基础上加入适用于小城镇建设规划的标准。

一、城市规划标准

城市规划标准主要包括：

(1)《城市用地分类与规划建设用地标准》(GB 50137—2011)；

(2)《城市居住区规划设计标准》(GB 50180—2018)；

(3)《城市工程管线综合规划规范》(GB 50289—2016)；

(4)《城市给水工程规划规范》(GB 50282—2016)；

(5)《城市电力规划规范》(GB/T 50293—2014)；

(6)《城市排水工程规划规范》(GB 50318—2017)；

(7)《城市防洪工程设计规范》(GB/T 50805—2012)；

(8)《城市建设用地竖向规划规范》(CJJ 83—2016)；

(9)《城市道路绿化规划与设计规范》(CJJ 75—1997)。

二、村镇规划标准

村镇规划标准主要为《镇规划标准》(GB 50188—2007)。

三、其他相关规划标准

其他相关规划标准主要包括：

(1)《风景名胜区规划规范》(GB 50298—1999)；

(2)《建筑抗震设计规范(2016年版)》(GB 50011—2010)；

(3)《建筑设计防火规范(2018年版)》(GB 50016—2014)；

(4)《建筑气候区划标准》(GB 50178—93)；

(5)《生活饮用水水源水质标准》(CJ 3020—1993)；

(6)《输油管道工程设计规范》(GB 50253—2014)；

(7)《输气管道工程设计规范》(GB 50251—2015)；

(8)《防洪标准》(GB 50201—2014)。

与小城镇建设相关的规划标准还有《建制镇规划建设管理办法》《近期建设规划工作暂行办法》《城市规划强制性内容暂行规定》《城市紫线管理办法》《城市绿线管理办法》《城市蓝线管理办法》《城市黄线管理办法》《城市地下空间开发利用管理规定》《城市抗震防灾规划管理规定》《城建监察规定》等相关技术标准与技术规范。

拓展资源

推荐一些小城镇建设的相关规划标准的学习渠道：

1. 中华人民共和国住房和城乡建设部网站城乡规划专栏
2. "国匠城"城市规划论坛
3. 各个相关的规划标准全文

课程知识点

1. 与小城镇建设相关的城市规划标准主要有哪些？
2. 与小城镇建设相关的规划标准能使小城镇建设规划的编制更加科学、高效。

本章小结

小城镇建设的法律法规和规划标准是小城镇建设规划编制、审批及小城镇建设实施的基础，只有在这些法律法规和规划标准的基础上制定和实施的建设规划才是正确的、有利于小城镇长期发展的，才能达到经济、社会、生态等方面利益的统一。

本章参考文献

［1］李光录. 村镇规划与管理［M］. 北京：中国林业出版社，2014.

［2］汤铭潭. 小城镇规划技术指标体系与建设方略［M］. 北京：中国建筑工业出版社，2005.

［3］罗素芳. 关于小城镇规划建设存在的问题及对策研究［J］. 低碳世界，2017(35)：237-238.

［4］许斌成. 小城镇建设政策法规指南［M］. 天津：天津大学出版社，2014.

［5］陈佳骆，李国凡，朱霞. 小城镇建设管理手册［M］. 北京：中国建筑工业出版社，2002.

［6］李建钊. 小城镇发展与规划指南［M］. 天津：天津大学出版社，2014.

本章练习题

单选题

1. 根据镇总体规划的要求，（　　）负责组织编制镇的控制性详细规划。

A. 镇人民政府

B. 县（市）人民政府

C. 省（自治区、直辖市）人民政府

D. 国务院城乡规划主管部门

2. 城市规划、镇规划分为总体规划和（　　）。

A. 村庄规划　　　　　　　　B. 详细规划

C. 控制性详细规划　　　　　D. 修建性详细规划

3. 全国城镇体系规划由国务院城乡规划主管部门报（　　）审批。

A. 全国人民代表大会　　　　B. 国务院

C. 住房和城乡建设部　　　　D. 国土资源部

4. 国家编制土地利用总体规划，规定土地用途，将土地分为（　　）、建设用地和未利用地。

A. 农田用地　　　　　　　　B. 农用地

C. 基本农田　　　　　　　　D. 耕地

5. 土地使用权出让合同由市、县人民政府（　　）与土地使用者签订。

A. 土地管理部门　　　　　　B. 乡镇政府

C. 城乡规划部门　　　　　　D. 环境保护部门

第七章练习题参考答案

第八章
小城镇规划的编制与实施

学习目标

掌握："一书两证"的概念和审批流程。
熟悉：小城镇建设规划编制和小城镇规划实施的管理。
了解：小城镇规划实施的监督检查。

本章导语

小城镇规划的合理制定和严格管理是小城镇建设的高质量、高标准、科学性、合理性的基础。应该严格建设项目选址与用地的审批程序，不断完善监督机制，提高小城镇建设规划实施的管理水平。在小城镇总体规划的指导下，根据相关的法律、法规和方针政策，确定小城镇建设规划组织制定的主要参与部门机构，明确规划的内容要求，制定小城镇建设规划编制程序和上报程序，保证小城镇建设规划能够依照法规来进行编制，并通过相关的标准规范来促进管理活动。县、镇人民政府城乡规划行政管理部门、管理机构对小城镇规划制定的全过程是行政管理过程。实施与管理制度的建立对引导、协调和控制各类小城镇活动，保障规划得到有效实施及维护公共利益和社会秩序，保护公民、法人及其组织的合法权益等都具有十分重要的意义。

◀ **本章知识导图**

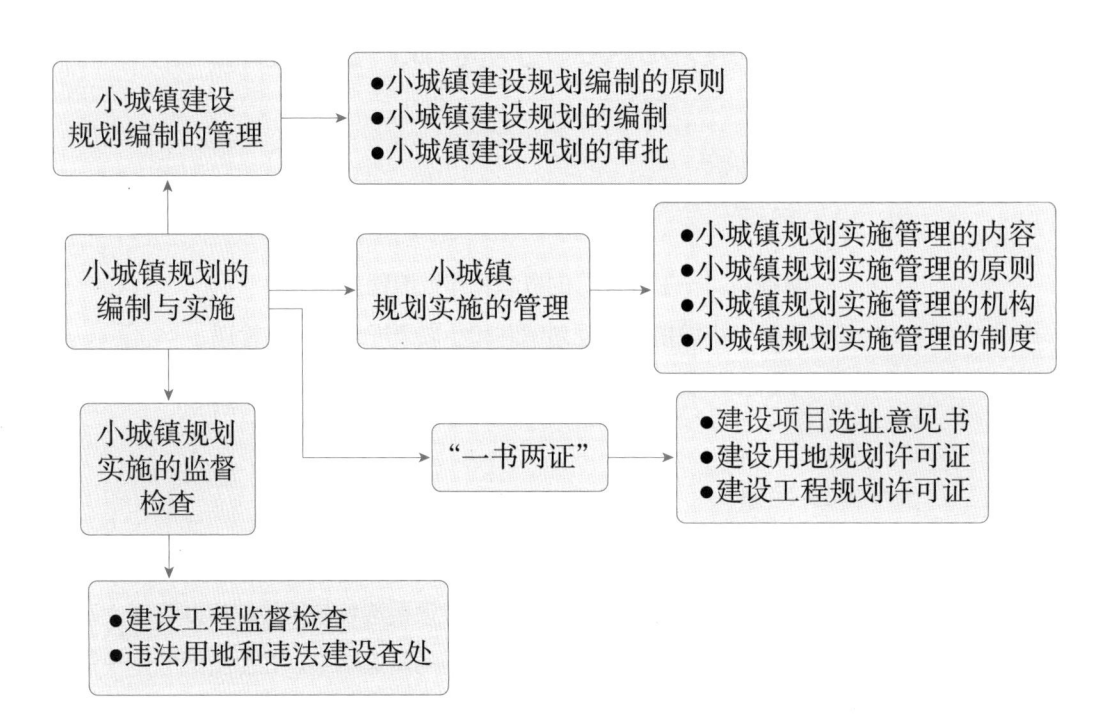

```
小城镇建设规划编制的管理
  • 小城镇建设规划编制的原则
  • 小城镇建设规划的编制
  • 小城镇建设规划的审批

小城镇规划的编制与实施

小城镇规划实施的管理
  • 小城镇规划实施管理的内容
  • 小城镇规划实施管理的原则
  • 小城镇规划实施管理的机构
  • 小城镇规划实施管理的制度

"一书两证"
  • 建设项目选址意见书
  • 建设用地规划许可证
  • 建设工程规划许可证

小城镇规划实施的监督检查
  • 建设工程监督检查
  • 违法用地和违法建设查处
```

第八章 小城镇规划的编制与实施

第一节 小城镇建设规划编制的管理

案例 青神县控制性详细规划的编制

青神县，隶属四川省眉山市，位于西南地区成都平原西南部，北接东坡区，南邻乐山，西望峨眉，地理位置优越。现辖青城镇、南城镇、黑龙镇、西龙镇等七镇三乡。截至 2020 年 11 月，青神县总面积约 386 km^2，常住人口约 16.8 万人。青神县是第一代蜀王蚕丛故里，被誉为"南方丝绸之路""岷江古航道小峨眉""苏轼第二故乡""中国椪柑之乡""中国竹编艺术之乡"。在该县良好的发展过程中，规划的编制对发展定位、发展控制等方面起到了保障作用。

青神县城市规划局依据《青神县城市总体规划(2014—2030)》，组织编制完成了《青神县城控制性详细规划(2016—2030)》（以下简称《规划》）。《规划》已于 2016 年 7 月 4 日经青神县城乡规划委员会第二十九次会议审议通过，并于 2016 年 9 月 29 日由县人民政府批准实施，是指导青神县城市规划管理的纲领性文件，也是城乡规划主管部门作出规划行政许可、实施规划管理的依据。其主要内容如下。

(1)《规划》确定的规划范围为：由岷江、慈竹路、竹艺大道、青夹路、衣三路、锦绣大道、衣一路、青三路、眉青公路、青五路围合的区域，以及由锦绣大道、思濛河、环龙路围合的区域，规划面积 1 061.89 hm^2。

(2)《规划》将青神县定位为：城市现代服务中心、滨江生态新区、绿色宜居生活区、文化功能新区。形成产业、生态景观、城市文化等充分融合的新型示范城区。

(3)《规划》确定的城市总体功能布局结构为："一带、三轴、双心、六区"。一带：岷江生态景观休闲带。双心：以老城中心为核心的传统商贸休闲中心；位于青衣大道、盐关北路交会处的城市行政商业中心。三轴：沿青衣大道、锦绣大道形成的东西向城市发展主轴；沿眉青路、竹艺大道形成的南北向城市发展主轴；沿振兴路形成的连接老城区和城市新区的城市发展次轴。六区：老城区、滨江新区、城北区、竹编产业园配套区、机械产业园区和西龙组团。

青神县在编制县城控制性详细规划的过程中，本着促进县城经济、社会发展的原则，对小城镇的建设起到了规划引领的作用，其中的强制性内容也为接下来规划的实施提供了保障。

一、小城镇建设规划编制的原则

小城镇建设规划编制工作一般应遵循下列原则。

（一）促进小城镇经济、社会发展原则

小城镇建设规划应当促进经济和社会发展，综合提高小城镇人民的生活质量，旨在做到经济效益、社会效益与环境效益相统一。

（二）近远期相结合原则

小城镇建设规划属于近期建设的范畴，制定规划必须符合小城镇的实际情况，同时也应科学预测小城镇的发展状况，正确处理近期建设和远期发展的要求。应当使小城镇发展规模、各项建设标准、定额指标、近远期开发顺序同自身和县（市）域的社会经济发展水平相适应。

（三）可持续发展原则

小城镇建设规划的制定应当保护和改善区域生态环境，防止造成污染和其他公害，保护现有绿地、行道树和古树名木，提高小城镇建设区的绿化水平，加强环境卫生和市容建设，促进小城镇步入可持续发展的良性轨道。

（四）节约用地、合理用地、保护耕地原则

小城镇建设规划应当坚持适用、经济、合理用地、节约用地的原则，合理保护耕地。

（五）保护小城镇历史文化遗产及传统风貌原则

小城镇建设规划和小城镇的建设活动应保护具有重要历史文化价值、重要艺术价值和科学价值的文物古迹、建筑物和构筑物，保护有特色的历史风貌和自然景观。

（六）安全防患原则

小城镇建设规划和小城镇的建设活动应保障社会公众利益，符合城市防火、抗震、防洪、人民防空等要求，维护公共安全、公共卫生和市容景观。

（七）统筹建设原则

小城镇新区开发和旧区改建应当相互促进，要基础设施先行，开发一片、完善一片、收效一片。

二、小城镇建设规划的编制

小城镇建设规划编制管理环节主要包括小城镇建设规划编制的组织管理、协调管理和评议管理。

小城镇建设规划编制的组织管理是指县级或镇（乡）级人民政府及其城乡规划行政管理部门，根据县域小城镇在一定时期内经济和社会发展目标，委托规划编制单位编制相应小城镇规划的编制组织工作。

小城镇建设规划编制的协调管理是指县级或镇（乡）级人民政府及其城乡规划行政管理部门在小城镇规划编制过程中，为协调各方面利益关系及实现区域和小城镇空间资源的优化配置，对规划设计提出具体要求和具体规划设计条件的指导，以及进行相关部门的规划协调工作。

小城镇建设规划编制的评议管理是指县级或镇（乡）级人民政府及其城乡规划行政管理部门组织专家，根据小城镇规划编制要求，对规划方案的科学性、合理性、可操作性等进行综合评议，以确保规划编制质量和指导下一阶段规划编制。

（一）小城镇建设规划编制的相关概念

小城镇建设规划编制管理是依据有关的法律、法规和方针政策，明确小城镇建设规划组织编制的主体，规定建设规划编制的内容要求，设定小城镇建设规划编制和上报程序，从而保证小城镇建设规划依法编制。为保证小城镇建设规划的合理制定，小城镇建设规划编制的管理主体可以按照有关法律规定采取必要的行政措施，并具体担负以下主要职责。

(1) 建立包括规划人员和各种规划机构的小城镇建设规划社会组织。

(2) 根据国家有关方针政策，结合小城镇的实际情况和发展、建设需求，提出编制小城镇建设规划的指导思想和方针原则，并对编制进度提出具体要求。

(3) 领导编制小城镇建设规划，由政府提出小城镇总体规划纲要，并组织各有关部门参加编制小城镇总体规划。

(4) 负责协调在小城镇建设规划编制过程中出现的矛盾以及单位、部门之间的关系。

(5) 在小城镇建设规划编制过程中，广泛征求有关部门和镇民的意见，并及时将小城镇规划方案向上级（或同级）人民代表大会或其常务委员会汇报。

（二）小城镇建设规划编制的主体

小城镇建设规划具有不同的层次，因此其组织编制的主体也是不同的。根据《中华人民共和国城乡规划法》《建制镇规划建设管理办法》和《村庄和集镇规划建设管理条例》的有关规定，小城镇建设规划组织编制主体包括：县级人民政府以及相关规划管理部门、镇级人民政府以及相关规划管理部门。小城镇建设规划一般分为小城镇控制性详细规划和小城镇修建性详细规划。小城镇控制性详细规划主要以小城镇总体规划为依据，详细规定建设用地的各项控制指标和其他规划管理要求，强化规划的控制功能，指导修建性详细规划的编制。

（三）小城镇建设规划编制的特征

小城镇建设规划编制的管理特征与城市相似，具体如下：

(1) 小城镇建设规划编制是一种法治行为。小城镇建设规划是用于规范小城镇发展和小城镇各项建设活动的。一经批准，不仅具有法律效力，而且对小城镇发展以及小城镇用地和小城镇建设行为具有普遍的约束力。小城镇建设规划是依法治理小城镇的主要内容，理应纳入行政立法的轨道，因此，小城镇建设规划编制具有法治的属性。

(2) 小城镇建设规划编制是政府意志的体现。制定规划是政府的职能之一。小城镇建设规划编制是为了实现小城镇政府在一定时期的经济、社会发展目标，体现政府建设和管理小城镇的意志。无论小城镇建设规划编制的组织、指导还是评议，都是一种政府行为，因此，小城镇建设规划编制也是政府意志的体现。

(3) 小城镇建设规划编制是一个有机的组织过程。小城镇建设规划编制是一项涉及内容和地域十分广泛的工作，它既要适应经济、社会发展需要，又要适应经济、社会发展水平，还必须符合党和政府的路线、方针、政策，因此，其需要由政府提出编制要求，由政府出面组织一系列的深入调查研究，综合分析活动，并在广泛听取各方面意见、协调有关矛盾、正确把握规划内容、不断深入修改方案的过程中，使其科学、合理、合法，所以小城镇建设规划编制是一个有机的组织过程。

(4) 小城镇建设规划编制是一个动态的连续过程。小城镇建设规划在批准后应保持相对的稳定性，这样方能发挥其对小城镇发展和建设的指导作用，故任何单位和个人不得随意修改。但是随着小城镇社会、经济的发展，经过一定时期之后，原有小城镇建设规划的一些内容已经不能适应小城镇发展的要求，政府需要根据新的情况对原有小城镇建设规划进行调整。

三、小城镇建设规划的审批

案例　长兴县人民政府城乡规划例会审批制度

长兴县隶属于浙江省湖州市，地处浙江省北部，长江三角洲杭嘉湖平原。长兴县政府在建设规划审批的过程中，创立了"长兴县人民政府城乡规划例会审批制度"，联合其他行政部门的专业人士共同对规划进行审批。"长兴县人民政府城乡规划例会"的成员包括：县长、分管副县长，邀请县人大、县政协各一名领导；县政府办、县建设(规划)局、县审计局、县发展和改革委员会、县国土资源局、县交通运输局、县环保局、县水利局、县商务局、县安监局、县综合行政执法局、县公安局(交警大队)、县消防大队等部门的负责人；建设项目主管部门和所在乡镇的主要领导或分管领导；有关规划管理、规划设计、工程设计人员和其他专业人员等人。规划审批的具体制度如下。

长兴县人民政府城乡规划例会审批制度

第一章　总则

第一条　为进一步加强全县城乡规划建设管理工作，依据《中华人民共和国城乡规划法》《浙江省城乡规划条例》《湖州市城乡规划管理技术规定》等法律法规和城乡规划及相关技术标准、规范、条例、规定等制定本制度。

第二条　本制度适用于全县范围。

第三条　长兴县人民政府城乡规划例会(以下简称县规划例会)审批的各类规划设计、各类建设项目选址和设计方案，均遵守本制度。

第四条　申报规划例会审批的项目，除应严格执行规划例会审批意见外，还应遵守有关法律法规和文件，以及城乡规划相关技术标准、规范等。

第二章　审批范围

第五条　县规划例会由县长或县长委托分管副县长主持召开。主要审查内容如下：

(1) 规划成果的审查。全县各乡镇、街道(园区)工业园区、物流园区、旅游景区、旅游度假区等的概念性规划、总体规划、分区规划、详细规划(控制性详细规划和修建性详细规划)、各类专项规划，以及重要地段或重大项目城市设计和改造规划。

(2) 项目选址的审查。县域范围重大基础设施项目、重大公共服务设施项目、重大旅游项目以及中心城区空间协调规划所确定的一中心八组团范围内的项目。

(3) 项目方案的审查。中心城区空间协调规划所确定的一中心八组团范围内的项目、其他各建制镇规划区及各专项规划所确定范围内的重要建设项目和房地产开发项目、县域内高速公路、国、省道公路、铁路、长湖申等航道沿线的重要建设项目。

(4) 其他需提交县政府常务会议或县长办公会议研究审议的重大事项。

第三章　审议程序

第六条　执行"科室初审、部门专家内审、县规划例会审批"的三级规划决策体系。

报县规划例会审议的项目资料由县规划局按审议程序和要求，经科室初审、部门专家内审通过后，统一汇总报县规划例会审议。会议采取集体讨论的形式对申报项目提出修改意见，由县长或县长授权分管副县长对讨论情况进行归纳总结，会后形成会议纪要。由规划局负责，严格根据会议纪要督促实施主体优化完善方案并按批准方案进行项目审批。

第四章 审查内容

第七条 选址类项目

审查用地范围、用地性质、用地规模与建设规模、公共服务、投资估算等。

第八条 方案类项目

一、建筑设计方案

(1) 总平面布局、公建配套、经济技术指标、与周围用地的关系等；

(2) 建筑单体及总体鸟瞰效果：建筑体量、高度、色彩、风格及外墙材料等；

(3) 交通组织：交通流线、转弯半径、消防通道、出入口设置等；

(4) 各类市政公用设施管线的平面位置、与城市管网的衔接、有关配套设施和构筑物规模、位置等；

(5) 项目建设进度及投资估算(房地产开发项目除外)。

二、道路、桥梁工程设计方案

(1) 道路、桥梁的位置和用地红线、路面结构、断面形式、市政管线埋设、无障碍设施、道路出入口设置及有关技术指标等；

(2) 项目建设进度计划及投资估算。

三、绿化、广场、亮化工程设计方案

(1) 绿化、广场：各类公共绿地、公共广场及河湖水系范围、绿化面积、植物品种、小品设施、停车泊位、地面铺装及有关技术指标等；

(2) 亮化效果：应明确灯具样式、高度、灯光颜色等；

(3) 项目建设进度计划及投资估算。

小城镇建设规划的审批内容一般包括以下几个方面。

(1) 规划用地性质。规划用地性质是否符合小城镇总体规划的要求，是否符合国家规定的用地分类标准。

(2) 规划控制指标和控制要素。规划控制指标是否符合小城镇总体规划和与小城镇有关的规划技术规定；控制要素是否全面并具有可操作性。

(3) 空间布局和环境保护。小城镇空间布局是否科学、合理，是否有利于提高环境质量、生活质量和景观艺术水平,是否有利于保护小城镇传统风貌、地方特色和自然景观。

(4) 道路交通。道路交通规划是否满足小城镇详细规划目标的实施条件;其系统和布局是否合理;道路的规划控制线、坐标和标高是否合理、可行。

(5) 基础设施建设。小城镇基础设施是否合理配置并正确处理好远期发展与近期建设的关系;基础设施用地规模、位置是否恰当。

(6) 规划的实施。规划实施的措施是否明确,是否具有可操作性。

(7) 其他内容。其他内容包括居住区、工业区、风景区和历史风貌地区详细规划的不同要求,以及小城镇人民政府或小城镇规划行政主管部门指导意见中的其他要求等。

> **拓展资源**
>
> 推荐一些关于小城镇建设规划编制与审批的学习渠道:
> 1. 中华人民共和国住房和城乡建设部网站城乡规划专栏
> 2. 各地市级政府官方网站规划公示
> 3. 各地县级政府城乡规划专栏
> 4. 各地规划主管部门网站公示
> 5. 微信公众号"小城镇建设规划"

> **课程知识点**
>
> 1. 县、镇人民政府以及相关城乡规划行政管理部门、管理机构对小城镇建设规划的编制是行政管理过程,应该严格规定各项建设规划的编制和审批程序。
> 2. 小城镇建设规划编制有哪些原则?
> 3. 小城镇建设规划的审批内容一般包括哪几个方面?

第二节 小城镇规划实施的管理

案例 泗阳县城乡规划管理实施办法

泗阳县隶属于江苏省宿迁市,有"平原林海,世外桃源"之美誉。2015年,在中国城市竞争力研究会发布的"中国十佳宜居县"中，泗阳县名列全国第三，在中国社会科学院发布的《中国县域经济发展报告（2015）》中，泗阳县入围全国县域经济竞争力百强县。同年11月，泗阳县荣获"最佳生态旅游目的地"的称号。泗阳县所辖的小镇中，有三个国家重点镇：众兴镇、王集镇、新袁镇。

2015年7月14日，泗阳县政府颁布了《关于印发泗阳县城乡规划管理实施办法的通知》，将县域内的城乡规划实施的流程、依据、内容等方面规范化、制度化，为县域内小城镇各类规划的良好实施奠定了基础。其中，关于小城镇建设规划实施的具体内容如下。

第三章　城乡规划的实施

第十四条　规划区范围内的土地利用和各项建设必须符合城乡规划。任何单位和个人不得违反城乡规划进行建设。

第十五条　根据国家规定需要申请选址意见书的建设项目，县规划行政主管部门可以参与建设项目前期选址工作，提出选址建议；建设单位应在报送有关部门审批、核准、备案建设项目前，向县规划行政主管部门申请核发选址意见书。

第十六条　县城、乡镇（片区）规划区内的建设项目，经有关部门批准、核准后，建设单位或者个人应向县规划行政主管部门申请办理建设用地规划许可证。

第十七条　在县城、乡镇（片区）规划区内建设建筑物、构筑物、道路、管线和其他工程的，建设单位或者个人应向县规划行政主管部门申请办理建设工程规划许可证；未取得建设工程规划许可证的，不得办理建设项目施工许可、商品房预（销）售许可等手续。

前款所称的其他工程，包括广场、停车场、重点绿化工程、城市雕塑、大中型户外广告固定设施、大中型或者受保护的建筑物外立面装修，以及法律、法规规定的其他建设工程。

第十八条　在村庄规划区内进行建设的，县规划行政主管部门应向建设单位或者个人提供建设用地的有关规划要求。

在村庄规划区内进行乡镇企业、乡村公共设施、公益事业建设和农民在农村集体土地上自建住房的，建设单位或者个人应向乡镇人民政府提出申请，由乡镇人民政府提出审查意见，报县规划行政主管部门核发乡村建设规划许可证。

第十九条　建设临时建筑物、构筑物或者临时管线工程的，建设单位或者个人应向县规划行政主管部门申请办理临时建设工程规划许可证。

临时建筑物、构筑物批准使用期限一般不得超过两年。确需延长的，应在期限届满三十日前,向县规划行政主管部门申请办理延期手续,延长期限不得超过一年。

临时建设不得擅自改变使用性质。因城市、乡镇建设需要拆除或者使用期限届满的,建设单位或者个人应自行拆除,清场退地。

第二十条 取得建设工程规划许可证、乡村建设规划许可证的建设工程开工前,建设单位或者个人应向县规划行政主管部门申请放验线,县规划行政主管部门应在五个工作日内进行放验线。未经放线或验线不合格的,不得开工。

第二十一条 建设单位或者个人应按照规划条件和规划许可的内容进行建设,不得擅自变更;确需变更的,应向县规划行政主管部门申请,县规划行政主管部门依法予以审批。变更内容依法应先经其他有关主管部门同意,建设单位或者个人在向县规划行政主管部门申请变更时,应提供相关证明文件。申请变更的内容不符合控制性详细规划的,县规划行政主管部门不得批准。对房地产开发项目,申请变更的内容涉及容积率、用地性质、绿地率、公共服务设施和基础设施变化的,县规划行政主管部门应组织专家对变更的必要性、科学性进行论证,论证通过后向社会进行公示,公示无异议的报县政府审批。

县规划行政主管部门在审批变更规划许可前应采取公示、听证会、座谈会等形式,听取利害关系人的意见。因变更规划许可内容对利害关系人合法权益造成损害的,申请变更的建设单位或者个人应依法给予补偿。

第二十二条 任何单位或者个人未经批准不得占用道路、广场、绿地、高压供电走廊和压占地下管线进行建设。

第二十三条 建设工程竣工后,建设单位或者个人应就建设工程是否符合规划条件和规划许可内容,向县规划行政主管部门申请核实。县规划行政主管部门应及时组织核实。未申请核实或者经核实不符合规划条件和规划许可内容的,建设单位或者个人不得组织竣工验收,房屋产权登记机关不予办理产权登记手续。

农民集中居住区内的农民自建住房,县规划行政主管部门委托乡镇(片区)人民政府(管委会)进行核实。

建设单位或者个人应在竣工验收后六个月内,向县规划行政主管部门报送建设项目的有关竣工验收资料。

第二十四条 房屋产权登记机关核发的房屋权属证件上记载的用途,应与建设工程规划许可证或者乡村建设规划许可证确定的用途一致。

对申请利用违法建筑或者申请利用非经营性用房从事经营活动的,市场监督(工商、药监)、环境保护以及其他相关部门不得批准。法律、法规另有规定的除外。

第四章 监督检查

第二十五条 县规划行政主管部门应加强对城乡规划编制、审批、实施、修改的监督检查，有关单位和个人应如实提供有关资料，不得隐瞒和阻挠。

第二十六条 各乡镇(片区)人民政府(管委会)为违法建设巡查管控的第一责任人，对本辖区内的违法建设行为，应及时予以制止。

第二十七条 建设单位或者个人应在施工现场醒目位置公示建设工程规划许可证或者乡村建设规划许可证样本以及经审定的建设工程设计方案总平面图、立面图，接受社会监督。法律、法规规定不得公开的除外。

第五章 法律责任

第三十条 在县城、乡镇(片区)规划区内，未取得建设工程规划许可证进行建设，或者未按照建设工程规划许可证确定的内容进行建设，或者利用失效的建设工程规划许可证进行建设的，由县规划行政主管部门责令停止建设；尚可采取改正措施消除对规划实施的影响的，限期改正，处以建设工程造价百分之五以上百分之十以下的罚款；无法采取改正措施消除影响的，限期拆除，不能拆除的，没收实物或者违法收入，可以并处建设工程造价百分之五以上百分之十以下的罚款。违法建筑在房屋征收和土地征用时一律不予补偿。

第三十一条 对村(居)民未经审批擅自建房的，由乡镇(片区)人民政府(管委会)依法予以拆除。

第三十二条 未经验线，建设单位或者个人擅自开工的，由县规划行政主管部门责令停止建设，限期改正，可以处以一千元以上五千元以下的罚款。

第三十三条 单位或个人的违法占地和违法建设未经处理前，县规划行政主管部门停止审批该单位或个人其他工程项目的规划申请。

第三十四条 建设单位或者个人有下列行为之一的，由县城管执法局责令限期拆除，可以并处临时建设工程造价一倍以下的罚款：

(1) 未经批准进行临时建设的；

(2) 未按照批准内容进行临时建设的；

(3) 临时建筑物、构筑物超过批准期限不拆除的。

案例分析：

由上述泗阳县政府公示的城乡规划管理实施办法中可以看出，小城镇建设规划的实施内容主要集中在土地利用、建筑工程建设等方面。建设规划的实施管理可以确保小城镇建设规划的合理、正确实施。

一、小城镇规划实施管理的内容

小城镇规划实施管理主要包括小城镇建设项目选址管理、小城镇建设项目规划条件管理、小城镇建设用地规划管理、小城镇建设工程规划管理四个方面的内容。

（一）小城镇建设项目选址管理

《中华人民共和国城乡规划法》规定："按照国家规定需要有关部门批准或者核准的建设项目，以划拨方式提供国有土地使用权的，建设单位在报送有关部门批准或者核准前，应当向城乡规划主管部门申请核发选址意见书。"小城镇建设项目选址管理工作由县（市）人民政府城乡规划行政主管部门负责。

小城镇建设中，以下建设项目需要向县（市）人民政府城乡规划行政主管部门申请《建设项目选址意见书》：

(1) 新建以及迁建建设项目需要申请用地的。

(2) 扩建建设项目需要使用本单位以外土地的（申请须附送土地权属证件）。

(3) 建设项目涉及改建、需拆除基地内房屋的，附送房屋产权证件等材料（其中联建的，应附送协议书等文件）。

(4) 原地重新建设，改变了原单位土地使用性质的项目。

小城镇建设项目选址意见书的内容应包括建设项目选定的地址、用地范围的红线图。《建设项目选址意见书》的拟定工作应和小城镇建设项目选址有关的县（市）人民政府环境保护行政主管部门、地方行政主管部门等协同进行。县（市）人民政府城乡规划行政主管部门批准建设项目规划选址的主要依据如下：

(1) 确认项目申请者是否已提交《建设项目选址意见书》。

(2) 考察建设项目选址是否与小城镇整体规划布局相协调。

(3) 考察建设项目选址是否与小城镇交通、通信、能源、市政、防灾规划等相协调。

(4) 考察建设项目选址以及项目中的生活配套设施是否与小城镇生活居住及公共设施规划相协调。

(5) 考察建设项目选址是否与小城镇环境相协调，以及是否与小城镇环境保护规划和风景名胜、文物古迹保护规划相协调。

（二）小城镇建设项目规划条件管理

小城镇建设项目的规划条件管理是县（市）、镇人民政府城乡规划行政主管部门（机构）依据《中华人民共和国城乡规划法》第43条规定的"建设单位应当按照规划条件进行建设"，对小城镇规划区内的各项用地和建设提出限制性和指导性的规划条件,并将其作为规划设计应遵循的准则的规划实施管理。

小城镇建设项目规划条件管理的内容如下:

(1) 考察建设项目的用地面积、范围(包括代征道路绿地的面积和范围),明确建设项目的用地、建筑性质。

(2) 确定建设项目绿地配置,包括绿地面积、绿地率、人均绿地、隔离绿地、保护古树名木等要求。

(3) 确定建设项目的土地使用强度,包括建筑密度、建筑高度、建筑间距、容积率等要求。

(4) 确定建设项目的市政设施配置,包括道路组织、交通出入口、公交站点、停车场数量和布局等要求,并确定相关公共设施配置的要求。

(5) 确定建设项目满足保护古镇传统格局和风貌、历史文化地段、重要文物古迹及风景名胜的要求。

(6) 确定建设项目满足建设项目用地和建筑与周围人文、自然环境相协调的要求。

(7) 确定建设项目满足微波通道、高压线走廊及各项防灾要求。

(三)小城镇建设用地规划管理

小城镇建设用地规划管理是小城镇建设项目选址规划管理的延续,是县(市)人民政府城乡规划主管部门及其派出机构根据小城镇规划及其有关法律、法规,确定建设用地面积和范围,提出土地使用规划要求,并核发建设用地规划许可证的行政管理。

小城镇建设用地规划管理的主要内容如下:

(1) 核定建设项目的土地使用性质和使用强度。

(2) 核定建设工程设计总平面图,确定建设用地范围。

(3) 核定建设工程用地布局是否达到了用地的合理调整要求。

(4) 核定土地使用其他规划管理要求。

(四)小城镇建设工程规划管理

小城镇建设工程规划管理是县(市)人民政府城乡规划行政主管部门或其派出机构根据小城镇规划及有关法律法规和技术规范,对各类建设工程进行组织、控制、引导和协调,使其纳入小城镇规划的轨道,并核发建设工程规划许可证的行政管理。小城镇建设工程包括建筑工程、市政管线工程和市政交通工程。

1. 小城镇建筑工程规划管理的内容

小城镇建筑工程规划管理主要从以下几个方面对各项建筑工程的设计方案进行审核:

(1) 建筑使用性质的控制。

(2) 建筑容积率的控制。

(3) 建筑密度的控制。

(4) 建筑高度的控制。

(5) 建筑间距的控制。

(6) 建筑退让的控制。

(7) 建设基地绿地率的控制。

(8) 建设基地出入口、停车和交通组织的控制。

(9) 建设基地标高的控制。

(10) 建筑环境管理。

(11) 各类公建用地指标和无障碍设施的控制。

(12) 符合有关专业管理部门综合意见的审核。

2. 小城镇市政管线工程规划管理的内容

小城镇市政管线工程规划管理包括以下内容：

(1) 审核管线的平面布置、竖向布置。

(2) 审核管线铺设与行道树绿化的关系。

(3) 审核管线铺设与市容景观的关系。

(4) 综合协调相关管理部门意见。

(5) 其他管理。

3. 小城镇市政交通工程规划管理的内容

小城镇市政交通工程规划管理包括以下内容：

(1) 地面道路（公路）工程的规划控制。

(2) 镇区桥梁、隧道等交通工程的规划控制。

二、小城镇规划实施管理的原则

小城镇规划实施管理是小城镇建设管理的重要一环，对小城镇的经济、环境、社会等方面有着至关重要的作用。在小城镇规划实施管理的过程中，应遵循以下原则：

(1) 符合小城镇总体规划中有关用地和建设的技术规定。

(2) 达到小城镇近期、远期发展的经济效益、社会效益、环境效益的统一。

(3) 合理利用土地，节约用地，保护耕地。

(4) 保护生态环境、历史文化遗产和文物古迹。

(5) 注重建筑和空间环境协调。

(6) 注重保护小城镇自然景观、人文景观特色。

(7) 强调小城镇基础设施统筹规划，使居民能共享基础设施，并达到设施统筹的目的。

(8) 符合小城镇防灾、抗灾要求。

三、小城镇规划实施管理的机构

县（市）人民政府城乡规划行政主管部门负责小城镇建设项目选址管理工作。

县（市）、镇人民政府城乡规划行政主管部门（机构）对小城镇规划区内的各项用地和建设提出限制性和指导性的规划设计条件，进行小城镇建设项目规划条件确定管理。

县（市）人民政府城乡规划行政主管部门及其派出机构根据小城镇规划及其有关法律、法规，确定建设用地面积和范围，提出土地使用规划要求，并核发建设用地规划许可证。

城市、县人民政府城乡规划行政主管部门或者省、自治区、直辖市人民政府确定的镇人民政府负责建设工程规划许可证的管理工作。

四、小城镇规划实施管理的制度

为了落实小城镇规划，各级政府以及城乡规划管理部门一般通过以下制度来促进小城镇规划的良好实施。

（一）法律制度

有关部门及监督机构通过法制手段，依据《中华人民共和国城乡规划法》等法律以及相关条例来对小城镇建设活动进行管理。法律制度是小城镇规划实施管理的根本的、基础的依据。

（二）行政管理制度

相关部门借用行政部门的力量，发挥小城镇建设行政主管部门的职能作用，用必须履行的手续、行政命令制度、下级服从上级的原则来管理小城镇。这是一种垂直的行政管理制度，具有一定的权威性和严肃性，是当前小城镇建设中常见的管理制度，也是最基本的管理方法。政府依靠行政组织，运用行政手段，按照行政方式来进行小城镇规划实施管理工作。

（三）赏罚、税收、价格制度

运用经济相关的手段，根据客观经济规律的要求来进行小城镇规划实施管理工作，其具体做法有：实行综合开发、配套建设和征收城市土地使用费；对于被征用的小城镇土地，半年未破土动工的，可视为荒芜土地，收缴土地荒芜费；对建设工程实行预交竣工验收资料保证金制度，用经济手段督促建设单位严格按照小城镇规划行政主管部门批准的图纸施工并如期交付竣工验收资料；对违章占地和违章建设除进行行政处罚外，还要采用经济处罚，不仅处罚违章单位和经办人员，还要处罚其领导人，同时对处罚进行公示。运用经济手段的目的，在于激励各部门、各集团以及个人从自身的经济利益出发，把自身的活动与小城镇规划意图和社会的利益结合起来，保证小城镇建设的顺利实施。

（四）技术支持制度

运用相关的技术、经验等管理小城镇建设实施工作，借以提高小城镇管理的效率和质量水平。它包括借鉴和学习国内外城镇的先进科学管理方法；广泛听取城市规划学科领域的专家学者的意见；运用技术政策、技术经济定额指标、经济技术规范，使定性分析与定量分析相结合，对小城镇用地和各项建设项目进行严格的管理等。

（五）公众参与制度

提高小城镇居民对小城镇建设实施参与度，与居民共同把小城镇规划实施管理工作搞好。其具体方法有进行舆论宣传、进行展览、开展咨询、规划知识竞赛、开展现场教育、召开小城镇规划实施管理工作座谈会、举办小城镇规划管理培训班、设置基层街道群众监督检查人员和建立小城镇规划管理的群众信箱等。通过社会管理法居民可以随时发现问题、及时提供信息，有利于政府部门及时有效地消除违章萌芽。

小城镇建设参与的管理主体包括县级政府、乡镇级政府以及一些相关的政府部门。为了保证小城镇建设实施的效率以及效果，各个管理主体应做到以下几点。

(1) 各个管理主体通过行政手段，按照小城镇建设规划和法定程序，履行必要的申请、审查、报批、发证、验收等手续，可以对各项当前建设用地和建设活动进行合理安排和综合部署。

(2) 各个管理主体通过相关规划的立法，建立健全小城镇建设法规体系和一系列规章制度，可以使小城镇建设具有真正的法律效力，变人治为法治，从而保证小城镇建设严格按照小城镇建设规划进行。

(3) 各个管理主体通过综合管理，协调各部门、各方面的关系，处理各种各样的问题，必要时对小城镇规划在允许范围内进行调整、补充、修改，为当前建设用地和建设工程创造必要的条件并提供有益的服务。

(4) 通过公众参与，管理部门协同居民，加强对小城镇建设活动的监督，能随时检查、发现并及时制止一切与小城镇建设规划相违背的建设行为，保证小城镇建设有秩序地进行。

(5) 对小城镇的建设情况多做调研及信息采集，掌握建设的实时情况。对小城镇建设活动进行有效的控制，同时对小城镇规划进行实践检验和反馈，可以使小城镇规划臻于完善、全面、合理和现实。

> **课程知识点**
> 1. 小城镇规划实施管理的制度一般包括哪些？
> 2. 小城镇规划实施管理的机构有哪些？

第三节 "一书两证"

一、"一书两证"的概念

"一书两证"是我国对城乡规划实施管理的基本制度的通称。小城镇建设的"一书两证"指县（市）城乡规划相关部门核准发放的县（市）域内各个建设项目选址意见书、建设用地规划许可证和建设工程规划许可证。"一书两证"是根据依法审批的小城镇规划和有关法律规范，对各项建设用地和各类建设工程进行组织、控制、引导和协调，使其纳入小城镇建设规划的轨道。根据《中华人民共和国城乡规划法》，城镇规划管理实行由县规划建设行政主管部门核发建设项目选址意见书、建设用地规划许可证、建设工程规划许可证的制度，简称"一书两证"。

二、审批"一书两证"的流程

（一）审批建设项目选址意见书的流程

小城镇建设规划中建设项目选址意见书的审批流程如下。

1. 建设单位选址申请

建设单位需选定项目建设地址，包括在原单位扩建的小城镇建设工程，建设单位应持上级主管部门批准立项的建设项目、建议书等有关文件，向县（市）城乡规划行政主管部门提出选址申请。

2. 建设项目选址意见书的拟定和核发

小城镇建设项目选址意见书的内容应包括建设项目选定的地址，用地范围的红线图，建设项目名称、性质、用地和建设规模；生产项目还应包括供水与能源的需求量，运输方式与运输量，废水、废气、废渣的排放方式和排放量，建设项目对周边环境与小城镇设施的影响和要求，以及其他特殊情况。

建设项目选址意见书的拟定工作，应和小城镇建设项目选址有关的县（市）人民政府环境保护行政主管部门、土地行政主管部门等协同进行。对于未选址的小城镇建设项目，县（市）人民政府城乡规划行政主管部门根据建设项目的基本情况和有关规划选址原则，确定项目的建设地址和用地范围，并负责拟定建设项目选址意见书，核发通知建设单位；对于已选址的小城镇建设项目，县（市）人民政府城乡规划行政主管部门依据建设项目的基本情况和有关规划选址原则予以确认，并负责拟定建设项目选址意见书，核发通知建设单位。

管理部门在审核建设项目选址意见书的过程中，应该核定以下几项。

(1) 土地使用性质。原则上应按照批准的详细规划控制土地使用性质，选择建设项目的建设地址。若遇到详细规划尚未批准，或详细规划来不及制定的特殊情况，应由规划行政主管部门根据总体规划，通过充分研究建设项目对周围环境的影响和其基础设施条件来具体核定。

(2) 容积率。

(3) 建筑密度。

(4) 土地使用其他规划设计要求。

当建设项目以国有土地有偿使用方式取得土地使用权时，土地行政主管部门应书面征询城乡规划行政主管部门关于拟出让地块的规划意见和规划设计要求，城乡规划行政主管部门确认出让地块是否符合小城镇规划，核定土地使用规划要求和规划设计要求，若审核同意，则将建设项目选址意见书函复土地行政主管部门，由土地行政主管部门将建设项目选址意见书纳入国有土地使用权有偿转让合同。

小城镇建设项目与其他设在小城镇的建设项目的选址意见书审批权限详见第六章第一节的"二、行政职能的划分"中的"（三）小城镇建设规划实施管理职能"。

（二）审批建设用地规划许可证的流程

小城镇建设用地规划许可证是建设单位向县（市）人民政府土地管理部门申请土地使用权必备的法律凭证。其审批过程包括以下程序。

(1) 审核建设项目选址。

(2) 审核项目建设规划条件。

(3) 不涉及需要审查修建性详细规划的项目，由建设单位送审建设工程设计方案，规划行政主管部门重点审核土地使用性质、土地使用强度及其他规划指标是否与建设项目选址意见书的规划设计要求一致，对用地数量和具体范围予以确认后，核发建设用地规划许可证。

(4) 涉及需要审查修建性详细规划的建设项目，建设单位需按规划设计条件提出修建性详细规划成果，规划主管部门重点审核同上述(3)的内容，审定后核发建设用地规划许可证。

(5) 在镇规划区内以划拨方式提供国有土地使用权的建设项目，经有关部门批准、核准、备案后，建设单位应当向县人民政府城乡规划主管部门提出建设用地规划许可申请，由县人民政府城乡规划行政主管部门依据控制性详细规划核定建设用地的位置、面积、允许建设的范围，核发建设用地规划许可证。

(6) 按出让、转让方式取得建设用地，首先由县(市)人民政府城乡规划行政主管部门依据控制性详细规划提出出让、转让地块的位置、范围、使用性质和规划管理的有关技术指标要求，县(市)人民政府土地行政主管部门按照上述要求通过招标或其他方式和土地受让单位签订土地出让或转让合同，合同的内容必须包括按规划行政主管部门要求做出的严格规定，受让单位凭合同向规划行政主管部门申办建设用地规划许可证，规划行政主管部门审查后，核发建设用地规划许可证。

(三) 审批建设工程规划许可证的流程

小城镇建设工程规划许可证是县(市)人民政府城乡规划行政主管部门实施小城镇规划，按照小城镇规划要求，管理各项建设活动的重要法律凭证。《中华人民共和国城乡规划法》第40条规定："在城市、镇规划区内进行建筑物、构筑物、道路、管线和其他工程建设的，建设单位或者个人应当向城市、县人民政府城乡规划主管部门或者省、自治区、直辖市人民政府确定的镇人民政府申请办理建设工程规划许可证。"

建设单位申请办理建设工程规划许可证时，还应当提交使用土地的有关证明文件、建设工程设计方案等材料。对于需要建设单位编制修建性详细规划的建设项目，建设单位还应当提交修建性详细规划。对符合控制性详细规划和规划条件的，城市、县人民政府城乡规划行政主管部门或者省、自治区、直辖市人民政府确定的镇人民政府核发建设工程规划许可证。

城市、县人民政府城乡规划行政主管部门或者省、自治区、直辖市人民政府确定的镇人民政府应当依法将经审定的修建性详细规划、建设工程设计方案的总平面图予以公布。

建设工程规划许可证的核发程序如下。

(1) 建设单位依法取得建设用地后，申请规划设计条件的要求，县人民政府城乡规划行政主管部门核定上述要求。

(2) 建设单位送审设计方案，规划行政主管部门征求环保、消防、卫生等主管部门意见，审核设计方案。

(3) 审查同意并组织放线、验线后，核发建设工程规划许可证。

小城镇市政工程项目的建设工程规划许可证是城乡规划管理部门依法核发的，是确认有关建设工程符合城乡规划要求的法律凭证，是建设单位建设工程的法律凭证，是建设活动中接受监督检查时的法定依据。没有此证的建设单位，其工程建筑是违章建筑，不能领取房地产权属证件。

审批小城镇市政工程项目的建设工程规划许可证的流程如下。

(1) 建设单位委托有资质的设计单位设计单体方案、定位图。

(2) 建设单位委托有资质的规划综合技术服务机构对规划设计方案进行审核或组织专家评审会审查并出具审核报告。

(3) 申请建设单位根据批准的方案设计施工图、总平面图、专项规划图、平面定位图、单体方案图、施工图并提交到相关规划部门审核，通过后准备《建设工程规划许可证》申请表，并需要通过消防、文物、环保等部门的审核。此外，相关建设单位提交市政工程施工图报审申请书、规划设计条件或审查意见通知书复印件、符合规划报批要求的市政工程施工图及说明书。

(4) 规划管理部门审批并核发建设工程规划许可证。

课程知识点

1. "一书两证"具体指什么？
2. 请简述小城镇建设项目与其他设在小城镇的建设项目的选址意见书审批权限。
3. 建设工程规划许可证的核发程序有哪些？

第四节 小城镇规划实施的监督检查

案例 李某非法占用集体山地

2008年2月，广东省韶关市乐昌市李某在没有建设工程规划许可证的情况下，擅自占用乐昌市乐城街道办事处河南塔头村委会塔头村小组集体山地10.1亩建设混凝土搅拌站，该项目用地不符合乐昌市土地利用总体规划。2009年4月，乐昌市国土资源局对李某非法占用集体山地的行为进行立案查处，并于5月作出行政处罚决定：责令李某退还非法占用的土地，限期拆除在非法占用的土地上新建的搅拌站，恢复土地原状。2009年8月，乐城街道办事处组织行动对李某所建的搅拌站实施强制拆除。目前该地已恢复原状。

在小城镇建设过程中，一些个体在利益趋向下，会出现违法用地、违法建设、建设工程不达标等情况，直接损害到小城镇的建设，因此需要通过小城镇建设规划的监督检查这种行政手段来规范小城镇的建设活动。小城镇规划实施的监督检查一般包括以下几个方面。

(1) 小城镇土地使用的监督检查。小城镇土地使用的监督检查包括对建设工程使用土地情况的监督检查以及对规划建成地区和规划保留、控制地区的规划控制情况的监督检查。前者主要对用地情况与建设用地规划许可证的规定是否符合进行监督检查，后者对小城镇居住小区、工业园区等规划控制情况进行监督检查，特别是对于文物和历史建筑的保护范围和建设控制地带，以及历史风貌地区的核心保护区和协调区的建设控制情况进行监督检查。

(2) 对建设活动全过程的行政检查。对建设活动全过程的行政检查内容包括建设工程开工前订立红线界桩、复验灰线和建设工程竣工后的规划验收。

(3) 查处违法用地和违法建设。

(4) 对建设用地规划许可证和建设工程规划许可证的合法性进行监督检查。

(5) 对建筑物、构筑物使用性质的监督检查。建筑物、构筑物使用性质的改变，会对环境、交通、消防、安全产生不良后果，进而影响小城镇规划实施。

小城镇规划实施的监督检查主要包括三种行政行为，即行政检查、行政处罚和行政强制措施。

(1) 行政检查是指城乡规划行政主管部门对建设单位和个人遵守城乡规划行政法律规范或规划许可的事实，所作出的强制性检查的具体行政行为。

(2) 行政处罚是指规划管理部门以及行政部门依照法定职权和程序对违反行政法律规范，尚未构成犯罪的相对人给予行政制裁的具体行政行为。

(3) 行政强制措施是指行政机关采用强制手段，保障行政管理秩序、维护公共利益、迫使行政相对人履行法定义务的具体行政行为。行政强制措施的执行必须同时具备下列条件：被执行者负有行政法规定的义务；存在逾期不履行的事实；被执行者故意不履行；执行主体必须符合资格条件。行政强制措施除了应当遵循行政法的合法性原则与合理性原则外，还应当遵循预先告诫、优选从轻、目的实现和有限执行等项原则。我国城乡规划实施监督检查的行政强制措施，特别是一些地方在房屋拆迁方面的行政强制措施宜在深入研究的基础上加以完善，加强相关政策法规措施研究与配套建设势在必行。

一、建设工程监督检查

（一）建设工程规划批后行政检查的内容

建设工程规划批后行政检查的内容包括以下几方面。

(1) 道路规划红线界定检查。

(2) 复验灰线。复验灰线的检查内容包括：①检查施工现场是否悬挂建设工程规划许可证；②检查建筑工程总平面放样是否符合建筑工程规划许可证核准的图纸；③检查建筑工程基础的外沿与道路规划红线的距离，与相邻建筑物外墙的距离，与建设用地边界的距离；④检查建筑工程外墙长、宽尺寸；⑤查看基地周围环境及有无架空高压电线等对建筑工程施工有相应要求的情况。

(3) 建设工程竣工规划验收。

（二）建筑工程行政检查的内容

检查以下各项是否符合建设工程规划许可证及其核准图纸的要求。

(1) 总平面布局。检查建筑工程位置、占地范围、坐标、平面布置、建筑间距、出入口设置。

(2) 技术指标。检查建设工程的建筑面积、建筑层数、建筑密度、容积率、建筑高度、绿地率、停车泊位等。

(3) 建筑立面、造型。检查建筑物或构筑物的形式、风格、色彩、立面处理等。

(4) 室外检查。检查室外工程设施，如道路、踏步、绿化、围墙、大门、停车场、雕塑、水池等；检查是否按期限拆除临时设施并清理现场。

（三）市政管线工程竣工规划验收

市政管线工程竣工规划验收内容包括：中心线位置；测绘部门的落实情况；其他规划要求。

（四）市政交通工程竣工规划验收

市政交通工程竣工规划验收内容包括：中心线位置；横断面布置；路面结构；路面标高及桥梁净空高度；其他规划要求。

（五）建设工程批后行政检查的程序

建设工程批后行政检查的程序包括以下内容。

(1) 申请。申请程序的内容包括涉及道路规划红线的建设工程，申请订立道路规划红线界桩，申请复验灰线，申请建筑工程竣工规划验收。

(2) 检查。对应申请的行政检查。

(3) 核发。竣工并经相关部门验收合格，核发建设工程竣工规划验收合格证明。

二、违法用地和违法建设查处

案例 管某违法用地和违法建设

2009年7月，广东省韶关市翁源县管某未经依法批准，擅自占用翁源县陂下村委会新楼村小组瓦厂地段 133.8 m² 山坡地建房。翁源县国土资源局巡查发现后多次制止无效。该用地不符合土地利用总体规划。2009 年 9 月，翁源县国土资源局对管某非法占地行为依法作出行政处罚决定：责令管某限期拆除在非法占用的土地上新建的建筑物和其他设施，恢复土地原状。由于管某逾期未履行处罚内容，县政府于 10 月组织国土、建设、公安、法院等有关部门实施强制拆除，遭到当事人有预谋、有组织的暴力抗法，六个工作人员被打伤。事后，管某已被公安机关刑事拘留，非法建筑已被拆除。

管某的行为属于违法用地和违法建设，相关管理部门依法对其进行了行政处罚。

（一）违法用地查处

建设单位或个人未取得规划行政主管部门批准的建设用地规划许可证，或者没有按照建设用地规划许可证核准的用地范围和使用要求使用土地的，均属违法用地。

查处违法用地相关规定如下。

(1) 对建设前期改变小城镇用地原有地形、地貌活动，城乡规划行政主管部门应会同土地行政主管部门责令恢复原有的地形、地貌，赔偿损失。

(2) 对在违法用地上进行的建设按处理违法建筑的法律规定，视不同情况处理。

(3) 对于违法审批获准用地，应报告县人民政府，并由县人民政府责令收回土地。

（二）违法建设查处

违法建设查处，包括无证建设和越证建设查处。违法建设包括以下几种情况。

(1) 在未取得建设用地规划许可证和经批准的临时用地上进行的建设工程。

(2) 未取得建设工程规划许可证的建设工程。

(3) 未经批准的临时建设工程。

(4) 违反建设工程规划许可证的规定或擅自变更批准的规划设计图纸的建设工程。

(5) 违反批准文件规定的临时建设工程。

(6) 超过规定期限拒不拆除的临时建设工程。

（三）查处违法建设的程序

1. 停止施工、立案登记

对于各类违法建设活动，一经发现，规划行政主管部门就应及时下达停工通知书，责令停止施工，并对违法建设立案登记，记录违法建设的项目名称、建设位置、规模、违法建设发现时间，停工通知书送达时间，并采取包括法律、法规授权行使的强制性措施在内的制止违法建设行为的相应措施。

2. 作出处罚决定

作出处罚决定的程序如下。

(1) 做好现场勘察记录和对违法当事人的询问笔录。

(2) 确定违法建设活动对小城镇规划的影响程度。

(3) 依法告知当事人行政处罚的事实、理由及依据；及时作出行政处罚决定；同时告知当事人对行政处罚依法有陈述权、申辩权、申请行政复议权、提起行政诉讼权、申请听证权。

3. 申请强制执行

行政处罚决定作出后，在法定期限内，当事人逾期不申请复议，也不向人民法院起诉，又不履行处罚决定的，县（市）人民政府城乡规划行政主管部门应当申请人民法院强制执行。

> **拓展资源**
>
> 推荐一些关于违法用地和违法建设查处的学习渠道：
>
> 1. 第七章中的法律法规
>
> 2. 城市规划编制细则
>
> 3. 各地县级政府建设主管部门网站公示

> **课程知识点**
>
> 1. 小城镇规划实施的监督检查包括哪几个方面？
>
> 2. 建设工程监督检查的内容有哪些？

本章小结

小城镇规划的编制与实施是相关管理者在进行小城镇建设管理过程中的重要环节。小城镇建设规划的编制要坚持全面、协调、可持续的科学发展观，注重保护和合理利用各类资源，明确空间管制要求；注重公共政策，使小城镇各方面达到良好管治的效果。在小城镇规划实施的过程中，相关管理者应该严格建设项目选址与用地的审批程序，本着可持续发展的原则，不断完善监督机制，提高小城镇规划实施的管理水平。

本章参考文献

[1] 李博. 小城镇规划管理体系的研究 [D]. 哈尔滨：哈尔滨工业大学，2006.

[2] 汤铭潭. 小城镇规划技术指标体系与建设方略[M]. 北京：中国建筑工业出版社, 2005.

[3] 中国建筑工业出版社. 城乡规划规范[M]. 北京：中国建筑工业出版社, 2008.

[4] 许斌成. 小城镇建设政策法规指南[M]. 天津：天津大学出版社, 2014.

[5] 陈佳骆, 李国凡, 朱霞. 小城镇建设管理手册[M]. 北京：中国建筑工业出版社, 2002.

本章练习题

单选题

1. 下列选项中，不属于"一书两证"的是（　　）。

A. 建设项目选址意见书　　B. 市政工程建设许可证

C. 建设用地规划许可证　　D. 建设工程规划许可证

2. 下列选项中，不属于小城镇建设规划编制原则的是（　　）。

A. 促进小城镇经济、社会发展原则

B. 近远期相结合原则

C. 安全防患原则

D. 节约时间原则

3. （　　）负责小城镇建设项目选址管理工作。

A. 省级人民政府

B. 县（市）人民政府城乡规划行政主管部门

C. 镇级政府

D. 当地群众及乡（镇）政府官员

4. 在审核建设项目选址意见书的过程中，以下不属于管理部门应该核定的内容的是（　　）。

A. 土地使用性质　　B. 建筑面积

C. 土地使用其他规划设计要求　　D. 容积率

5. 小城镇建设规划编制的管理特征不包括（　　）。

A. 是一种法治行为　　B. 是政府意志的体现

C. 是一个有机的组织过程　　D. 是单一的建设过程

6. 运用经济相关的手段，根据客观经济规律的要求来进行小城镇规划实施管理工作的做法属于哪种规划实施管理制度？（　　）

A. 法制制   B. 行政管理制度

C. 赏罚、税收、价格制度   D. 技术支持制度

7. 县(市)人民政府计划行政主管部门审批的小城镇建设项目，由(　　)核发选址意见书。

A. 国务院城市规划行政主管部门

B. 省、自治区人民政府城市规划行政主管部门

C. 县(市)人民政府城乡规划行政主管部门

D. 乡镇政府

8. 下列选项中，属于无证建设和越证建设的是(　　)。

A. 在取得建设用地规划许可证和经批准的临时用地上进行的建设工程

B. 未取得建设工程规划许可证的建设工程

C. 经批准的临时建设工程

D. 根据批准的规划设计图纸进行建设的建设工程

第八章练习题参考答案

第九章
我国小城镇建设的展望

学习目标

掌握：小城镇建设过程中存在的五个主要问题。
熟悉：小城镇建设过程中的指导原则。
了解：小城镇建设过程中五个主要问题的对策建议。

本章导语

本章对小城镇建设进行展望，重点关注我国城镇化进程中乡村振兴与区域协调发展的大方向。小城镇的发展可以促进现代化发展，在提高农民收入、生活水平等方面起着不可忽视的作用。然而，现阶段的小城镇建设依然面临诸多问题，需要我们通过政策的引导，分析当地实际情况，提出有效的建议，使小城镇的发展更加和谐稳定。建设小城镇，使城乡之间形成一种优势互补、双向互动的经济关系，有利于实现城镇与农村产业相互衔接、经济有效融合的良性互动和一体化发展，最终实现"点亮一盏灯，照亮一大片"的效果。

◀ **本章知识导图**

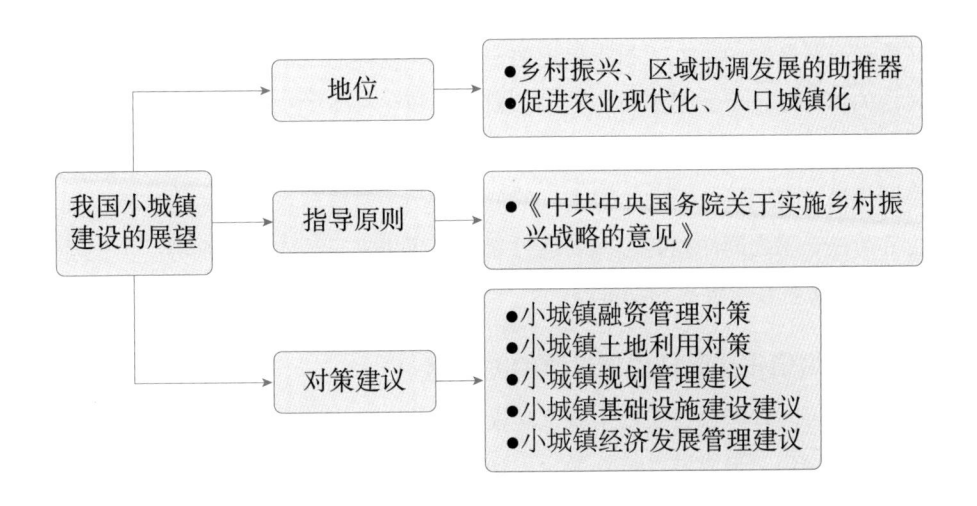

```
                    ┌─ 地位 ──── • 乡村振兴、区域协调发展的助推器
                    │            • 促进农业现代化、人口城镇化
                    │
我国小城镇建设的展望 ─┼─ 指导原则 ── •《中共中央国务院关于实施乡村振兴战略的意见》
                    │
                    │            • 小城镇融资管理对策
                    │            • 小城镇土地利用对策
                    └─ 对策建议 ── • 小城镇规划管理建议
                                 • 小城镇基础设施建设建议
                                 • 小城镇经济发展管理建议
```

第一节　小城镇建设在城镇化进程中的地位与作用

一、小城镇建设在城镇化进程中的地位

（一）新型城镇化是乡村振兴的助推器

乡村振兴战略是党的十九大报告提出的一项具有战略意义的工作。乡村振兴的核心是产业振兴，关键是城乡产业要素自由流动。新型城镇化根本的作用是促进城乡产业融合，其直接结果就是实现城乡产业要素自由流动。另外，2016年年底我国农业人口占全部从业人口的比例仍高达27.7%，而发达国家一般低于10%，要提高农业劳动生产率并缩小其与非农产业劳动生产率之间的差距，就要通过新型城镇化来吸纳农业剩余劳动力。从这个角度看，新型城镇化是乡村振兴的助推器。

（二）新型城镇化是区域协调发展的助推器

新型城镇化可以将产业发展与小城镇建设有机结合起来，以城乡接合部为切入点，引导三大产业深度融合，形成城乡产业融合发展态势，有力推动乡村产业发展，实现大中小城市和乡村产业资源要素的流动、交换和融合，实现小城镇发展和乡村振兴的协同共进。

二、小城镇建设在城镇化进程中的作用

(1) 城镇化推进农村人口现代化，并促进农业现代化、提高农民收入。

我国有约2.7亿的农村异地转移就业人口，这些转移人口主要是从经济落后地区向经济发达地区转移就业的人口。一方面，加快农业转移人口市民化可以使那些符合条件并具有意愿的农业转移人口获得城镇户籍并享受与城镇居民同等的公共服务；另一方面，那些不能落户或不愿意落户的农业转移人口，也可以获得更加均等化的基本公共服务，更加稳定地在就业所在地就业、居住、生活。这样可以使我国经济的空间分布与人口的空间分布更加均衡，这恰恰是本质意义上的区域协调发展。

(2) 加快农业转移人口市民化，以城市群为主体构建大中小城市和小城镇协调发展的城镇格局，有利于促进区域协调发展。

我国约有20个大小不等的城市群，城市群内部通过现代基础设施网络的支撑和引领，

更容易形成大中小城市和小城镇合理分工、相互支撑、协调发展的城镇格局,这是由城市群的规模经济和范围经济效应决定的。截至 2017 年,这 20 个左右的城市群已经聚集了全国 75% 左右的城镇常住人口,创造了占全国 88% 左右的地区生产总值。不仅如此,我国城市群常住人口的数量还在持续上升。因此,只要城市群地区不同城市和城镇之间协调了,全国区域协调发展的主体格局就形成了。

> **课程知识点**
>
> 1. 小城镇建设在城镇化进程中的地位是什么?
> 2. 小城镇建设在城镇化进程中的作用是什么?

第二节 国家在推进小城镇建设过程中的政策导向

我国在推进小城镇建设的过程中,主要面临以下五个问题:融资管理问题、土地利用问题、规划管理问题、基础设施建设问题与经济发展管理问题。建设者要把握中央提出乡村振兴与推进小城镇建设的指导原则,采取相应的对策建议。

一、主要问题

（一）小城镇融资管理问题

资金问题是小城镇建设的核心问题。从水、电、路等基础设施建设到文教、体育、卫生等公益设施建设,都需要庞大的资金支持。但我国尚处于工业化初期,经济发展水平一般,小城镇建设资金严重不足。一方面,政府财政资金有限,真正投入小城镇建设的资金所占的比例很小;另一方面,农民收入增长缓慢,无力对小城镇建设进行大量投入,而乡镇企业效益下降,对小城镇建设的推动作用相应减弱。虽然从全国来看,小城镇建设资金的来源呈现出多样化的特点,既有政府,也有企业、居民甚至国外的资金参与,但整体来说,政府的投资仍然是最重要的,很多地方甚至只有政府投资这一种融资渠道。因此,完善小城镇的融资体系,对于加快小城镇建设具有重大的意义。

目前,我国小城镇基础设施建设的资金来源与筹措方式主要有政府财政预算内投资、城镇建设专项资金、土地有偿使用费、国内贷款、其他资金来源等,其中政府财政预算内投资和土地有偿使用费为主要资金来源。

(1) 政府财政预算内投资。政府财政预算内投资主要包括本地政府财政预算内投资和上级政府预算内投资。近年来，随着国家税收制度的改革，上级地方政府对小城镇建设的预算内投资拨款越来越少，镇政府由于财政困难，对小城镇基础设施的投入也是极其有限的。

(2) 城镇建设专项资金。城镇建设专项资金主要有城镇建设维护税、城镇基础设施配套费、城镇基础设施有偿使用费、路灯附加费等。

(3) 土地有偿使用费。土地有偿使用费包括土地出让金、土地开发费等，主要依据基准地价、标定地价、开发成本收费，该项费用专项用于小城镇基础设施建设。目前，土地有偿出让的方式主要有两种：一种是直接对存量土地进行招标或公开拍卖，出售其使用权，获得收益，用于基础设施建设；另一种是通过"以地换路""以地换钱"等变通的方式转让土地使用权，这种方式的实质是将土地开发的增值部分交给实施小城镇基础设施建设的单位。

(4) 国内贷款。国内贷款包括银行机构贷款和非银行机构贷款。为弥补基础设施建设资金的不足，向银行机构贷款是有效的筹集资金的方式，也是小城镇建设资金的重要来源。

(5) 其他资金来源。其他资金来源主要有社会集资、私人资金、无偿捐赠资金和其他单位拨入资金等。有些地方小城镇的道路、排水沟等基础设施通常由相关单位、住户集资建设。

（二）小城镇土地利用问题

根据 2015 年相关数据计算，我国城乡居民人均用地面积为 152 m^2，其中建制镇以上的城镇居民点人均用地面积为 110 m^2，农村居民点人均用地面积为 177 m^2，是城镇居民点人均用地面积的 1.61 倍。从容积率来看，我国城市单位土地面积的平均容积率不到 0.3，建制镇还不到 0.2，城镇用地的平均产出水平同发达国家甚至是发展中国家相比都存在较大差距。

经验资料测算，每增加一个城镇人口需要占用土地（就业和生活用地）80～90 m^2，而每增加一个农村人口需要占用的土地，南方在 100 m^2 以上，北方在 160 m^2 以上。根据 2016 年土地利用变更调查统计，全国耕地面积 20.24 亿亩，人均 1.46 亩，总量已逼近 18 亿亩的这条红线，如不采取措施我国的粮食安全将受到威胁。其中有多个省（区）人均耕地面积远低于联合国组织确定的 0.86 亩的警戒线。各种因素导致耕地减少，今后人均耕地还将面临进一步减少的巨大压力，人地矛盾更加突出。

尽管改革开放以来，我国的城市人口密度一直在不断增加，但与国外的差距仍然非常大。因此，我国现有城市在提高人口容纳能力上还有很大的潜力，尤其是中小城市，其人均占地面积比较大，人口密度小，潜力更大。

我国小城镇土地利用问题表现在以下几个方面。

1. 小城镇建设用地浪费严重

小城镇在建设过程中，注重外延发展、忽视内涵挖掘的现象十分严重。现行土地使用费用低导致外延开发成本较低，而旧城改造的费用较高，会给地方财政造成较大负担，因此，大部分小城镇在建设中都是向外发展，在老城区以外新开发一块面积很大的新城区，造成耕地的极大浪费。不仅如此，大量小城镇的规划严重脱离实际、粗制滥造、缺乏约束，对用地宽打宽算，造成小城镇占地规模急剧扩大，人均占地面积大幅度增加。

2. 立法滞后，非法用地量较大

虽然国家已颁布了《中华人民共和国土地管理法》《中华人民共和国城乡规划法》等法律法规，但我国在小城镇建设方面的法律法规体系仍不健全，尤其是针对小城镇发展的立法滞后，导致小城镇建设方面的"人治"强于"法治"。

目前，我国只有总体性"规划法"，配套法规不健全，致使规划实施难度较大，朝令夕改、各自为政的问题严重。缺乏明确的"耕地保护法"，致使乱侵占耕地行为受不到法律约束。土地市场法规也不健全，土地出让受领导意志干预大、透明度低、伸缩性大，人们甚至为牟利而非法交易，造成土地出让价格过低。同时，土地非法利用现象严重，未批用地比例较大。各类非农建设用地中，土地的非法利用现象十分普遍。

3. 土地利用规划严重滞后，缺乏指导性、可操作性和权威性

土地利用规划是国家引导和控制用地的重要手段，其显著特征是超前性、控制性和指导性。我国小城镇的大发展始于1978年改革开放以后，而我国的土地利用规划编制与实施工作则始于1986年国家土地管理局（1998年，第九届全国人大一次会议批准了《国务院机构改革方案》，撤销国家土地管理局）成立之后。土地利用规划编制长期缺乏严密科学规范，与城市规划脱节，规划体系不完善、内容不完整、可操作性差，使乡镇土地利用总体规划流于形式，难以真正发挥作用。事实证明，土地利用规划的滞后是目前我国小城镇建设用地规模失控的重要原因。

由于建设资金的相对短缺，不少领导把吸引外来投资当作任期内的首要任务，急于招商引资和扩大规模，加上规划缺乏权威性，因此土地利用方面经常出现外商要求在哪里开发就在哪里开发的现象，局面混乱。

4. 土地市场不健全、不完善，市场行为不规范，寻租现象时有发生

小城镇土地使用制度改革的一个主要目的就是要建立一个有效的土地市场，用市场信号引导土地资源的合理配置。国内外的实践证明，完善的市场体系是土地有效开发利用和高效配置的最佳保障。小城镇经济是由机制较灵活的乡镇企业和改革较彻底的农业经济构成的，应该有一个比大中城市更有效、更完整的，市场规则更完善的土地市场。然而，从

目前的情况看,大多数小城镇还没有取得这样的进展。首先,土地的一级市场没有管住,土地的征用并没有完全做到统征,个别地方还存在着企业直接向农民征地的现象;有的地方用地企业根据自己的需要任意征地圈地,造成既成事实后再到县、镇土地部门履行手续。其次,土地的二级市场也没有管住,企业之间直接转让土地的现象在很多地方经常出现,土地增值部分并未归政府所有。这就造成了在土地的征用和利用上不注意供求规律,行政干预过多的现象,主要表现为随意为一些外资企业、明星企业、骨干企业减免出让金等。

(三)小城镇规划管理问题

搞好小城镇建设,规划是前提、是灵魂。政府对小城镇干预和引导的重要途径是通过制定规划进行调控,使小城镇健康、有序发展。科学合理的小城镇规划可以产生巨大的经济效益、社会效益和环境效益。因此,必须加强小城镇的规划管理,增强小城镇规划的科学性、适宜性和合理性。

自《中华人民共和国城市规划法》颁布实施以来,全国省域城镇体系规划和市(县)域城镇体系规划已基本编制完成,但涉及全局的、全方位的小城镇空间布局和体系发展规划仍不够健全,在小城镇总体规划实施过程中出现的问题越来越多。例如,小城镇建设突破体系规划搞重复建设,局部规划与体系规划冲突;小城镇区域间产业布局分散,结构雷同;在土地占用、水资源分配、污染控制等方面,体系规划没有强制调控和约束能力等。有的地方没有编制出与全局经济社会发展相衔接的区域城镇体系规划,有的地方即便是编制出来规划,也将其束之高阁,这些规划没有起到指导和调控小城镇发展的作用,小城镇仍处于缺乏区域宏观调控、以单个规划为依据的自发建设状态。下面从规划的制定、内容及实施来剖析存在的问题。

1. 规划的制定问题

(1)规划管理的意识淡薄,重视程度不够。改革开放以来,我国开始全面建立社会主义市场经济体制,社会生产力得到极大的解放和发展,乡镇企业异军突起,商贸流通空前活跃,由此带动农村小城镇如雨后春笋般迅速崛起。经济的快速增长、小城镇的迅速崛起,与人们心理准备不足产生矛盾,导致政府的规划意识淡薄。规划意识淡薄表现在小城镇建设的规划与布局上,受"先繁荣、后市容""先发展、后规范"的心理驱使,政府一度放松和淡化了小城镇的规划工作。

(2)规划的编制缺乏依据,导致规划停留在无序散漫、各自孤立的状态。在法规层面上,我国尚没有建立符合小城镇实际、体现小城镇特色的政策法规体系,所有这方面的内容都是套用、借鉴城市的做法。

(3)缺乏专业技术人才,导致规划与建设相脱节。小城镇的规划是由专业的规划专家或人员编制的,而执行规划的则是小城镇所属的乡镇政府。由于基层专业技术力量十分匮乏,目前编制小城镇规划的人员多是从大中城市请来的专家,或是县以上建设部门的专业人才,乡镇政府自己的技术人员仅是帮手。专家们生活在城市，应在深入细致的调研之后做规划，但现实情况是，大部分专家到小城镇进行一番走马观花式的调研，就回到城市的设计室里，根据资料和印象搞规划，至于如何实施已与己无关。乡镇政府自己的技术人员数量少、素质偏低，在小城镇规划的具体执行和实施中，技术人员发现不符合实际的地方或遇到问题时难以找到这些专家进行咨询。这就导致了规划与建设脱节，甚至出现相互背离的现象，长此以往，小城镇规划也就有其名无其实了。

2. 规划的内容问题

（1）规划滞后于建设，缺乏指导性。由于条件的限制、各地发展水平的不同，绝大部分小城镇规划标准、水平都比较低，缺乏前瞻性，这使得一些小城镇在发展过程中定性不准确、预测不合理，修改过于频繁，建了拆、拆了建，造成很大的浪费。

（2）功能划分混乱，布局不合理。有些小城镇布局零乱，工业、居住、文化教育、商业交错密布；有些小城镇过于贴近交通干线，发展所谓的商业一条街，建设一些低矮且占地面积过大的住宅群，修建过宽的镇内街道，以路代市的现象相当普遍。

（3）环境保护意识淡薄，缺乏应有的环境保护规划。目前，大部分小城镇都没有将环境保护规划纳入其中，如工厂选址不合理，或靠近居住区、文化商业区，或位于小城镇上风口，既污染小城镇环境，也危害居民健康，这使小城镇环保工作成为一项十分紧迫的任务。

（4）规划缺乏特色，"千镇一面"的现象突出。部分小城镇规划不是从自身的自然、地理、历史、风俗等实际情况出发，而是盲目追求仿古式、西欧式，出现了大同小异的规划，建设了大同小异的建筑，形成了大同小异的小城镇形象。

3. 规划的实施问题

小城镇规划的实施受领导意志影响较大，规划随意更改的现象突出。小城镇规划的长效性与小城镇政府任期的短期性之间产生矛盾，导致"规划不如变化大"。小城镇规划与布局是一项长周期、长效性的工作，政府只有连续投入、不断完善，才能显示小城镇规划的巨大效益。而当前小城镇政府干部任用一般是三年一届，部分党政领导干部更是不到届也调，更换频繁。为了追求在任期间的政绩，部分领导干部重眼前效果、看短期效益。

（四）小城镇基础设施建设问题

基础设施是衡量小城镇发展水平和发展质量的重要标志。基础设施状况既体现了小城镇的经济发展水平，又预示着经济发展的后劲和可持续性。经过改革开放四十多年的发展，我国小城镇的基础设施建设水平已经得到提高，尤其是通信和交通两个方面。但是和城镇化水平相比，小城镇基础设施建设的整体水平依然较低，且配套不全面，严重影响小城镇整体功能的发挥，远不能满足小城镇发展的需要。具体来说，小城镇基础设施建设问题主要表现在以下两个方面：一是部分小城镇道路建设落后，特别是巷道狭窄，路面状况差，硬化率低，给居民生活带来很大的不便；二是大多数小城镇的环境卫生设施基础十分薄弱，卫生环境落后。

（五）小城镇经济发展管理问题

1. 布局分散，难以产生聚集效应

数据显示，全国小城镇只有23%左右的企业集中在小城镇镇区内，且分别有约7%和15.3%的企业集中在城关镇镇区内和一般建制镇镇区内。我国的小城镇企业存在较为突出的规模小、分布广的问题，导致企业生产成本高，经济效益低下，不利于生产要素产生聚集效应，也不利于乡镇企业上规模、上水平、上效益。

2. 规模过小，难以发挥规模效应

尽管乡镇企业中不乏规模较大的企业，如春兰集团、万象集团，但无论是从运营情况还是从就业人数来看，小而散的状况仍较突出。只有达到职工、资金、技术、设备、研发等方面的最低门槛，规模效应才能发挥作用，才能使企业从规模效应中受益。如果没能突破这些方面的最小临界值限制，规模效应就无法产生。

二、指导原则

建设者应依据国家关于乡村振兴的总体指导原则以及有关部门针对乡镇规划、乡镇融资、乡镇基础设施、乡镇土地方面下发的具体原则和实例对小城镇建设进行策略的指导。其中最根本的原则，是于2018年2月4日发布的改革开放以来第20个、21世纪以来第15个指导"三农"工作的中央一号文件。文件名称为《中共中央国务院关于实施乡村振兴战略的意见》，该文件对实施乡村振兴战略进行了全面部署。

文件指出，实施乡村振兴战略，是解决人民日益增长的美好生活需要和不平衡不充分的发展之间矛盾的必然要求，是实现"两个一百年"奋斗目标的必然要求，是实现全体人民共同富裕的必然要求。

文件确定了实施乡村振兴战略的目标任务：到2020年，乡村振兴取得重要进展，制度框架和政策体系基本形成；到2035年，乡村振兴取得决定性进展，农业农村现代化基本实现；到2050年，乡村全面振兴，农业强、农村美、农民富全面实现。

三、对策建议

（一）小城镇融资管理对策

小城镇区域建设成功的关键在于实现资金主体多元化、资金来源多渠道及投资方式多样化，保证资金供应。小城镇融资管理应采取以下对策。

(1) 转变以政府作为单一主体的投资模式。改革开放之前，政府是小城镇基础设施投资的唯一主体，小城镇基础设施的资金来源则以中央政府投资为主、地方政府投资为辅；私人及其他投资主体很少。从目前的情况来看，政府依然是主要的单一投资主体，从供水、供电、排水、道路、交通设施、煤气到学校、医院，甚至市场设施几乎全部由政府承担，企业、个人特别是外资基本上还没有参与到小城镇基础设施的建设中来，这种单一的投资体制和落后的投资方式存在着严重的狭隘性和封闭性。随着我国城镇化进程的不断加快，基础设施建设所需资金逐年增加；在乡镇一级尚未真正实行分税制之前，乡镇财政增投比较困难；由于体制和政策性因素，乡镇政府的信贷融资困难，导致大多数小城镇的建设资金严重不足。因此，我国应逐步建立以政府投资为导向，国家、地方、集体、个人、外资多元投资的格局。

(2) 引入市场机制，开创多元化的融资方式。我国应该鼓励民间资本投资小城镇的基础设施建设。发达国家的基础设施建设融资表现出一个重要的特点，即通过完善基础设施的收费制度，加强基础设施建设经营中的管理，实现基础设施的市场化经营，保障基础设施建设经营中的利润，以便吸引境内外各种社会资本投资于基础设施建设。借鉴发达国家的经验，现阶段由于我国小城镇所处的地域性、经济发达程度的差异，企业、个人参与我国小城镇基础设施建设投融资的程度应该有所差异。处于经济发达地区的小城镇可率先将经营性项目推向市场，实现城建由政府单一投资主体向政府、企业法人、个人等多元化投资主体的转变，由市场来选择投资者、经营管理者，并由投资者对项目的投资建设、经营管理、收益全过程负责，实行市场化投资和运营，政府的功能主要在于监督。政府在退出这部分本身收益或回报足以弥补投资成本的投资领域后，应当集中精力投资建设非经营性项目。而经济欠发达地区的小城镇也可以在以政府财政投入为主导的同时，在一些纯经营性项目中适当地引入企业、个人等投资主体。

具体来说，主要可以采取以下措施。

(1) 本着"谁投资，谁受益，谁承担风险"的原则，支持、鼓励和引导非政府部门、非国有机构、企业(国有、私营)和社会资金(包括民间资金)参与基础设施建设。

(2) 合理有效地利用外资、发行债券和股票、土地出让转让收益、盘活基础设施存量资产、改革城镇维护建设税等，使其转为符合产业政策的资本投入。

(3) 积极探索土地管理与小城镇土地使用制度的改革，用优惠的政策和必要的引导资金，引导农民和镇、村将征地费转为小城镇开发性投资，将土地资本转化为产业资本。

(4) 积极发展小城镇房地产业，将开发中获取的收益不断投入小城镇的建设，促进建设资金滚动使用。

(5) 有条件地逐步推行小城镇基础设施有偿使用制度，促进小城镇建设资金步入良性循环的轨道。

(6) 改革相应的金融体制，特别是债券发行管理制度，让地方政府在法律上成为发债主体，发行某些基础设施建设债券，充分发挥保险、养老基金、投资基金等机构在小城镇基础设施债券发行中的作用。

（二）小城镇土地利用对策

1. 小城镇建设要立足于内涵挖潜，集约利用土地

针对我国小城镇建设用地存在浪费的问题，我们必须要把这种粗放和外延的发展模式转变为内涵、集约的发展模式，通过建立土地供给的引导和制约机制，规范和限制小城镇建设土地利用数量的增长。内涵挖潜，集约利用土地主要有以下途径。

(1) 通过乡镇合并大量节约土地。目前，我国小城镇普遍存在规模偏小的现象，乡镇过于分散、规模过小，必然造成镇区经济容量小和对镇域经济的集聚能力小，起不到对镇域经济的拉动作用。因此，必须把乡镇合并作为加快农村城镇化进程、节约小城镇建设用地的重要措施。

(2) 小城镇建设要与旧城改造相结合，提高现有建筑的容积率和土地利用率。据国家统计局农村社会经济调查总队的调查，通过对旧城的改造，可以提高40%甚至更高的土地利用率。

(3) 加快乡镇企业的集中连片发展，以节约大量土地。由于体制等方面的原因，我国的农村工业化是以分散化为特征的，"村村点火，户户冒烟"是对这一特征的生动概括。这种分散布局的方式对土地的浪费极大，应该采取措施引导乡镇企业聚集。

2. 实行土地用途管理制度，逐步规范用地行为

土地用途管理制度是世界上很多国家和地区正在推行的城镇土地利用管理制度。我国农村的土地利用总体规划已包含这一制度的内容，但很不全面。这一制度的基本内容就是依据土地利用规划，在一定区域内划定土地用途分区，严格划定土地的用途，对土地用途的变更实行许可证制度。

3. 建立科学的规划体系，强调小城镇规划的严肃性

在农村土地规划中，小城镇建设规划只是一个很重要的组成部分，其他与小城镇建设密切相关的规划还有土地利用总体规划、基本农田保护规划、土地整理规划等，它们共同构成小城镇土地利用规划体系。在小城镇建设规划的制定和执行中，要正确处理小城镇建设规划与上述各规划之间的关系。

4. 建立土地开发与复垦制度，控制占用耕地和确保耕地占补平衡

小城镇建设应尽量利用现有建设用地和废弃地，尽量少占用耕地和好地，对于确实需要占用好地的乡镇，应规定其组织开发和复垦不少于所占面积且符合质量标准的耕地，或向土地管理部门缴纳相应的造地费，由土地管理部门把这笔费用转给具有开发或复垦潜力

的乡镇,力争做到耕地总量的动态平衡。

5. 不断完善土地市场,建立政府和市场有机结合的土地利用模式

首先,政府在严格管理的前提下,放开小城镇建设用地的一级市场和二级市场,这样,既可减少行政干预,最大限度地提高土地利用效率,又可以为小城镇建设积累资金,同时,可减少政府官员在小城镇土地利用中的寻租行为。其次,在条件许可时,允许集体土地使用权进入小城镇土地市场。按照现行政策,集体所有制的土地必须经过国家征用变成国有后才能进入市场流转,而国家在征用时给予农民的补偿往往十分有限,不利于保护农民和农村集体经济组织的利益。因此,应该顺应经济的发展,加强管理,尤其强化土地用途管理,创造条件把农村集体所有的土地纳入规范化的土地市场。最后,强化小城镇的土地管理。

(三)小城镇规划管理建议

2018年2月,中共中央办公厅、国务院办公厅印发《农村人居环境整治三年行动方案》,为解决小城镇的规划管理问题提出了主要原则与具体建议。

(1) 因地制宜、分类指导。根据地理、民俗、经济水平和农民期盼,科学确定本地区整治目标任务,既尽力而为又量力而行,集中力量解决突出问题,做到干净整洁有序。有条件的地区可进一步提升人居环境质量,条件不具备的地区可按照实施乡村振兴战略的总体部署持续推进,不搞一刀切。确定实施易地搬迁的村庄、拟调整的空心村等可不列入整治范围。

(2) 示范先行、有序推进。学习借鉴浙江等先行地区的经验,坚持先易后难、先点后面,通过试点示范不断探索、不断积累经验,带动整体提升。加强规划引导,合理安排整治任务和建设时序,采用适合本地实际的工作路径和技术模式,防止一哄而上和生搬硬套,杜绝形象工程、政绩工程。

(3) 注重保护、留住乡愁。统筹兼顾农村田园风貌保护和环境整治,注重乡土味道,强化地域文化元素符号,综合提升农村风貌,慎砍树、禁挖山、不填湖、少拆房,保护乡情美景,促进人与自然和谐共生、村庄形态与自然环境相得益彰。

(4) 村民主体、激发动力。尊重村民意愿,根据村民需求合理确定整治优先顺序和标准。建立政府、村集体、村民等各方共谋、共建、共管、共评、共享机制,动员村民投身美丽家园建设,保障村民决策权、参与权、监督权。发挥村规民约作用,强化村民环境卫生意识,提升村民参与人居环境整治的自觉性、积极性、主动性。

(5) 建管并重、长效运行。坚持先建机制、后建工程,合理确定投融资模式和运行管护方式,推进投融资体制机制和建设管护机制创新,探索规模化、专业化、社会化运营机制,确保各类设施建成并长期稳定运行。

(6) 落实责任、形成合力。强化地方党委和政府责任，明确省负总责、县抓落实，切实加强统筹协调，加大地方投入力度，强化监督考核激励，建立上下联动、部门协作、高效有力的工作推进机制。

（四）小城镇基础设施建设建议

做好投资管理，首先就要建立好资金的投资分配机制，确定哪些设施必须由政府投入，哪些设施可以引入市场机制来解决。

从理论上讲，属于非经营性的项目应由政府全额拨款，但从实际情况来看，在特定的历史发展阶段中，这笔经费将相当大，往往与现实财政所能承受的能力相去甚远，政府财力一时无法满足全额投资需求。面对这一现实，政府可以通过资本市场、收费收入、资产变现等渠道筹措，也可适当通过举债去平衡资金不足，但举债额度与保障资金必须保持合适的比例。

对于经营性项目的投资，政府应在严格控制规划的前提下，充分放权，鼓励与吸纳社会各界参与。政府应为全社会投资创造一个良好的投资环境。要建立与健全全社会投资的法律法规，包括投融资的政策法规等，使其投资行为有法律保障。要理顺价格体系，只有合理定价，使价格真正体现价值，符合市场经济规律，才能吸引各方投资，促进基础设施建设的进一步发展。当然，根据现有的市场情况及基础设施的特定性，有些价格制定还不可能一步到位，但必须遵循企业报价、公众议价、政府核价的原则进行定价。只有健全的法制与合理的价格，才能真正启动多元投资，激励国有企业、外资企业及民间资本投资基础设施建设。

（五）小城镇经济发展管理建议

1. 乡镇企业要改变分散的空间布局，向小城镇聚集发展

近年来，虽然国家采取了一些措施，鼓励乡镇企业向小城镇集中，但实际效果并不理想。究其原因，一是入驻小城镇"门槛"过高，企业难以承受；二是企业产权不清，难以突破社区壁垒。大多数乡镇企业的建立最初是依托农村社区，具有浓厚的社区色彩和行政干预，企业产权主体相当模糊。为了加快乡镇企业向小城镇集中，首先要突破限制资源要素自由流动的障碍，其次要创造一个良好的投资环境，吸引企业主动聚集到小城镇来。从宏观上看，关键是改革城乡分割的户籍、土地使用、社会保障、投资融资等体制，促进乡镇企业、农民、资金、技术、人才和信息向小城镇集中。通过降低小城镇土地使用费用和提高农村社区土地使用费用的办法，从两个方面创造出小城镇投资成本低于农村社区内投资成本的环境，从而降低农民和企业进入小城镇的"门槛"。

2. 小城镇要做好产业规划，走特色经济发展之路

根据著名经济学家缪尔达尔的"循环和累积的因果关系"理论，当城市发展到一定的

水平时，城市增长能力的强弱取决于城市能否形成一种繁荣的主导产业，因为这一产业将会派生出新的产业，而新的产业又能形成一种繁荣的主导产业及其派生出的新产业。这种累积和循环的产业发展过程，推动着城市不断向前发展。比如在澳大利亚、新西兰等国，一些依靠传统产业的小城镇近年来开始有衰败的趋向，而那些特色小城镇则呈现经济欣欣向荣、人口稳定增长之势。由此可以看出，小城镇的可持续发展必须要有主导产业支撑，特别是有特色的主导产业，否则小城镇将失去发展的基础。反观我国目前的小城镇建设，普遍存在产业结构雷同、特色产业不明显、主导产业不突出等现象。我国幅员辽阔，各地区的自然、人文条件差异很大，各地应该充分挖掘本地的资源优势，结合本地的区位条件、风俗习惯和历史传统等，做好产业规划，并进行积极培育，形成具有特色的主导产业，走特色经济发展之路。

3. 小城镇主导产业的发展应该与"三农"工作相结合

当前我国乡镇企业在资金、技术和人才方面都和城市企业有较大差距，为了避免城乡间的这种竞争，小城镇在发展产业时，要发挥区位优势，积极培育农副产品加工企业、市场中介组织等各类农业产业化经营的龙头企业，把小城镇建成农副产品加工、销售中心和农业产业的信息、金融、服务中心。同时，小城镇的产业发展要注意农村产业结构调整，要根据当地的市场、资源特点，合理规划产业布局，带动当地产业结构向第二产业、第三产业转移。

4. 以人为本，做好配套服务

小城镇及小城镇企业的发展要以人为本，为企业、人口、劳动力等资源按市场机制流动和聚集创造条件。确认劳动者、企业在就业和经济活动中的主体地位，积极果断推进小城镇内的商品和生产要素市场向城乡开放，清理限制歧视性规定，把政府职能转移到服务、监管和合法权益保护上来。政府除了规范市场秩序、收取税费外，应减少不必要的行政干预，改善服务，特别是改进金融服务，如发展小额信贷和中介担保服务。要改变包括小城镇在内的农村资金净流出和一定程度的金融歧视，实行公平有效地支持中小企业、非公有制企业发展的政策。鼓励创业，建立面向小城镇中小企业、农村乡镇企业的金融体系。

> **拓展资源**
>
> 推荐一些关于小城镇规划的重要线上与线下的案例来源：
> 1. 微信公众号"城镇规划设计研究院"
> 2. 微信公众号"清华新型城镇化研究院"
> 3. 各地方相应的规划局网站

课程知识点

1. 对于小城镇建设过程中的五个主要问题，与您相关的哪几个问题是最迫在眉睫的？
2. 小城镇建设过程中的指导原则是什么？
3. 小城镇建设过程中的五个主要问题的具体解决方法有哪些？

本章小结

小城镇建设在城镇化进程中是乡村振兴和区域协调发展的助推器，优化小城镇建设能促进农业现代化、提高农民收入，乃至构建起以城市群为主体的大中小城市和小城镇协调发展的城镇格局。

发现和分析小城镇在融资管理、土地利用、规划管理、基础设施建设以及经济发展管理五个方面的问题是非常重要的。建设者依据相应的指导原则进行小城镇建设，有利于促进新型城镇化的发展与格局的建立。

本章参考文献

［1］汤铭潭．小城镇规划案例：技术应用示范［M］．北京：机械工业出版社，2009.
［2］蔡秀玲．论小城镇建设：要素聚集与制度创新［M］．北京：人民出版社，2002.
［3］阮仪三．说清小城镇认识小城镇［J］．小城镇建设，2017(11)：107.

本章练习题

单选题

1. 关于小城镇建设在城镇化进程中的地位，以下表述错误的是（　　　　）。

A. 新型城镇化最根本的作用就是促进城乡产业融合

B. 新型城镇化是乡村振兴的助推器

C. 新型城镇化是区域协调发展的助推器

D. 新型城镇化最根本的作用就是促进城乡人口自由流动

2. 关于小城镇规划内容存在的主要问题，以下表述错误的是（　　　　）。

A. 规划滞后于建设，缺乏指导性

B. 功能划分混乱，布局不合理

C. 环境保护意识淡薄，应该把环境保护规划作为小城镇规划的首要任务来做

D. 规划缺乏特色，"千镇一面"的现象突出

3. 关于小城镇经济发展管理的建议，以下表述错误的是（　　）。

A. 乡镇企业要改变分散的空间布局，向小城镇聚集发展

B. 小城镇要做好产业规划，走特色经济发展之路

C. 小城镇主导产业的发展应该与经济发展问题相结合

D. 以人为本，做好配套服务

第九章练习题参考答案